사람은 혼자가 아니다

사람은 혼자가 아니다
지은이/ 아브라함 요수아 헤셸
옮긴이/ 이현주
펴낸이/ 홍인식
1쇄 펴낸날/ 2007년 2월 12일
4쇄 펴낸날/ 2019년 7월 5일
펴낸곳/ 한국기독교연구소
등록번호/ 제8-195호(1996년 9월 3일)
경기도 고양시 일산동구 고봉로 32-9, 양우 331호 (우 10364)
전화 031-929-5731, 5732(Fax)
E-mail: honestjesus@hanmail.net
Homepage: http://www.historicaljesus.co.kr.
표지 디자인/ 정희수
인쇄처/ 조명문화사 (전화 498-3018)

이 책의 저작권은 Farrar, Straus & Giroux사와의
독점계약으로 한국기독교연구소가 소유합니다.
저작권법에 따라 국내에서 보호받는 저작물이므로
무단전재와 무단복제를 금합니다.

MAN IS NOT ALONE: *A Philosophy of Religion*
by Abraham Joshua Heschel   Copyright ⓒ 1951 by Abraham Joshua Heschel   All rights reserved.   Korean Translation copyright ⓒ by Korean Institute of the Christian Studies. The Korean translation right arranged with the author c/o Farrar, Straus & Giroux.   Printed in Seoul, Korea.

ISBN 978-89-87427-69-0 03230
값 14,000원

사람은 혼자가 아니다

아브라함 요수아 헤셸 지음

이현주 옮김

한국기독교연구소

MAN IS NOT ALONE
A PHILOSOPHY OF RELIGION

by

Abraham J. Heschel

New York: Farrar, Straus & Giroux, 1951

Korean Translation by

Lee Hyun Joo

Korean Institute of the Christian Studies

옮긴이의 말

삼십대 중반, 목회 초년기에 아브라함 요수아 헤셸을 만나 스승으로 모실 수 있었던 것은 돌아보면 저에게 참으로 행복한 하늘의 은총이었습니다.

그의 글들을 읽으면서, 또 부족한 실력으로 번역하면서, 아아, 사람이 하느님을 이렇게 믿을 수도 있구나 -- 홀로 감탄하던 날들이었습니다.

병든 개인주의가 온 인류를 공연한 경쟁과 다툼으로 몰아가는 오늘, 새로운 문명의 창출을 염원하는 독자라면 이 작은 책에서 많은 격려와 희망과 용기를 얻을 것이라고 확신합니다.

절판된 지 오래되어 읽을 수 없었던 책을 이번에 한국기독교연구소에서 다시 내어주신다니 반갑고 고마울 따름입니다. 더군다나, 김준우 박사가 친히 원문을 대조하여 잘못 번역한 부분과 미숙한 표현을 바로잡아주신 것에 대하여 감사드리며, 독자들을 위하여 다행으로 생각합니다.

2007년 1월 이현주

초판 옮긴이의 말

아브라함 헤셸 선집(選集)을 내면서

우리나라 독자들에게는 아직 낯설다고 할 아브라함 요수아 헤셸의 대표적인 저술을 아홉 권으로 묶어 [선집(選集)]으로 내놓는다. 나의 역량으로는 과중한 작업이나, 마음 깊은 곳으로부터 솟아나는 희열이 있어 조금도 피곤하지 않다. 역자로서 작업하는 가운데 스스로 흥분하고 감동하여 시간 가는 줄 모르고 저자의 깊은 사색에 동참할 수 있는 것이 무엇보다도 기쁘다. 이미 고인이 된 헤셸과의 만남은 우연한 일이었으나 나에게는 하늘의 경륜 가운데 맺어진 운명적 인연처럼 여겨진다.

얼마쯤 에누리할 것을 전제로 하여 말한다면, 오늘날 동과 서의 창조적 만남이 세계를 존속시켜 나갈 유일한 길이겠다는 이야기는 자주 듣는 바거니와 헤셸이야말로 동과 서가 만나는 자리에서 태어나 서로 동을 쪼개고 동으로 서를 합하여 동이면서 서요 동도 아니면서 서 또한 아닌, 인류 존속을 위한 통로를 내다본 이십 세기 최후의 예언자요 사상가며 행동인이다.

이 사람을 한국의 독자들에게 소개할 수 있게 된 것은 생각과 글이 모자라는 역자로서 참으로 과분한 영광이 아닐 수 없다.

오늘날 "공부한다"는 말은 흔히들 시험 준비를 한다거나 무슨 기술을 익히는 것으로 통하지만 얼마 전까지만 해도 그 말은 몸을 닦는다(修身)거나 마음을 잡는 일 또는 사람답게 살아가는 길을 찾는 것으로 통했다. 그런 식의 공부가 아쉽기 짝이 없는 시절을 우리는 살고 있다. 먹고 입고 돈 쓰는 일에 비하여 묵상하고 반성하고 전망하는 일을 너무나도 등한시하며 판단과 결단을 컴퓨터와 여론에 맡기고 있는 형편이다. 이래도 되는 것일까? 참으로 오늘 날 심각한 문제는 신(神)의 죽음이 아니라 인간의 죽음이다. 터무니없는 전쟁과 속임수와 폭력으로 인간이 인간이기를 스스로 포기하고 나아가서 인간답게 살고자 하는 남은 자들까지 압살을 하는 마당이다.

이러한 시절에 구원의 빛살은 어디에서 어떻게 비쳐오는 것일까? 나는 그것을 "위대한 개인"의 탄생에서 희망한다. 위대한 개인이란 중세기적 영웅을 말하는 것이 아니다. 막강한 군사력, 금력 따위를 휘두르는 무슨 영도자 따위도 물론 아니다. 천만 사람이 그르다 해도 옳은 것은 끝내 옳다고 말할 수 있는 사람, 온 세계 인구가 압도적 다수결로 신(神)이 없다 해도 신은 살아 있노라고 말할 수 있는 사람, 주위의 사람들이 모두 돈, 돈 하며 돌고 돌아 마침내 미쳐간다 해도 홀로 초연할 수 있는 사람, 말하자면 이런 사람을 가리켜 "위대한 개인"이라고 한 것이다.

"나의 마음이 바른즉 하늘의 마음 또한 바르다(吾之心正則天之心亦正)"는 말이 있다. 한 사람의 마음이 곧음으로써 하늘의 마음 또한 곧아진다는 말일진대, 한 개인의 중요함을 이만큼 적절하게 표현한 말도 드물겠다.

소돔과 고모라가 멸망한 것은 거기 극소수의 올곧은 의인(義人)이 없었기 때문이요 그렇다고 한다면 오늘날 아직도 이 세계가 파멸되지 않은 것은 어디엔가 극소수의 의인이 있기 때문이다. 의인은 다수(多數)일 수가 없다. 헤셸은 바로 그 소수의 남은 자들에게 관심과 희망을 모았던 사람이다.

"번역은 반역이다"는 말을 순간순간 절감하면서도 이 작업을 계속한 것은 역자 또한 이 시절의 소수 남은 자에게 최후의 기대를 걸고 있기 때문이다.

썩어 문드러진 것들을 향해 핏대를 올려 탄핵하고 비판하기에는 너무나도 절박한 위기를 우리는 살고 있다. 이제는 살아남는 일이 우선 급하다. 살아남는 일(사람으로 사람답게!)이야말로 이 시절에 마땅히 온 힘을 기울일, 우리의 신성한 사명이다.

그리스 계통의 사상과 히브리 계통의 사상이 있어서 서양 철학의 큰 줄기를 이루고 있다는 것이 보통 사람들의 투박한 상식이다. 그야말로 투박한 상식으로서 반박의 여지가 얼마든지 있긴 하지만 어쨌거나 그리스 계통의 사고방식과 히브리 계통의 사고방식을 구분해 볼 수는 있다. 나는 히브리 사상을, 서양 철학의 한 흐름이라기보다 동-서 철학의 만남을 위하여 일찍이 그 가능성을 잉태하고 태어난 독특한 사상으로 보고 싶다. 우리나라에 그리스 계통의 철학은 폭넓고 깊게 소개되어 있는데 반하여 히브리 계통의 철학은 거의 소개되어 있지 않은 듯한 현실을 볼 때, 헤셸의 저술들이 이 땅에 히브리 사상을 소개하는 안내자 구실도 어느만큼 감당할 수 있을 것이다.

이 [선집]은 다음과 같이 편집되었다.

제1권 『예언자들』(*The Prophets*), 상권

제2권 『예언자들』, 하권

제3권 『누가 사람이냐』(*Who is Man?*)

제4권 『사람은 혼자가 아니다』(Man is not Alone)
제5권 『사람을 찾는 하느님』(God in Search of Man)
제6권 『하느님을 묻는 사람』(Man's Quest for God)
제7권 『진리를 향한 열정』(A Passion for Truth)
제8권 『안식일-그 현대적 의미』(The Sabbath)
제9권 『명상록-부록, 아브라함 요수아 헤셸의 생애와 사상』

한 두 마디로 이들을 소개하자면, 『예언자들』은 헤셸의 대표적인 신학 저술로서, 저자 자신을 상아탑으로부터 사람들이 있는 거리로 뛰쳐나오게 만들어 준 책이다. 『누가 사람이냐?』는 사람이 사람 되게 사는 길을 모색한 인간론(人間論), "절망의 철학들과 비인간화를 부추기는 정책들에 대한 주도면밀한 철학적 반론에다 시적인 부르짖음을 아프게 조화시켜 내놓은 책"(바이론 셔윈)이다. 이미 발행된 『누가 사람이냐?』에다가 인간을 주제로 한 주요 논문들을 뽑아 덧붙였다. 『사람은 혼자가 아니다』는 헤셸의 저술 가운데서도 가장 많이 인용되고 있는 종교 철학, 인간이 하느님의 현재(現在)를 어떻게 지각하고 받아들이며 그 위에서 삶을 창조할 것인가를 다룬다. 『사람을 찾는 하느님』은 명실상부한 유다이즘 해설로서 히브리 사상의 진수를 담고 있다. 풍부한 이야기들과 시적인 섬세함으로 신비의 세계를 탐색한다. 『하느님을 묻는 사람』은 기도와 묵상에 대한 성서적 조명으로서 유다인의 기도 생활이 현대인에게 던지는 메시지를 담고 있다. 『진리를 향한 열정』은 저자의 생각과 생활에 가장 큰 영향을 미친 라삐 코츠커의 사상을 키르케고르와 대조시켜가며 학문적, 신앙적 진실을 추구하는 외로운 구도자의 길을 모색하고 있다. 이미 『어둠 속에 갇힌 불꽃』

이라는 제목으로 번역, 출간된 바 있다.『안식일』은 일찍이 유다인이 목숨을 걸고 지켜온 안식일의 참 뜻을 풀면서 단순히 "쉬는 날"이 아닌 "성스런 날"로서의 안식일이 현대인에게 주는 의미가 무엇인지를 밝힌다. 서양 철학이 주로 공간에 관심을 두고 동양 철학이 시간에 관심을 둔다고들 하거니와『안식일』은 히브리 철학의 시간 이해를 시적(詩的)으로 서술하고 있다.『명상록』은 루스 마커스 굿힐이 엮은『헤셸의 지혜』(*The Wisdom of A. Heschel*)와 새뮤얼 드레스너가 엮은『나는 놀람을 구했다』(*I Asked for Wonder*)를 옮긴 것. 여기에 부록으로 바이론 셔윈의『아브라함 요수아 헤셸 - 그 생애와 사상』을 보탰다. 라삐 헤셸의 글에서 지혜로 번뜩이는 구절들을 뽑아 모은 것이다.

  이 부조리하고 난감한 시대에 사람으로 태어나 사람으로 살아가는 길을 끊임없이 탐색하고 고뇌하는 모든 "남은 자"들에게 라삐 헤셸을 기꺼이 소개한다.

  이 일에 노고를 아끼지 않은「종로서적」출판부의 이철지 이사와 실무 직원들에게 감사하며 대중의 인기와는 거리가 있는 책의 출판을 기꺼이 맡아준 종로서적 경영자에게도 독자와 함께 감사를 드린다. 이들 모두 "그분" 하고 있는 일을 하고 있는 것이다.

1987년 2월 1일 이현주

차례

옮긴이의 말

제1부 하느님 문제

제1장 표현 불가능한 것에 대한 감지 · 19
 장엄함에 대한 인식 · 표현 불가능한 것에 대한 감지 ·
 표현 불가능한 것과의 만남 · 본질로 들어가는 입구는 있는가 ·
 영혼과 이성의 서로 다름

제2장 갑작스런 경이 · 27
 이성과 놀람 · 철학은 놀람으로부터 · 이성 속의 신비 ·
 표현되지 않는 경험 · 이성의 뿌리

제3장 세계는 하나의 암시 · 35
 인식적 통찰 · 보편적인 지각 · 존재의 암시성

제4장 존재하는 것은 나타내는 것 · 41
 공경의 보편성 · 공경, 하나의 지상명령 · 생각 바깥에 있는
 의미 · 의미에 대한 기대와 확신 · 과학, 끝없는 세계로 들어가
 는 문 · 모든 지식은 부분일 따름 · 표현 불가능한 것은 환영(幻
 影)인가

제5장 감상으로 얻는 지식 · 53
  지각 끝에 오는 지각· 편리한 방편· 놀라고자 하는 의지·
  객체로서의 세계· 세계는 인간의 자비에 달렸는가·
  우리는 모든 사물을 노래한다

제6장 언어를 능가하는 물음 · 61
  우리는 질문 방법을 모른다· 무엇 때문에, 누구를 위하여·
  '나'는 누구인가· 나는 나 아닌 나· 질문할 주체가 없다

제7장 철학자들의 하느님 · 69
  사변의 문제로서의 하느님· 최고로 중요한 것은 질서인가·
  종교철학

제8장 궁극적 질문 · 75
  궁극적 놀람의 결과· 종교는 표현 불가능한 것에 대한 감각으
  로부터 시작한다· 궁극적 질문· 질문하게 만드는 것·
  사물들 너머· 현존하는 정신

제9장 하느님의 현존 속에서 · 85
  그 분의 현존에서 그분의 본질로· 신앙의 새벽· 놀람을 가지
  고 무엇을 할 것인가· 누가 불가사의한 존재인가· 대답할 수
  없는 질문· 영혼을 찾아서· 찬양이라는 전제· 통찰력의 회복
  인간에게 간청하는 하느님 · 강요된 관심

제10장 의심 · 101

제11장 신앙 · 107
　신앙은 지름길이 아니다 · 신앙으로 가는 길 ·
　수줍어 홍조 띤 얼굴들 · 신앙의 시련 · 정신의 행위

제12장 신성(神性)이란 말의 의미 · 119
　언설의 위태로움 · 표현의 기준 · 신성이란 말의 의미 ·
　완전함이라는 속성 · 하나의 우주라는 관념 ·
　우주적 형제관계 · 존재의 영역과 가치의 영역 ·
　하나가 하느님은 아니다

제13장 한 분 하느님 · 135
　다원론의 매력 · 목적으로서의 일원 · 다원성의 부정은 아니다
　내가 어디로 가리이까 · 들어라, 이스라엘아 · 하나는 독특함을
　뜻한다 · 하나는 유일을 뜻한다 · 하나는 같음을 뜻한다 ·
　선과 악 · 그분은 무소부재 · 하느님은 관심이다

제14장 하느님이 주체다 · 151
　'나'는 하나의 '그것'이다 · 하느님에 대한 생각은 전면이 따로
　없다 · 하느님이 인간을 봄 · 하느님은 알 수 없는가 ·
　우리의 지식이란 조심스런 표현이다 · 지식이냐, 이해냐

제15장 하느님의 관심 · 163

존재의 문제 · 생명은 관계다 · 옮겨지는 관계 · 세 차원 ·
자기 자신을 잊으라는 강요 · 자유는 영적인 무아지경 ·
하느님의 관심 · 계속되는 나타냄 · 풍전등화인 문명 ·
연민 · 진열과 위장

제16장 숨으시는 하느님 · 183

제17장 신앙을 넘어서 · 191

신앙의 위험 · 믿는 것은 기억하는 것 · 개인의 추억인 신앙 ·
신앙과 믿음 · 신앙과 신조 · 교리라는 우상숭배 ·
교리는 필요 없는가 · 신앙과 이성 · 우리에게 앎을 주소서 ·
신앙은 상호 작용이다 · 종교는 내향성 이상이다

제2부 삶의 문제

제18장 요구의 문제 · 215

놀람에서 신심으로 · 중성적인 것을 다루는 문제 · 요구들의
경험 · 인생: 요구들의 더미 · 윤리의 부적합성 · 삶의 절박한
위기 · 요구들은 신성하지 않다 · 누가 그에게 참으로 있어야
할 것들을 아는가 · 옳은 요구와 그릇된 요구

제19장 실존의 의미 · 229

인간의 애용하는 무지 · 실존의 의미 · 궁극적인 추측 · 인간은 자신의 목적이 아니다 · 인간은 사회를 위해 존재하는가 · 욕구의 자기멸절 · 영속하는 것을 추구하여 · 무기력한 갈망 · 실존이란 무엇인가 · 실존의 일시성 · 실존의 연속성 · 실존의 비밀 · 존재함으로 순종한다 · 최후의 목표 · 시간과 영원

제20장 인간의 본질 · 249

인간의 특수성 · 잠재성의 어둠 속에서 · 하느님과 짐승 사이에서 · 우리의 요구들을 넘어서 · 누가 사람을 필요로 하는가

제21장 목적의 문제 · 261

생물학적 요구와 문화적 요구 · 자기 표현에 관한 신화 · 목적과 요구 · 범-심리학의 실수 · 선 의식과 악 의식 · 하느님의 비밀 무기 · 삶은 입체적이다

제22장 종교란 무엇인가 · 273

어떻게 종교를 연구할 것인가 · 종교는 마음의 작용인가 · 마술과 종교 · 종교의 객관적 면 · 어중간은 없다 · 성스러운 차원 · 신앙심은 하나의 응답이다 · 정신의 순수함

제23장 유다 종교에 관한 하나의 정의 · 287

하느님에게 사람이 필요하다 · 하느님의 정념 · "하느님은 무엇

을 바라시는가"· 종교적인 요구· 알려지지 않은 목적들 ·
목적을 요구로· 선행의 즐거움

제24장 위대한 동경 · 301

영적인 삶에 대한 동경· 고상한 향수· 끝없는 불만족·
간절한 바람

제25장 생활방식 · 311

무성음· 신격화도 아니고 천시도 아니고· 영과 육· 하느님과
이웃하여· 몸 속에 있는 성스러움· 희생 제물로 바치지 말고,
거룩하게 되어라· 미츠봇으로서의 요구· 질서 속에서 살아가
기· 인생의 모든 것· 평범한 것· 내적 권위

제26장 경건한 신앙인 · 325

경건이란 무엇인가· 분석 방법· 전인간의 태도· 살 가치가
있는 유일한 삶· 내적 익명· 습관은 아니다· 지혜와 경건·
신앙과 경건· 하느님 앞에서· 하느님은 인간과 세상 사이에
있다· 하느님의 임재와 조화되는 삶· 실재하는 것들의 가치·
모든 실재에 대한 자세· 공경· 고마움· 일상적인 행위가 곧
모험이다· 책임· 영속하는 선물· 자기희생의 뜻· 거룩하신
분과의 인척관계· 하느님의 보물· 우리의 운명은 도와드리는
것

제1부

하느님 문제

1

표현 불가능한 것에 대한 감지(感知)

장엄함에 대한 인식

자연에는 인간의 눈길을 끄는 세 가지 국면이 있다. 힘과 아름다움과 장엄함이 그것이다. 인간은 자연의 힘을 이용하고, 아름다움을 즐기며, 장엄함 앞에서는 다만 경외심(敬畏心)에 사로잡힐 따름이다. 우리는 자연의 아름다움을 감상하는 것을 마땅한 일로 생각한다. 만일 어떤 사람이 하늘과 땅을 보면서 감탄하지도 않고 자연의 장엄한 모습과 그 웅대함을 알아보지 못한다면, 그런 사람은 사람이 아니라고 생각한다.

어째서 그런가? 그런 것이 우리에게 무슨 작용을 한다는 말인가? 자연의 장엄함을 알아본다고 해서 그것이 우리 사회의 목적, 또는 생물학적인 어떤 목적에 무슨 보탬이 되는 건 아니다. 인간은 자연의 장엄함을 보고 느낀 바를 이웃에게 제대로 전달하지도 못하며, 그것으로 과학 지식을 더 쌓지도 못한다. 또한 그런 장엄함을 인식하여 우리의 감각이 즐거워지는 것도 아니며 우리의 허영심이 채워지는 것도 아니다. 그런데 어째서 우리는 무엇을 알고자 하는 우리의 마음을 오히려 얕잡아보며, 우리에게 두려움, 우울함 또는 체념을 안겨 주기나 하는 대자연의 도발(挑發) 앞에 자꾸만 알몸으로 서는 것인가? 그러면서도 여전히 우리는 자연의 장엄함을 짐짓 외면하는 것은 인간다운 짓이 못 된다고 생각한다.

우리가 대우주를 인식한다는 사실보다 더 중요한 사실이 있으니, 우리가 반드시 그 대우주를 인식해야만 한다고 생각한다는 사실이다. 우리의 손으로 잡을 수 없는 그 무엇에 대하여 주의(注意)를 집중하라는 어떤 명령이 떨어졌기나 하듯이 말이다.

표현 불가능한 것에 대한 감지

표현하는 능력은 사람에게만 있는 게 아니다. 정도의 차이는 있지만 짐승들도 자기 감정을 표현하고 의사소통을 한다. 사람이 다른 짐승들과 다른 것은 그가 언어와 상징을 발전시킬 수 있을 뿐만 아니라, 말로 표현할 수 있는 것과 말로 표현할 수 없는 것 사이를 분별하게 되고, 언어로는 설명할 수 없는 것에 의하여 넋을 잃기도 한다는 점이다.

장엄함에 대한 감각이야말로 인간이 예술을 하고 사색을 하고 고상한 삶을 살아가는 그 창조적 행위의 뿌리라고 생각해야만 한다. 그 어떤 식물(植物)도 이 땅에 비장(秘藏)된 생명력을 모두 다 펼쳐 보이지는 못하듯이, 그 어떤 예술 작품도 인간의 언어로 표현할 수 없는 깊음을 다 표현하지는 못한다. 그 깊음을 보면서 성자(聖者)들, 시인들 그리고 철학자들은 살아갈 따름이다. 우리가 보는 것과 말로 표현할 수 없는 것을 전달하려는 시도는 인류의 미완성 교향곡이 품고 있는 영원한 주제요, 한번도 충족된 적이 없는 모험이다. 다만 빌려 온 언어에 의지하여 사는 자들만이 자신들의 표현력의 재능을 신뢰한다. 그러나 감수성이 있는 사람은 본디부터 있는 것, 그 가장 본질적인 것은 결코 표현되지 않는다는 사실을 알고 있다. 우리 속에서 일어나는 것, 때로는 가장 훌륭한 것은 우리 자신의 비밀이다. 우리는 그것과 더불어 스스로 씨름해야 한다. 밤하늘의 찬연한 별무리를 바라볼 때 우리의 가슴이 떨린다. 그 떨림은 어떤 언어로도 표현할 수 없다. 우리를 억제 못할 놀라움으로 엄습하는 것은 우리가 파악하고 전달할 수 있는 것이 아니라, 손끝에 닿으면서도 파악할 수는 없는 무엇이다. 자연의 양적인 부분이 아니라 질적인 무엇이다. 시간과 공간 속에서 우리가 닿을 수 있는 영역을 벗어나 있는 무엇이 아니라, 존재의 참된 의미, 근원 그리고 목적, 다른 말로 하면 표현 불가능한 것이다.

표현 불가능한 것과의 만남

표현 불가능한 것은 장엄한 것과 평범한 것, 현실의 장대한 부분과 사소한 부분 속에 함께 깃들어 있다. 어쩌다가 발생하는 특수한 사건들 속에서 그것을 발견하는 사람들이 있는가 하면, 어떤 사람들은 매일매일 순간순간 일어나는 사건들의 구석구석에서 그것을 감지한다. 그런 사람들에게는 사물이 그 어느 것 하나 진부한 것이 없고 존재하는 모든 것이 새삼스럽다. 그들은 우리네의 시끄러운 소리와 탐욕에도 불구하고 이 세계를 가득 채우고 있는 고요함을 듣는다. 종이 한 장, 빵 한 조각, 단어 한 개, 한숨 한 자락--이 모두가 가볍고 단순하지만 그 속에는 결코 끝장나지 않는 비밀을 고이 간직하며 지키고 있다. 그것은 하느님을 잠깐 보여주는 것인가? 존재의 영(靈) 비슷한 무엇인가? 한 뜻의 영원한 섬광인가?

  모든 선입견을 떠나, 눈으로 보기도 전에 아는 척 하거나 이미 알고 있는 거라고 시큰둥해 하려는 습성을 억제하고, 그 어떤 기억이나 의지 작용 따위로 흐릿해지지 않은 눈으로 세계를 생전 처음 보듯이 새삼스럽게 보려고 하면, 당신과 당신을 둘러싸고 있는 모든 것들--나무들, 새들, 의자들--이 서로 가까이에서 달리지만 결코 만나지 않는 평행선들과 같음을 발견하게 될 것이다. 지금까지 이 세상에 대하여 뭘 좀 알고 있다고 생각했던 당신의 허세는 어느새 사라져 버린다.
  우리는 이 세계를 어떻게 이해하려고 하는가? 지성은 실재의 본질을 탐구한다. 그리고 지성은 도구가 없이는 일을 할 수 없기 때문에, 그 탐구하는 바에 대한 대답으로서의 범주에 들어맞는 듯한 현상들을 취한다. 그러나 실재를 기존의 언어나 개념의 도움 없이 일대일로 대면하고자 할 때에는, 우리 생각에 꽤 그럴 듯 하다고 여겨지는 것들이 실제로는 전혀 알려지지 않은 거대한 처녀지의 얄팍한 껍질일 다름이며, 황혼에 멀리서 하늘거리는 나뭇잎처럼, 얄팍한 호기심 따위로는 건드릴 수조차 없는 완강한 침묵의 잔물결일 뿐임을 깨닫게 된다.

본질로 들어가는 입구는 있는가

  나무 한 그루를 당신 마음대로 분석하고 무게를 달아보고 그 크기를 재어 보라. 그 나무의 모양과 기능, 그 발생 양태와 생존 법칙을 관찰하고 묘사하라. 그 나무의 본질을 파악하는 것과는 여전히 거리가 멀다. 우리의 사유(思惟)라는 매개체를 통하여 사물을 보는 것은 수정점(Crystal-gazing, 수정 또는 유리구슬 따위를 응시하고 환상을 끌어내어 미래를 예언하는 점 – 역주)을 치는 행위일 따름이다. 즉 우리가 사유를 통해 그려낸 그림은 진실의 한 부분이기는 하지만, 사실 우리가 보는 것은 사물 그 자체가 아니라 정신으로 그려낸 상(像)일 따름이다. 인간과 세상은 시간의 좁은 길을 급히 내려 달리는데 멈추어 설 곳이 없다. 그들이 알아볼 수 있는 현재가 없다. 사고(思考)는 그 대상과 결코 동시에 이루어지지 않는다. 이전에 이미 얻게된 인식의 흐름을 따르는 것이 사고이기 때문이다. 즉 우리가 생각 속에서 다루는 대상이란 언제나 지나가 버린 대상들이다. 행동은 언제나 인식을 뒤따르고, 생각은 이전의 기억을 바탕으로 삼는다. 생각하는 대상은 언제나, 조금 전의 순간처럼 매우 가까우면서도 매우 먼 과거지사다. 그런즉 우리의 지식은 일련의 회상(回想)이요, 우리의 인식은 언제나 불완전하고 빠진 것 투성이며, 그 이후의 두서없는 기억들의 조합이다. 우리가 새로 발견하는 일은 거의 없으며, 생각하기 전에 우리는 기억부터 한다. 우리는 이미 알고 있는 바를 통해서 현재를 본다. 꿰뚫고 들어가는 대신 우리는 끊임없이 비교하며, 선입견으로부터 온전히 벗어나는 일은 결단코 없다. 기억은 흔히 창조적인 경험으로 들어가는 데 방해가 된다.

사유는 언어와 이름이라는 족쇄에 묶여 있고, 이름들은 어떤 사물들이 공동으로 가지고 있는 것을 서술한다. 개별적인 것과 독특한 것은 실제로는 이름의 포로가 되지 않는다. 그런데도 우리의 생각은 어쩔 수 없이 언어나 이름들과 타협한다. 바로 이것이, 우리가 좀처럼 본질로 들어가는 입구를 찾지 못하는 또 다른 이유다. 우리는 우리가 빠뜨린 것이 무엇인지를 정확하게 말하는 것조차 하지 못한다.

우리가 제시하는 해결책이라는 것이 역시 수수께끼일 뿐이요, 우리의 언어가 무분별한 소리임을 깨달아 알기 위하여 관념들의 더미 위로 기어올라가는 일이 불가피한 것일까? 사물의 세계는 언제나 우리의 머리맡에 개방되어 있다. 그러나 우리의 머리라는 것이 현실의 흐름을 잡아보려는, 눈이 가는 체처럼 여겨지는 때가 자주 있고, 그 속을 파헤쳐 볼 수 없는 조수(潮水)에, 우리가 잠시 거역할 수는 있으나 결코 뒤로 물러서지는 않는 조수에, 우리의 생각하는 머리가 휩쓸려 가버리는 순간들이 있다.

영혼과 이성의 서로 다름

모르는 것에 대한 깨달음이 아는 것에 대한 깨달음보다 먼저다. 지식의 나무는 신비라는 토양에서 자란다. 우리의 생각하는 머리에 가장 가까이 있는 것은 개념도, 언어도, 이름들도 아니다. 이름 붙일 수 없고 표현할 수 없는 존재 그것이다. 주어진 것, 겉으로 보아 분명한 것이 우리의 경험에 가장 가까운 것이기는 하지만, 우리의 경험 안에서 우리가 마주치는 것은 떨어져 있는 타자다. 개념들이란, 우리가 그것을 가지고 우리의 놀라움을 좀 더 완화시켜 보려고 하는 달콤한 군것질이다. 이미 알고 있는 바를 잊어버리고, 실재 그 자체를 생각하려고 해보면, 당신은 즉시 당신이 절망적인 공복 상태임을 깨닫게 된다. 우리는 어떤 사상이 그것 자체가 지니고 있는 것 이상을 우리에게 줄 것으로 기대할 수는 없다. 영혼과 이성은 같지 않다. 마치 개념들과 우리 자신은 끝없는 시간 속의 어느 곳을 헤매다가 서로 만나 친구가 된 나그네들과도 같다. 그 둘은 각자의 이익에 따라 가까운 사이가 되기도 하고 멀리 떨어지기도 한다. 모르는 것에 대한 깨달음이 예리할수록, 실체를 더욱 더 긴밀하게 부둥켜안을수록, 영혼과 이성이 서로 다르다는 사실에 대한 우리의 깨달음은 그만큼 더 분명해진다.

단순하게 생각하는 사람이 겉모양과 실체를 같은 것으로 보듯이, 지나치게 현명한 사람은 표현 가능한 것과 표현 불가능한 것을, 논리적인 것과 고등 논리적인 것을, 개념과 사물을 동일한 것으로 본다. 한편 비판적인 사고를 하는 사람이 생각과 사물이 동일하지 않음을 알듯이, 우리의 자기를 성찰하는 영혼은 우리의 깨달음 자체가 생각의 논리적 내용과 구별되는 것임을 명심하고 있다.

표현 불가능한 것에 대한 깨달음, 바로 여기에서부터 우리의 탐구는 시작되어야 한다. 알려진 것들의 약속에 현혹된 철학자들은 흔히 고도(高度)의 이해할 수 없는 보물들을 시인이나 신비가들에게 넘겨 주고 만다. 표현 불가능한 것에 대한 감지 없이는 형이상학적인 문제도 없거니와, 존재를 존재로, 가치를 가치로 보는 깨달음도 없다.

이성의 탐색은 알 수 있는 것들의 해변에서 끝난다. 그 너머의 광대한 영역은 오직 표현 불가능한 것에 대한 감지만이 미끄러져 들어갈 수 있다. 그것만이 경험과 이해로부터 멀리 떨어진 그곳으로 가는 길을 안다. 경험도 이해도 수륙 양용이 아니다. 이성은 해변을 넘어 나갈 수 없다. 표현 불가능한 것에 대한 감지는 우리가 흔히 크기를 재고 무게를 달고 하는 곳에서는 벗어나 있다.

우리가 알고 있는 것의 해변을 떠나는 것은 모험을 하기 위해서도 아니고, 아슬아슬한 지경을 경험하고 싶어서도 아니며, 우리의 질문에 이성이 제대로 대답을 해주지 못하기 때문도 아니다. 우리의 마음이 환상적인 바다 조개와도 같아서, 우리의 귀를 그 입술에 대면 해변 저 너머의 파도로부터 오는 끊임없는 속삭임을 듣게 되기에, 그래서 우리는 항해를 떠난다.

두 나라의 시민으로서 우리는 양쪽에 다 충성을 해야 한다. 즉 한편으로는 표현 불가능한 것을 감지하며, 다른 한편으로는 현실을 이름 짓고 개발해야 한다. 그 두 영역 사이에다 우리는 연결의 고리를 세운다. 그러나 그 사이의 구렁을 우리가 메울 수는 없다. 그것들은 서로, 시간과 달력처럼, 바이올린과 가락처럼, 생명과 마지막 호흡 그 뒤에 있는 무엇처럼, 가깝고도 멀다.

형태가 있는 현상계를 우리는 우리의 이성으로 정밀하게 검사한다. 은밀하고 드러나지 않게 되어 있는 것을 우리는 표현 불가능한 것에 대한 감각으로 몰래 엿듣는다. 기꺼이 자기를 희생시킬 수 있게 하는 힘, 생각하는 마음속에 그리고 그 뒤에 스스로 낮추는 겸허를 기르는 사상은 결코 논리 바른 자의 기교와 같은 것일 수 없다. 우리가 결단코 꿈꾸기를 중단할 수 없는 순수함, 우리가 언제나 목마르게 사랑하는 미지의 사물들, 그것을 위하여 우리가 목숨을 잃거나 산 채로 파멸되기도 하는 선(善)에 대한 환상--인간의 이성은 이것들에 닿을 수가 없다. 표현 불가능한 것, 그것으로부터 우리는 그 신성함의 맛과 영원히 사라지지 아니함의 기쁨을 끌어낸다.

2

갑작스런 경이

이성과 놀람

지식을 얻는 데 가장 큰 장애가 되는 것은 우리가 인습적인 개념들과 지적인 상투 어구들에 익숙하게 되기 때문이다. 그러므로 모든 것을 기이하게 여기며, 갑작스런 경이(驚異), 망연자실(茫然自失) 우두망찰하는 상태는 존재하는 것을 순수하게 깨달아 아는 데 반드시 먼저 있어야 할 것들이다.

존재를 존재로 직시할 때, 우리는 이성과 놀람이라는 두 가지 기능으로 이 세상을 볼 수 있다는 사실을 깨닫게 된다. 이성을 통해 우리는 이 세상을 설명하거나 우리의 개념에 맞추려고 한다. 놀람을 통해서는 우리의 마음을 이 세상에다가 맞추려고 한다.

의심보다는 놀람이 지식의 뿌리다. 의심은 지식이 태동하기 직전에 두 가지 대칭되는 혹은 모순되는 견해 사이를 오락가락하는 상태로서, 지금까지 지니고 있던 믿음이 흔들리는 상태이다. 의심은 실재에 대한 지금까지의 설명에 도전하고, 남들이 우리의 머리 속에 주입시킨 것들을 다시 검토하고 검증할 것을 요구한다. 달리 말하면, 의심이 하는 일이란 실재 그 자체에 대하여 관심을 갖는 것이 아니라 실재에 대한 설명을 검사하는 것이다. 그것은 지각(知覺) 자체가 아니라 지각의 내용을 다룬다.

의심은 우리가 즉시로 깨달아 아는 것에는 적용되지 않는다. 우리는 우리가 존재한다는 사실, 우리가 보고 있다는 사실은 의심하지 않는다. 다만 지금 눈으로 보고 있는 것을 과연 알고 있는지, 우리가 보고 있는 것이 과연 실제로 존재하는 것의 진짜 모습인지를 의심한다. 따라서 지각한 것이 개념화 작업을 거쳐 명료하게 된 다음에야 의심이 발동하는 것이다.

그런즉 의심은 두뇌 내부의 상호 작용이다. 우리는 먼저 보고, 그 다음에 판단하며 그에 대한 견해를 갖게 되고, 그 뒤에 의심한다. 달리 말하면, 무엇을 의심하는 것은 조금 전에 옳은 것이겠다고 받아들인 것에 대하여 물음을 던지는 것이다. 의심은 이의(異議)를 제기하는 행위다. 즉 기억으로부터 논리적인 판단을 끌어내어 비판하는 두뇌의 재검증을 받게 하는 과정이다. 따라서 우리는 의심을 하기 전에 먼저 판단을 해야 하고, 판단을 하는 과정에서 어느 한 신념에 매달리지 않을 수 없다. 그러니 만일 질문하기 위해서는 우리가 먼저 알아야 하고, 의심하기 위해서는 우리가 먼저 어떤 신념을 가져야만 한다면, 의심이 지식의 시작이라고 말할 수는 없는 일이다.

놀람은 지식을 넘어간다. 우리는 우리가 의심한다는 사실을 의심하지 않는다. 그러나 우리는 우리가 의심할 수 있음에 대하여, 또한 놀랄 수 있음에 대하여, 놀라지 않을 수 없다. 굼뜬 사람은 의심을 탓하고, 눈먼 사람은 놀람을 탓할 것이다. 의심은 끝날 수 있지만, 놀람은 영원히 계속된다. 놀람은 우리가 암기된 지식의 틀을 통해서 실재를 보려고 하지 않는 상태, 그 어느 것도 당연한 것으로 여기지 않는 마음의 상태이다. 정신적으로(spiritually) 우리는 단순히 빌려온 혹은 물려받은 지식을 되풀이하는 것으로만 살아갈 수가 없다. 당신의 혼에게 물어 보라. 무엇을 알고 있는지, 무엇을 당연한 것으로 여기고 있는지 말이다. 당신의 혼은 대답할 것이다. 아무것도 당연하지 않다고 말이다. 모든 것이 갑작스런 놀라움이요, 존재 자체가 믿을 수 없는 것이라고. 도대체 무엇을 본다는 것 자체가 놀라운 일이 아닐 수 없다. 어떤 특수한 가치나 사물을 보고 놀랄 뿐만 아니라, 만물이 전혀 뜻밖에 거기 그렇게 그런 모습으로 있다는 사실에, 존재들이 존재한다는 사실 자체에 우리는 놀라게 된다.

철학은 놀람으로부터

철저한 의심에서 시작하는 철학은 철저한 절망으로 끝난다. 오늘날의 절망의 복음에 토양을 마련해 준 것은 "의심에서 인식으로"(*dubito ut intelligam*)라는 원리였다. "철학은 놀람(wonder)에서 시작한다"(플라톤, *Theatetus* 115D). 그것을 우리의 회의론(懷疑論, skepticism)과 구별하는 뜻에서 의아론(疑訝論, '이상하게 여긴다'는 말, *thaumazein*에서 따온 *thaumatism*)이라고 부르는 게 좋겠다.

지각하는 것을 개념으로 만들기 전에 이미 우리는 언어를 넘어, 의심을 넘어 놀라워한다. 우리는 경이라는 몽둥이에 일격을 받았다는 사실을 제외하고는 모든 것을 의심할 수 있을 것이다. 의심에 빠질 때 우리는 질문한다. 놀람에 빠졌을 때 우리는 어떻게 질문할 것인지조차 모른다. 의심은 풀어질 수도 있지만 갑작스런 경이는 결코 지워지지 않는다. 세상에는 인간의 갑작스런 경이에 대답을 줄 만한 것이 없다. 우리의 수많은 이론들과 과학적 설명의 해류(海流) 아래에는 갑작스런 경이라는 원생(原生)의 심연이 놓여 있다.

갑작스런 놀람은 그 어떤 인간의 행위보다도 폭이 넓다. 모든 인식이나 의식은 현실의 선택된 부분을 대상으로 삼아 이루어지는 반면에, 갑작스런 놀람은 현실의 모든 것을 상대로 이루어진다. 우리가 눈으로 보는 것뿐만 아니라 눈으로 보는 그 행위 자체에 대하여, 무엇을 보고 또 볼 수 있음에 깜짝 놀라는 우리 자신에 대하여, 우리는 놀라워한다.

이성 속의 신비

표현 불가능한 것은, 예를 들면 화산 폭발의 진원(震源)처럼, 인간의 생각하는 마음을 곤혹스럽게 만드는 특별한 수수께끼가 아니다. 우리는 표현 불가능한 것과 만나기 위하여 추론(推論)의 최후까지 밀고 나갈 필요가 없다. 표현 불가능한 것은 앞에서 말했듯이, 우리가 언제 어디에서나 맞닥뜨리게 되는 무엇이다. 심지어 생각하는 행위 자체가 우리의 생각을 좌절시키기도 한다. 그것은 모든 명료한 사실이, 그것이 하나의 사실이라는 이유로, 좌절시키는 냉담함에 취해 있는 것과도 같다. 추론, 지각, 설명의 내부를 장악하고 있는 것은 신비(神秘)가 아닌가? 우리가 생각을 한다는 이 불가사의한 일을 펼쳐 보일 수 있는 자기이해가, 구체적인 것을 추상의 매력으로 비워 버리는 우리의 우아함을 설명할 수 있는 자기이해가 어디에 있는가? 어떤 형식이, 생각하는 행위 자체의 수수께끼를 풀어 설명할 수 있는가? 사물도 사유도 우리의 것이 아니다. 우리는 다만 그 둘을 미묘하게 섞는 마술을 부릴 따름이다.

　우리를 깜짝 놀라게 하는 것은 모든 것이 연결되어 있는 관계가 아니라, 최소의 인식조차도 최대의 수수께끼라는 사실이다. 우리가 도대체 무엇을 이해한다는 사실이야말로 가장 이해되지 않는 사실이다.

　일반인의 관습이 되어 버린 관념들, "통조림 된" 이론들, 그 속에다 우리 자신의 통찰, 또는 다른 사람들의 통찰을 저장시킨 이론들에 의지하여 마음 편히 지낸다는 것은 불가능한 일이다. 우리는 결코 우리의 관심을 남들이 안전하다고 생각하는 견해들 속에 남겨둘 수 없으며, 그 힘을 남에게 맡겨 대리인의 통찰을 얻어 낼 수도 없다. 우리는 자신의 놀람을 지켜야 하고, 우리들 자신의 열성을 살아 있게 해야만 한다. 만일 우리가 깨달음을 찾아내지 못한다면, 그것이 발견될 수 없는 것이기 때문이 아니라, 우리가 살아가는 법을 모르기 때문이다. 아니면 물에 비친 제 모습에 대한 사랑에 빠지려는 자기도취의 경향을, 자신의 생각을 그 뿌리로부터 잘라버리려는 경향을, 조심하는 법을 모르기 때문이다.

　지식의 나무와 생명의 나무는 같은 토양에 뿌리를 박고 있다. 그러나 지식의 나무는 바람과 빛을 희롱하면서, 흔히 반짝이면서도 물기 없는 잎들을 기른다. 열매를 기르지는 못하면서 말이다. 잎은 시들게 하더라도 수액(樹液)이 말라서는 안 된다. 삶의 신성함을 꿰뚫어보는 소박한 통찰이 없다면, 정교한 사변(思辨)이라는 게 무슨 가치가 있겠는가? 우리가 철학의 합리적 용어들로 번역하려 하며, 종교의 생활방식으로 번역하려 하고, 예술의 형식과 전망으로 번역하려는 통찰이란 바로 삶의 신성함을 꿰뚫어보는 소박한 통찰이 아니던가? 그 통찰의 힘과 흐름을 모든 생각 속에 유지시킴으로써, 우리가 의심하는 가운데도 그 수액이 멈추지 않고 흐르게 하는 것은, 종이로 만든 조화(造花)만이 그 토양(土壤) 없이도 견딜 수 있는 우리의 토양으로부터, 문명과 종교 속의 창조적인 것을 빨아들이는 것을 의미한다.

표현 불가능한 것에 대한 감지는 사색의 탐구를 가로막지 않는다. 오히려 그것은 안이함을 훼방하고 우리의 억압된 감수성을 풀어놓는다. 표현 불가능한 것으로 다가가는 일은 무식한 동물의 응시하는 시선이 아니라 깊은 지식을 통하여 이루어진다. 알지 못할 세계를 안다고 생각하며, 수수께끼가 있기 전에 먼저 그에 대한 풀이를 제시하는 실수를 범하지 않는 사람에게는, 수없이 많은 말로도 표현 불가능한 세계를 대체할 수가 없다.

초점을 잃지 않고, 허둥거리다가 옛날의 기억에 그득한 기성품 언어와 관념들 속에 빠져 들어가지 않는 사람의 혼은, 산맥을 보되 그것이 마치 하늘을 기리는 몸짓으로 볼 수가 있다. 그런 이들에게는 보이는 모든 것이 새삼스럽다. 사물의 어둠 속에서 섬광을 분별하지 못하는 눈은 그것을 알아보되 단지 상투적인 표현들만을 알아볼 따름이다.

표현되지 않는 경험

우리는 언제나 언어를 쫓아가고 언어는 언제나 저만큼 물러난다. 그러나 위대한 경험들은 말로 표현할 수 없는 것들이다. 말로 할 수 있는 것으로만 살아가는 것은 땅을 파 엎는 대신 티끌 속에서 뒹구는 것이다. 어떻게 우리는 그 속에 우리가 포함되어 있고 살아 있음으로써 어쩔 수 없이 연결되어 있는 신비를 모르는 척 할 수 있겠는가? 어떻게 우리의 혼 속에서 민감하게 메아리치고 있는 이 우주의 맥박소리에 귀를 닫고 살아갈 수 있겠는가? 가장 친밀한 것이 가장 신비스럽다. 놀람만이 우리를 의미의 극(極)으로 향하게 하는 유일한 나침반이다. 내 생애의 바로 다음 순간으로 들어가면서, 바로 이 글을 쓰는 동안에도 나는 불가사의함에 휩쓸려들며, 잠시 멈추어 머뭇거리는 것이, 도망을 치거나 잊어버리는 것이 아니라, 그 신비의 한복판에서 사는 것임을 깨닫는다.

표현 불가능한 것을 깨달아 알게 되면 언어와 결별을 하게 된다. 그 본질, 그 인간 경험의 곡선이 만나는 접점은 언어의 한계 너머에 있다. 우리가 지각하는 사물의 세계는 너울(veil)일 뿐이다. 그것의 날개침이 음악이요 그 장식품이 학문이다. 그러나 그것이 감추는 바는 헤아릴 수가 없다. 그것의 침묵은 끝내 깨어지지 않는다. 그 어느 말로도 그것을 치워 버릴 수 없다.

때로 우리는 이 세계가 울부짖어, 무엇이 이 세계로 하여금 두려움 가득 찬 장엄함을 잉태케 하였는지를 말해 주었으면 하고 바란다. 때로 우리는 우리 자신의 가슴이 입을 열어, 무엇이 그 가슴으로 하여금 놀람으로 무겁게 하는지를 말해 주었으면 하고 바란다.

이성의 뿌리

우리가 알고 있는 모든 것은 추론적인 사유 덕분인가? 우리의 삼단 논법으로 모든 공격을 다 방어할 수 있는가? 추론 작업이 우리네 정신생활의 유일한 동력은 아니다. 우리가 지니고 있는 확신들 속에, 정의를 내릴 수 있는 몇 가지 개념들로 명료하게 된 것보다 더 많은 내용이 포함되어 있음을 누가 모르겠는가? 우리 의식 속에 이미 인식 작용 또는 분석하는 이성의 작용을 거치지 않은 것은 없다고 주장한다면 그것은 그릇된 주장이다. 우리의 의식 속에 본디부터 있는 대부분의 지혜는 이성의 열매라기보다는 그 뿌리다. 우리의 영혼 속에는 입술로 부를 수 있는 것보다 더 많은 노래가 들어 있다. 그 본디의 깨달음으로부터 떨어져 나갈 때 추론하는 정신은 오히려 구두쇠가 되며, 개념이라는 것이 우리의 짓밟힌 양심을 위로하지 못하며 원상(原狀)으로 돌아가고자 하는 목마름을 채워 주지 못한다는 사실을 발견할 때, 우리는 생각의 원점으로, 논리 저 너머에 있는 끝없는 해변으로 돌아간다. 생각하는 마음은 감각 능력의 도움으로 개념을 형성할 수 있듯이, 표현 불가능한 것의 차원으로부터 직관적인 깨달음을 끄집어 낼 수도 있다. 직관적인 깨달음은 예술, 철학, 종교의 뿌리다. 그것은 정신 생활의 보편적이고 기본적인 사실로 인식되어야 한다. 창조적으로 생각하는 길은 전통적인 논리학자들의 전용 도로와 항상 겹쳐지는 것은 아니다. 천재가 활개 치는 곳, 통찰이 번뜩이는 곳에는 논리가 근접할 길이 좀처럼 발견되지 않는다.

3

세계는 하나의 암시

인식적 통찰

 우리는 유비나 추정 따위의 우회적인 길을 통하여 표현 불가능한 것을 깨달아 알게 되지는 않는다. 우리는 그것이 부재중(*in absentia*)에 그것을 생각하지는 않는다. 그것은 오히려 끝이 없고 미리 예측할 수도 없는 직관적 통찰이라는 수단을 통하여 갑작스럽게 주어지는 무엇으로 감지된다. 그 직관적 통찰은 논리적으로나 심리적으로나 판단보다 먼저 있고, 그 대상을 지적인 범주들에 맞추기 전에 이루어진다. 그것은 모든 사람이 어느 때에나 할 수 있는 실재의 객관적 부분에 대한 보편적 통찰이다. 그것은 이를테면 베토벤의 마지막 사중주곡 같은 작품이 생겨나는 지적인 노력의 정상에 편만한 분위기에 썩 잘 호흡이 일치하는 사색의 절정이지 결코 무지몽매의 물거품은 아니다. 그것은 인식적 통찰이다. 그런즉 그것으로 인한 깨달음은 생각하는 마음에 분명한 덧보탬이 되는 것이다.

보편적인 지각

표현 불가능한 것에 대한 감지는 특별한 사람만이 하는 무슨 비결이 아니라, 누구나 태어나면서부터 받은 능력이다. 그것은 눈으로 사물을 보거나 삼단 논법을 구성하는 능력이 누구에게나 있듯이, 모든 사람에게 잠재되어 있다. 인간은 누구나 실재의 어떤 모습을 볼 수 있는 능력을 받아 가지고 태어났듯이, 자기가 알고 있는 것 이상의 무엇이 있음을 알 수 있는 능력도 천품(天稟)으로 지니고 있다. 그의 마음은 표현 가능한 것과 함께 표현 불가능한 것에도 관심을 기울인다. 그리고 갑작스런 놀람에 대한 깨달음은 모순의 원리나 충분한 이성의 원리 못지 않게 보편적으로 타당하다.

눈에 보이는 사물들이 우리의 자발적인 자극들을 거부하듯이, 그리고 바로 이 거부감으로 말미암아 그 사물들이 환영(幻影)이 아니라 실재임을 믿게 되듯이, 표현 불가능한 것 역시 우리의 범주들을 거부한다.

표현 불가능한 것에 대한 감각이 지각하는 것은 머리로 파악하거나 상상 혹은 느낌으로 포착할 수 없는, 객관적인 무엇이다. 그것은 본질상 우리의 사고나 감정의 영역을 벗어나는, 실재하는 무엇이다. 우리가 기본적으로 깨달아 아는 것은 우리 자신이 아니라, 우리의 속 기분이 아니라, 초주관적인(transubjective) 상황이다. 그것에 관하여 우리의 능력은 속수무책이다. 주관(主觀)은 지각의 질료(質料, matter)가 아니라 방법(manner)이다. 우리가 지각하는 대상은, 그것이 우리의 지각 작용과 떨어져 있으며 서로 대응한다는 뜻에서, 객관적인 것이다. 우리의 갑작스런 경이는 신비에 반응하지만 신비를 만들지는 않는다. 당신이나 내가 저 하늘의 장엄함을 발명한 것은 아니다. 또 인간에게 출생과 사망의 신비를 부여하지도 않았다. 우리는 표현 불가능한 것을 창조하지 않았다. 그것과 만날 따름이다.

우리의 모든 지각 속에서, 모든 사유 행위와 실재에 대한 가치 부여 혹은 그것을 즐기는 행위의 갈피마다에서 표현 불가능한 것을 문득 깨달을 수 있다. 실제로 그것은 이론(異論)의 여지가 없는 사실인지라 만일 그것을 제외한다면 그 어떤 인간의 이론도 완성될 수 없을 것이다. 그것은, 마침내 정상에 도착했을 때에 전보다 더욱 겸허해지는 겁없는 탐험가들의 모습에서 입증되고 있다.

주관적인 것은 갑작스런 경이의 현재(顯在)가 아니라 부재(不在)다. 그런 부재 혹은 결핍은, 사물의 심층을 들여다보려고 하지 않는 심드렁하고 무관심한 마음임을 보여 준다.

그러므로 표현 불가능한 것은 자신의 순수한 경험 속에서 그것과 만나게 된, 도무지 기교라고는 모르는 순박한 모든 사람들에 의하여 입증이 될 수 있으리라. 이것이 바로, 표현 불가능한 것을 암시하는 모든 말이 모든 인간에게 이해가 되는 까닭이다.

표현 불가능한 것이라는 개념을 없앤다면, 실재를 표현하고 서술하는 인간의 시도가 매우 다양하다는 사실을 설명할 수 없으며, 철학과 시적(詩的) 상상과 예술적 표현들이 제각각 매우 다양하다는 사실을, 또한 우리가 자신에 대하여 본 바를 이제 겨우 말하기 시작했을 뿐이라는 의식을 제대로 설명할 수가 없을 것이다.

우리는 표현 불가능한 것에 대한 지각을 보편적인 지각이라고 규정했다. 그러나 만일 그 내용을 우리가 서로 소통할 수 없는 것이라면, 그것이 모든 사람에게 동일한 것임을 어떻게 알겠는가?

이에 대하여 우리는, 우리가 표현 불가능한 것을 정의하거나 서술할 수는 없으나 그것을 가리킬 능력은 받았다고 대답할 수 있겠다. 서술하는 술어가 아니라 직설적인 술어로, 우리는 모든 사람이 알 수 있는 우리의 지각 내용을 남들에게 전달할 수가 있다.

아름다움에 대한 지각은 그것을 어떻게 정의하여 표현할 수가 없다. 그리고 우리가 감각하는 것은 때와 장소에 따라 같지 아니하므로, 그 모든 서술이 저마다 가지각색으로 다르다. 그럼에도 불구하고 우리는 그 모든 것이 본질상으로는 똑같다고 생각한다. 그것은 읽는 사람이 그 서술 속에서 자기도 나누어 가지고 있는 지각의 본질을 인식하기 때문이다. 비록 그 서술 자체는 서로 크게 다르다 해도 말이다.

존재의 암시성

표현 불가능한 것은 알 수 없는 것 또는 서술할 수 없는 것의 동의어가 아니다. 그 본질은, 그것이 불가사의하다는 데 있지도 않고 장막 뒤에 숨어 있다는 데 있지도 않다.

장엄함에 마주쳐 깜짝 놀람으로써 만나게 되는 것은 실재에 대한 정신적 암시요 초월적 의미에 대한 지시(指示)다. 장엄함으로 둘러싸인 이 세계는 정신적인 광휘로 충만해 있고, 우리는 그것을 이름 붙여 부르거나 개념화할 수도 없다.

우리는, 존재의 엄청난 고귀함을 깨달을 때 충격을 받는다. 그 고귀함은 분석할 수 없으며 다만 우리를 놀라게 할 따름이다. 우리는 그것을 설명할 수도 없고 이름지어 부를 수도 없으며, 우리의 어떤 범주들 속에 정리하여 넣어 둘 수도 없다. 그러나 우리에게는 알지 못하면서 갖는 확신이 있다. 표현되지는 않지만 그것은 실재한다. 그것을 남에게 말로 전달할 수는 없다. 모든 사람이 스스로 그것을 발견해야만 한다. 표현 불가능한 것을 감지하는 순간 우리는 세계가 존재하는 것을 확실히 아는 것과 마찬가지로 세상이 가치 있는 것임을 확실히 알게 된다. 세상이 존재하는 것은 그것이 존재할 만한 가치가 반드시 있음을 뜻한다. 우리는 이 세계가 과연 완전한지에 대하여는 회의를 품을 수가 있을 것이다. 그러나 비록 세계가 불완전하다고 인정한다 해도, 그 장엄함의 고귀함에 대하여는 의문을 제기할 수가 없다

그런즉 표현 불가능한 것이 표현의 한계라는 부정적 용어이기는 하지만, 그 내용은 대단히 긍정적이다. 그것은 우리가 어떤 수단으로도 표현할 수는 없지만, 의미로 충분한 무엇을 암시하고 있는 것이다. 우리는 대체로, 표현 가능한 것을 의미 있다고 하고 표현 불가능한 것을 의미 없다고 한다. 그러나 의미 있는 것과 표현 가능한 것을 동일시하는 것은 인간 경험의 광범위한 영역을 무시하는 것이며, 그것을 표현할 능력은 없지만 의미를 암시하는 것에 대한 깨달음인, 표현 불가능한 것에 대한 우리의 감지와도 어긋난다. 표현 불가능한 것에 대한 감지가 의미를 깨달아 아는 것임은, 그것이 불러일으키는 내면의 반응이 두려움이요 외경(畏敬)이라는 사실로써 입증된다.

4

존재하는 것은 나타내는 것

공경의 보편성

　공경심은 우리가 위험에 직면하여 두려워하는 것이나 상처를 입고 아파하는 것과 같이, 천품(天稟)으로 타고난 것이다. 공경받는 대상은 천차만별이겠으나, 공경 그 자체는 모든 문명 세계의 인간들이 지니고 있는 성품이다. 공경하는 태도의 일반적인 어쩌면 보편적이라고 할 예를 분석해 보면, 공경의 대상이 무엇이든 간에 그 내면의 구조는 어느 경우에나 같다는 사실을 보게 될 것이다. 확실히 우리는 별들을 냉소하거나 새벽을 조롱하거나 존재의 옹글음을 비웃을 수가 없다. 장엄함은 우리로 하여금 지체 없이 외경하게 한다. 그 웅장함을 떠나 우리 자신의 개념들 속에 웅크리고 들어간다면, 모든 것을 깔보고 욕할 수 있을 것이다. 그러나 하늘과 땅 사이에 서면, 우리는 그 보이는 광경 앞에서 입을 다물게 된다....

　어째서 우주를 직면하면, 우리가 더 이상 우쭐거릴 수가 없는가? 두려움 때문일까? 하늘의 별들은 우리가 그것들을 조롱해도 우리에게 아무런 해도 입히지 못한다. 태고의 조상들로부터 물려

받은 두려움, 이제는 청산해야할 그 원시적 미신 때문인가? 편견에 사로잡히지 않은 사람이라면, 그 누구도 장엄함을 직면하여 그와 같은 공경심이 얼빠지고 터무니없는 것이라고는 말할 수 없다. 그것은 좀더 고상한 형태의 자기 중심벽(egotism)인가? 정신이 맑은 사람이라면 자신을 숭배하고자 하는 욕망을 태연히 품고 있지는 않을 것이다. 공경은 언제나 밖에 있는 무엇을 향한다. 자기숭배란 실상은 없는 것이다.

무식해서 공경하는 것도 아니다. 뭘 몰라서 두려워 섬기는 마음으로 가득 차는 것은 아니다. 우리는 달의 이면(裏面)에 무엇이 있는지 몰라서, 내일 아침에 무슨 일이 일어날지 몰라서, 그래서 외경심을 품지는 않는다. 상대가 힘이 있어서 또는 수가 많아서 공경하는 것도 아니다. 우리가 공경하는 상대방은 돈 많이 버는 권투 선수나 백만장자가 아니라 가냘픈 할아버지 또는 우리의 어머니다. 또한 우리는 어떤 대상이 아름답다고 해서 공경하지도 않으며, 무슨 주장의 논리가 앞뒤로 완벽하다고 해서, 또는 어떤 제도가 목적이 뚜렷하다고 해서 공경하지도 않는다.

한편, 우리는 알고 있는 것을 공경하지도 않는다. 왜냐하면 우리가 알고 있는 것은 우리 수중에 잡혀 있는 것이요 우리는 다만 우리를 능가하는 것을 공경하기 때문이다. 우리는 규칙적으로 돌아가는 사시사철을 공경하지 않고, 그 사시사철이 돌아갈 수 있게 하는 것을 공경한다. 계산기가 아니라 그것을 발명한 두뇌를, 태양이 아니라 그것을 창조해 낸 힘을 공경한다. 우리가 무엇을 공경한다는 것은 도덕상으로나 지식상으로나 정신상으로나, 가장 고귀한 것이다.

공경은 인간이 신비를 직면하여 토해내는 응답들 가운데 하나다. 바로 이것이, 다른 감정들과 대조적으로, 공경하는 마음이 선뜻 말이 되어 밖으로 나타나지 못하는 까닭이다. 외경의 마당에 설 때 우리의 입술은 말을 삼킨다. 거기서 무슨 말을 꺼내면 스스로 자신을 부패시키는 것이라고 생각한다. 그런 순간에는 말을 한다는 것이 혐오스럽다. 다만 숨을 죽이고 고요히 있어 그 순간이 계속되기를 바랄 따름이다. 그것은 위대한 음악을 듣는 것과 비슷하다. 청중은 정적 속에서 음악 앞에 무릎을 꿇는다. 그 속에 휩쓸려 들어가 그것을 칭찬할 겨를조차 없다. 우리가 공경하는 것들의 의미는 사방을 가득 채우고 우리의 이해를 뛰어넘는다. 어떤 범주로도 그것을 가두어 둘 수가 없다. 만일 그것을 우리의 가치 기준으로 찬양하려 한다면 그것을 찌그러뜨리는 일이 될 것이다. 그것은 처음부터 우리의 기준을 능가한다.

공경, 하나의 지상 명령

이에 반대하여, 인간의 그런 심리적인 반응은 존재론적인 사실을 증명하는 게 아니며, 어떤 대상을 인간이 그것에 대하여 느끼는 감정으로부터 추론할 수도 없다는 주장이 있을 수 있다. 두려워하는 감정은 일상적인 사실을 제대로 알지 못한 결과로 일어날 수도 있으며, 인간은 인위적인 장관(壯觀)이나 악마적인 힘의 과시 앞에서 압도당할 수도 있다. 이런 반대 주장은 물론 타당하다. 그러나 여기서 우리가 살피고자 하는 것은 실제로 두려움을 느끼는 감정에 대해서가 아니라 자연의 장엄함 앞에서, 그 신비 앞에서 인간이라면 누구나 느끼게 마련인 외경심(畏敬心)에 대한 것이다. 인간의 심리적인 상태가 아니라 의식의 기본적인 규범, 하나의 지상 명령(a categorical imperative)에 대하여 생각해 보려는 것이다. 실제로, 경외의 절실함과 필수성은 기하학의 자명한 필연성으로도 도저히 능가할 수 없는 상당한 필연성을 갖추고 있다.

우리가 신비를 느끼는 것은 그것을 느낄 필요가 있어서가 아니다. 마치 우리가 큰 바다나 하늘을 주의 깊게 살펴보는 것이, 그것들을 보려는 욕심이 먼저 있어서가 아닌 것과 같다. 신비를 느껴 아는 것은 우리의 의지의 소산이 아니다. 우리의 의지에 그것이 억제 받을 수는 있겠지만, 의지에 의하여 생겨나지는 않는다. 신비는 어떤 필요의 산물이 아니다. 그것은 그냥 있는 사실이다.

그런 신비에 휩싸이는 것은 우리의 생각하는 마음의 울타리 안에 있지 아니하고 오히려 우리의 생각을 넘어서 있는 가장 강력한 현존이다. 표현 불가능한 것이 우리의 의식 작용과는 별개인 정신적 실재임을 확인하면서 우리는 존재에 대한 단순한 관념을 중얼거리지는 않는다. 마치, 바다의 파도에 휩쓸려 가면서 "이것은 바다다"라고 중얼거리지 않는 것과 같다. 표현 불가능한 것은 우리가 그것에 대한 관념을 만들어 내기 전에 이미 거기에 있다. 인간이 정신을 가지고 있다는 사실이 곧장, 신비는 터무니없는 무엇이 아니며, 반대로, 인식될 수 있는 사물들은 그것을 끊임없이 새삼스러운 것이 되게 하는 의미로 채워져 있다는 사실의 훌륭한 증거가 된다.

생각 바깥에 있는 의미

인간의 마음에 외경심으로 감동을 주는 어떤 의미가 사물 속에 있다는 우리의 주장은 결국 여러 독자들이 깜짝 놀랄 만한 하나의 원리를 암시하고 있다. 그것은, 그 의미라는 것이 인간의 생각하는 마음 바깥에서, 그것에 대한 주관적인 깨달음과 관계없이, 객관적 사물들 속에서 발생하는 무엇이라는 원리다. 우리는 실제로, 의미들은 사실들과 마찬가지로, 인간의 생각의 구조와 동떨어져 사물들과 사건들 속에 또는 그것들과 더불어 주어져 있다고 주장한다. 추상적인 분석을 할 때에는 사실과 의미를 분간하고 나누어 놓기도 하지만, 그러나 실제로 지각을 할 때에는 사실과 의미가 함께 주어진다. 벌거벗은, 중성적인 사실이란 없다. 그런 것은 인식될 수가 없다. 언제나 사실은 의미와 섞여 있다.

의미는 인간이 실재에게 부여한 선물이 아니다. 인간이 생각이라는 요술지팡이로 건드리기 전까지는 실재가 모두 혼돈이며 아무 중요한 의미도 지니지 못한다고 주장하는 것은, 자연이 법에 따라 움직인다는 사실을 부인하는 것이다. 사고의 본질은 발명하는 게 아니라 발견하는 것이다.

보통 사람의 눈에는 별다른 의미가 없는 것 같은 사실이 예술가의 눈에는 엄청난 의미를 내뿜고 있다. 사물들은 언제나 인간이 흡수할 수 있는 양보다 더 많은 의미를 그에게 던지고 있다. 예술, 학문 그리고 종교의 세계에서 창조적으로 산다는 것은 인간이 의미의 근원이라는 잘못된 주장을 부정하는 것이다. 인간은 다만 거기 있는 의미에 자신의 범주들과 표현 수단들을 빌려 줄 따름이다. 의미에 대한 감각을 상실한 자들만이 세계 표현(world-expression)이 아니라 자기표현(self-expression)이 인생의 목적이라고 억지 주장을 펼 것이다.

의미에 대한 기대와 확신

우리의 생각, 느낌, 의지 작용 그 밑바닥에는 의미에 대한 기대와 존재하는 것은 무엇이든 가치가 있으며, 실재하는 것은 무엇이든 의미를 지닌다는 확신이 흐르고 있다. 그것은 이성의 명령 혹은 공리(公利)요, 우리는 그것의 옹립에 우리가 지니고 있는 모든 것을 건다. 자살을 하거나 스스로 미치는 길 말고는 그것으로부터 도망칠 길이 없다. 실재 속에 들어 있어 장차 그 특별한 의미를 드러낼 어떤 본질을 끊임없이 찾으면서, 우리는 그 숨어 있고 알려지지 않은 의지가 결코 부조리나 무의미로 돌아가 버리지는 않을 것이라고 확신한다. 거기에는 우리의 인식 능력을 능가하는 초월적인 귀중함이 있고, 그것에 대하여 우리가 최고의 가치를 매긴다 해도 고작 희미한 손가락질 정도가 될 뿐이다. 세계는 그런 귀중함으로 찬연하게 빛나고 있으며, 우리는 가는 곳마다에서 그것을 느끼지만 우리의 가슴이 너무 보잘것없어서 혹은 미약해서 그것을 가늠할 수가 없다.

그 확신에 대하여, 그것을 끊임없이 입증하는 수가 없다는 이유로, 하나의 거친 과장이라고 비난할 수 있을 것인가? 아니면 우리의 생각하는 마음이, 그 일시적인 기분과 변덕스러운 의견에 휘말려 들어가 결국 본디의 순수한 직관적 깨달음을 어지럽힌 이유로, 자신의 기대를 오해한 데 대한 비난을 받아야 하는 것일까? 최고의 의미는 시계처럼 스스로 자신을 광고할 것이라는 생각, 친근한 인간 중심의 개념들을 이 세상 여기저기에 흩뿌리고 다니는 경향은 신비를 만화로 그려낸다. 의미를 우리의 생각이라는 틀 속에 우겨 넣으려는 억지를 부리고 우리에게 의미가 되는 것만 찾아보려고 한다면, 결국 그런 행위는 의미에 대한 우리의 이해 자체를 파멸시키고 말 터이다.

과학, 끝없는 세계로 들어가는 문

과학은 신비를 재어보려고 하지 않는다. 과학은 다만 사물이 어떤 필연에 따라 움직이는지 그 길을 설명하고 서술한다. 과학은 우리에게 어째서 사물이 도대체 존재해야만 하는지, 어째서 자연의 법칙은 지금 있는 그대로의 법칙이어야만 하는지에 대하여 논리적 필연성의 관점에서 설명해 주지 않는다. 예를 들어, 어째서 어떤 종류의 배열은 전기(電氣)현상을 띠는 집합체를 구성하고, 어떤 종류의 배열은 자기(磁氣)현상을 띠는 집합체를 구성하는지에 대하여, 우리는 모른다. 세계가 어떻게 기능하는지에 대한 지식은 우리에게 세계의 본질에 대한 깨달음이나 그 의미에 대한 통찰을 주지 못한다. 일반 심리학이나 생리학에 대한 지식이 우리로 하여금 한번도 만난 적이 없는 달라이 라마를 알게 해주지는 못하는 것과 같다.

우리의 지식 범주로 그 신비를 꿰뚫으려는 짓은 높은 담을 이빨로 물어뜯는 것과 비슷하다. 과학은 표현 불가능한 것의 영역을 좁히기는커녕 오히려 더 넓힌다. 그리고 우리의 갑작스런 놀람 역시 지식의 발전으로 줄어들기는커녕 오히려 더 커진다. 진화론과 종(種)의 적응 이론은 생명에 대한 우리의 놀람을 해소시켜 주는 대신에 더 신장시킨다. 유한한 세계의 실재와 정면으로 마주보고 섰던 뉴턴이나 케플러 같은 사람들은 하늘을 언급하면서 그것을 하느님의 영광이 아닌 뉴턴이나 케플러의 영광과 결부시킬 수가 없었다. 그들은, "최고의 자리에 앉은 인간에게 영광을! 인간은 만물의 주인인지라"고 말하지도 않았다.

과학의 탐구는 막다른 골목이 아니라 끝없는 세계로 들어가는 것이다. 문제 하나를 풀면 문득 더 큰 문제가 눈앞에 다가서 있다. 하나의 대답은 숱한 새 질문들을 불러일으킨다. 이런저런 해설들은 더 큰 수수께끼의 암시일 따름이다. 존재하는 모든 것이 저마다 저를 초월하는 무엇을 가리키고 있다. 세미(細微)는 전체를, 전체는 그 이데아를, 그 이데아는 그 신비스런 뿌리를 암시한다. 중심으로 보이는 것은 다른 중심을 에워싸고 있는 면의 한 점에 불과하다. 한 사물의 옹글음, 그것은 참으로 무한이다.

모든 지식은 부분일 따름

진짜 사상가 치고 자신의 사상이 무한한 장(場)의 한 부분일 뿐이며 자신의 생각이 공중에서 뽑아 낸 것이 아니라는 사실을 깨닫지 못하는 사람은 없다. 음악가에게는 그가 작곡한 가장 완벽한 교향곡이 무진장한 가락의 한 선율에 불과한 것과 마찬가지로, 모든 철학은 한 문장의 한 단어일 뿐이다. 자신의 생각에 도취되어 있을 때에만 우리는 정신의 세계를 하나의 독백으로 여긴다. 관념, 사상, 가락들을 우리의 그림자로 여긴다. 정신이 풍요로운 사람은 그들이 잡고 있는 것을 자랑하지 않는다. 자신이 파악했다고 생각하는 것이 실은 파악 불가능한 의미의 분출일 따름이며, 홀로 떨어져 있는 관념들이 허공을 떠돌아다니다가 자기에게 잡히거나 파악된 것이 아님을 잘 알고 있기 때문이다. 존재하는 것은 나타내는 것을 의미한다(To be implies to stand for). 모든 존재가 그것이상인 무엇을 나타내고 있기 때문이다. 보이는 것, 알 수 있는 것이 보이지 않는 것, 알 수 없는 것을 나타내기 때문이다. 이 우주의 질서를 그 속에 담을 수도 있는 가장 훌륭한 수학(數學)의 공식조차도 어째서 그것이 중요하냐는 질문을 불러일으키며, 그 대답은, 그 공식이 그 공식 자체보다 더 큰 우주의 장엄함을 나타내고 있기 때문이라는 말로 밖에는 제시될 수가 없다. 그 어떤 사색의 절정에 도달한다 해도, 우리는 여전히 그것을 초월하는 의미와 만나게 된다.

이 세계의 신비는 그 어떤 종류의 가치도 없는 혼돈이거나, 아니면 유한한 생각의 울타리를 벗어나 있는 무한한 의미로 충만해 있다. 달리 말하면, 그것은 절대적으로 무의미하거나, 아니면 절대적으로 의미 충만하다. 인간이 파악할 대상으로서 지나치게 조악(粗惡)하거나, 아니면 지나치게 훌륭하다.

그러나 만일 표현 불가능한 것에 대한 감각을 통과하지 않는다면 어떻게 우리가 존재의 신비를 알 수 있겠는가? 실재에 대한 지식과 더불어 표현 불가능한 것의 초월과 그 장엄함을 우리에게 전달해 주는 것은 바로 이런 감각이다. 그런즉 우리는 표현 불가능한 것이 우리의 생각을 뛰어 넘는다는 사실을 부인할 수가 없다. 같은 이유로 그것을 입증할 수도 없지만.

한편, 우리가 그것을 감지할 수 있다는 사실과 어쨌든 그것이 존재함을 깨달을 수 있다는 사실 자체가, 그 표현 불가능한 것이 인간과 어떤 관계를 맺고 있음을 분명히 보여 준다. 그러므로 그것에다가 불합리함이라는 딱지를 붙여 생각해 볼 것도 없는 지식의 찌꺼기로 간주하거나 주의를 기울일 가치도 없는 사색의 버려진 폐허로 여기는 일은 결코 있을 수 없다. 표현 불가능한 것은 알 수 없는 것임에도 불구하고 지각될 수 있는 것이다.

표현 불가능한 것은 환영(幻影)인가

표현 불가능한 것에 대한 우리의 확증에 반대하여 다음과 같은 주장이 나올 수 있으리라. 실재 속에 어떤 의미성이 있음을 인정한다 해도, 우리가 실재한다고 여기는 것이 사실은 환영(幻影)인 경우도 있다는 반론이다. 예컨대 우리는 원시 종교 의식에서 숭배되는 악마의 험상궂은 모습[像]들에 상응하는 어떤 것이 실재한다고는 주장하지 않는다. 그런즉, 표현 불가능한 것 역시 그냥 단순한 단어요, 모조품이 아닌가? 그것이 의미로 충만하다고 해서 그것이 나타내는 무엇이 존재한다는 사실이 완벽하게 증명되는가? 표현 불가능한 것에 대한 깨달음이 하나의 주관적인 느낌 이상임을 무엇이 보장하는가? 하나의 이론을 받아들이고 그것이 마음의 변두리에서 피어나는 꿈이요, 강렬하지만 그러나 속으로 바라는 생각(wishful thinking)의 불가사의한 분출이라고 하자! 그래도 이 이론이 제시하는 미끈하고 우아한 길은 우리의 눈을 속이는 것이다. 실상 그 길은 너무 미끄러워서 걸어갈 수가 없다. 도대체 무슨 이유로 사람이 정복할 수도 없고 포착할 수도 없는, 자신을 공포 속에서 낮은 곳으로 곤두박질치게 하는 불가사의함을 갈망하거나 요구하겠는가? 이론들은 언제나 그럴 듯하다. 그러나 그것이 적용될 때에는 과연 그러한지를 심판받게 된다. 어떤 국제 학술원의 학자들이, 세상에는 공경할 만한 것이 없으며 생명의 신비라든가 하늘과 땅의 신비 따위는 모두 마음의 꾸며낸 이야기에 불과하다고 선포할 날이 온다고 과연 상상할 수 있는 것일까?

모든 시대의 가장 민감한 생각들이 결국 환영의 희생물이며, 종교, 시, 예술, 철학이 모두 자기 기만의 표출이라고 한다면, 그런 주장은 너무나도 궤변스러워 납득할 수가 없다. 그런 주장은 물론 인간의 천재성을 불신하여 우리가 그 어떤 주장을 할 수 있는 능력까지도 무시한다. 종교사를 보면 일부 사람들에게는 어떤 의미를 주지만 다른 사람에게는 아무 의미도 주지 못한 우상과 상징들이 수없이 많이 있었음을 알 수 있다. 그러나 과연 그것들은 아무것도 나타내지(의미하지, stand for) 못했던가? 우리는 그들로 하여금 그런 원시적 우상들을 만들게끔 작용을 하고 게다가 그것들을 그토록 괴상하고 우스꽝스럽게 만들도록 작용한 심리적 기제를 지적할 수가 있다. 그러나 그것들을 심리 작용의 자의적 산물로 본다 하더라도, 그것들을 만들고 숭배하지 않을 수 없게 한 어떤 신비에 대한 감각을 무효화시킬 수는 없다. 우상 숭배자들의 실수는 신비에 대한 자신의 감각을 눈에 보이는 무엇으로 표현하려는 과정에서, 초월자를 자신의 인습적인 필요와 관념들에 연결시키고 잡을 수 없는 것을 잡으려는 과정에서, 이미 비롯되고 있다. 그 과정에서 그가 가졌던 본디의 깨달음과는 아무 상관도 없는 동기들이 연출되는 것이다. 그는 도구에 불과한 것을 목적으로 생각하고 일시적인 것을 영원한 것으로 여김으로써 마침내 자신이 숭배하는 대상과 아울러 자신의 숭배 행위 자체까지도 망쳐 버린다. 그는 여전히, "너는 자신을 위하여 어떤 형상도 만들지 말라"는 말에 귀를 기울여야만 한다. 세상에 그 어떤 것도 하느님을 온전히 상징하는 것일 수 없다. 심지어 이 우주조차도.

  어느 아름다운 여름날 오후, 능력 있는 교육자 한 사람이 하늘을 쳐다보고 있었다. 그때 작은 딸이 다가와 그에게 물었다. "저 하늘 너머에는 무엇이 있나요?" 교육자인 아버지는 딸에게 '과학적인' 대답을 해주었다. "에테르(ether, 빛, 열, 전자파의 가상적 매체―역주)가 있단다." 그러자 딸이 소리쳤다. "에테르!" 그리고 그녀는 코를 치켜들었다.

5

감상(鑑賞)으로 얻는 지식

지각(知覺) 끝에 오는 지각

우리는 경험의 수레바퀴를 벗어나서 만나는 접점(接點)에 대하여 거의 아무것도 모른다. 알고자 하는 열정으로 우리의 머리는, 저항하지 않는 이 세계의 풍요로움을 게걸스럽게 집어삼키고 한정된 노획품을 움켜잡으며 마침내 이 땅을 떠나 그 잘난 지식의 회오리바람 속에서 자신을 상실하고 만다.

지식의 지평선은 변덕스런 생각들과 지저분한 공론들의 자욱한 안개 속에 사라진다. 우리는 시야에 들어오지 않는 것에 대해서는 주의를 기울이지 않으려 하고, 현실을 견해들로, 신비스러움을 몇 가지 교리(敎理)로, 생각들을 번잡한 단어들의 나열로 둔갑시키는 것으로 만족한다. 비상한 것이 우리에게는 하나의 습관으로 나타나고, 새벽은 날마다 되풀이되는 자연의 일과다. 그러나 우리는 몇 번이고 거듭 깨어난다. 끝없이 이어지는 낮과 밤 속을 걷다가 우리는 갑자기 엄숙한 두려움에 사로잡히고 우리의 지혜라는 것이 먼지보다도 못하다는 느낌을 받는다. 우리는 일몰의 그 장엄함을 차마 그냥 보고 있을 수가 없다. 그 순간 우리의 견해,

언어, 교리가 무슨 쓸모가 있단 말인가? 공부방에 갇혀 있을 때에는 우리의 지식이 불기둥처럼 보인다. 그러나 무한을 향해 활짝 열린 문턱에 서면, 우리는 우리의 모든 개념들이 햇살 속에서 반짝거리는 티끌에 불과함을 깨닫는다.

어떤 사람들에게는 설명이나 견해라는 것들이 모두, 탐색과 통찰이 끝날 때 울리는 저녁 종처럼, 놀람이 사라졌음을 알리는 표징이다. 그러나 정보보다는 실재가 더 절실한 사람들, 개념보다는 삶이, 언어보다는 세계가 더 귀중한 사람들은 자신들이 알고 있는 것이 곧 실재의 알속이라는 미망(迷妄)에 빠지지 않는다.

우리는 자연을 개발할 수도 있고 사물들에 세련된 단어로 딱지를 붙여줄 수도 있다. 그러나 그것들을 우리의 목적에 예속시키기를 중단하고 우리의 두뇌로만 가늠하려 하지 않을 때, 우리는 그만 어리둥절해져서 도대체 사물 그 자체가 무엇인지를 말할 수 없게 된다. 그것은 우리가 눈앞에 보고 있는 것을 경험하지 못하는, 너무나도 거대하여 우리 힘으로는 지각하지 못하는, 그런 경험이다. 음악, 시, 종교--이 모두가, 이성으로는 도무지 개념화시킬 수 없고 언어로는 도무지 명명할 수 없는 실재와의 만남에서 비롯되는 것이다.

편리한 방편

우리의 관심은 대부분 편리함에 쏠려 있다. 우리에게 더 큰 유익을 가져다 주고 이 지구의 자원을 끌어내려 쓸 수 있게 하는 방편에 쏠려 있다. 만일 철학이 인간의 실제 행위를 투사하는 것이었다면, 우리는 아마도 이 지구의 가치를 산업 자원의 재료를 공급하는 것에서 찾고, 바다는 수산 자원의 공급처로 정의 내렸을 것이다. 그러나 앞에서 살펴보았듯이 자연에는 인간의 관심을 끌 만한 요소가 하나만 있는 게 아니다. 우리는 세계를, 편리함의 방편으로써만이 아니라 놀람이라는 수단으로써도 만난다. 편리함의 방편으로써 만날 때 우리는 세계를 지배하기 위하여 정보를 탐색한다. 놀람이라는 수단으로써 만날 때 우리는 세계에 응답하기 위하여 감상을 더욱 깊게 한다. 편리함의 언어는 힘이요, 놀람의 언어는 시다.

더 큰 힘을 부리기 위하여 지식을 넓히고자 할 때, 이 세계는 우리에게 낯설고 이상한 것이 되어 버린다. 반면에 이 세계의 가치를 더욱 가깝게 감상하기 위해 얻는 지식은 사물과 우리의 조화를 발견하는 길이 된다. 정보에 둘러 싸여 우리는 외롭지만, 감상 속에서 우리는 모든 사물과 더불어 있다.

놀라고자 하는 의지

문명이 앞으로 나가면서, 놀라는 감각은 거의 어쩔 수 없이 퇴보한다. 이 퇴보 현상이야말로 현대인의 가공스런 정신 상태다. 인류가 멸망한다면 그것은 정보가 부족한 때문이 아니라, 제대로 감상하지 못하기 때문일 것이다. 놀람이 없는 인생이란 살 만한 가치가 없음을 아는 데서 우리의 행복은 비롯된다. 우리에게 부족한 것은 믿고자 하는 의지가 아니라 놀라고자 하는 의지다.

지각 능력 속에 침전되어 있는 암시들을 파악하는 것, 결코 표면에 나타나지 않는 내면의 가치들과 모든 존재의 정의할 수 없는 차원을 파악하는 것이 참된 시작(詩作)의 모험이다. 바로 이것이 과학에 분석이 따르듯 종교에 시가 따르는 까닭이다. 성경이 좀더 기하학적으로(more geometrico) 기록되지 않고 시의 언어로 기록된 것은 결코 어쩌다가 그렇게 된 것이 아니다. 그러나 예술가들이 감지하는 표현 불가능한 것은 여전히 익명으로 되어 있다. 그것은 마치 길에서 주운, 버림받은 아기 같다. 종교인에게는 그 어느 것도, 버림을 받거나 청구인이 없는 그런 것은 없다. 마치 하느님이 그와 세계 사이에 계신 것 같다. 가장 익숙한 것은 그의 시야에서 사라지고, 대신 그는 사물들의 보이지 않는 바닥에 깔려 있는 본디의 모습을 식별한다.

객체로서의 세계

우리의 확신에 찬 두뇌는, 제가 무슨 칼 제조업자나 된다는 듯이 열심히 칼을 만들어 낸다. 그러고는 모든 사고(思考)의 현장에서 칼날을 휘둘러 이 세계를 둘로 쪼갠다. 즉 저기에 사물이 있고 여기에 자아가 있다. 저기에 객체가 있고 여기에 그 객체로부터 얼마쯤 떨어져서 관찰하고 인식하는 주체가 있다. 힘을 더 많이 부리려는 우리의 의지에 용병으로 고용된 우리의 정신은 사랑하기 위하여 서로 사귀는 것보다는 약탈하기 위하여 습격하는 것에 익숙해져 있다. 무엇보다도 우리의 눈길은 어쩔 수 없이 어느 것을 선택해야 하는 지라, 하나를 바라보면서, 우리가 좌우할 수도 없고 우리의 권위를 행사할 수도 없는 다른 모든 것들은 외면해 버린다.

이 세계를 우리의 추상 개념들 속에 우겨 넣으려는 시도를 중단할 때, 인간은 자기가 자기를 무슨 위성(衛星)처럼 대하여, 실재 그 자체와는 손도 닿지 못하게 하고 자신의 비밀스런 길을 스스로 걸어가지 못하게 하였을 뿐 아니라, 그렇게 함으로써 본질 속으로 자신을 안내하기는커녕 오히려 가로막고 있었음을 깨닫게 된다.

　인간이 자기 손으로 만든 도구들이 아니라 타고 난 그의 영혼으로 이 세상과 만나는 곳, 먹이를 찾는 사냥꾼이 아니라 사랑을 주고받는 연인으로서 세상과 만나는 곳, 인간과 물질이 그 신비 앞에서 둘 다 함께 어디론가 가도록 만들어지고 운명 지워지는 곳에서는, 그가 마주 서서 보는 사물이 객체로서 존재하는 게 아니라 그와 모든 사물들을 함께 얼싸 안는 품이 존재할 따름이다. 어떤 특수한 사실이 아니라 도대체 어떤 사실이 존재한다는 그 놀라운 상황이, 존재 자체가, 우주의 실재가, 시간의 펼쳐짐이 있을 뿐이다. 표현 불가능한 것에 대한 감각은 인간과 신비 사이를 가로막고 서지 않는다. 인간을 신비의 바깥으로 내쫓는 대신 오히려 그것과 더불어 하나가 되게 한다.

　우리의 지식에 따르면 세계와 '나'가 둘이요, 하나는 객체며 하나는 주체다. 그러나 우리의 놀람 안에서는 세계와 '나'가 하나요 영원하다. 모든 존재들과의 위대한 우의(great fellowship) 속에서 살아가며, 사물을 더 이상 개발하여 이용할 대상으로만 여기지 않는다. 사물을 자아에 예속시키는 일에만 관심을 기울이는 일을 그만두게 되고, 실재를 이른바 실용적인 목적을 위해 이용하는 우리의 권리를 문제삼게 된다.

　우리 주변의 사물들이, 우리가 그것들에게 부여한 케케묵은 정의들로부터 뛰쳐나오고, 그것들의 낯설음이 그것들과 우리 사이의 구렁처럼, 그 어떤 말로도 채울 수 없는 구렁처럼, 큰 입을 벌린다. 지금 내가 이 펜으로 이 글을 쓰는 일이 어떻게 해서 있게 되는가? 저 하늘의 신비한 별무리를 응시하고 서산에 지는 해를 바라보며 솟아오르는 샘물로 목숨을 이어가는 우리는 도대체 누구인가? 어떻게 우리는 호흡과 사색, 보는 것과 듣는 것, 사랑과 성취에 보답할 것인가. 어떤 유구하고 우리의 마음을 꿰뚫는 증거가 우리를, 이 세계의 온화함을 임자 없음으로 오해하고 그 상징적인 삶을 지루한 질서로 오해하는 데서부터 멀어지게 해 준다.

우리가 어린 시절에 경험하는 가장 큰 충격은, 우리가 요구하는 것과 행하는 것을 우리의 이웃 사람들이 언제나 인정하지는 않는다는 사실을 발견하는 일이다. 이 세계가 우리의 입맛에 맞는 음식이 아니라는 사실을 비로소 알게 될 때 우리는 충격을 받는다. 그때 부닥치는 거역이, 받아들이지 않을 수 없는 거절이 우리의 눈을 열어 우리 밖에 있는 세계를 보게 한다. 그러나 늙어가고 강해지면서 우리는 차츰 그 충격으로부터 회복되어, 그 괴로운 교훈을 잊으려 하며 교묘한 솜씨를 총동원하여, 자연과 인간에게 우리의 의지를 강제한다. 그 어떤 과거의 추억을 다 모은다 해도 그것으로, 틈틈이 장삿속으로 돌아가는 우리의 오만함을 뒤집어엎지 못한다. 과학과 기술의 세계에서 인류의 지능이 이룩해 놓은 현란한 성취에 넋을 잃은 우리는 바야흐로 우리가 이 지구의 주인이며 우리의 뜻이 시(是)와 비(非)를 가리는 마지막 기준이라고 믿기에 이르렀다.

세계는 인간의 자비에 달렸는가

우리는 오늘날 도취 상태로부터, 유치한 행복감으로부터, 깨어나기 시작하였는데 그것은 우리의 지혜가 승리한 덕분이다. 우리는 마침내 이 자연과 인간이 오로지 인간의 자비심과 그 변덕에 의존할 때 장차 그 형편이 얼마나 비참하게 될 것인지를 깨닫기 시작했다. 우리는 더 이상 우리의 생명을 좌우하는 문제들에 대하여 아무런 대답도 주지 못하고, 오히려 우리의 실존의 비밀은 무엇이며 왜, 누구를 위하여 살아야 하는지를 묻는 가장 절박한 물음을 조롱이나 하는 이론들의 한정된 현란함에 속아넘어가서는 안 된다. 삶의 두려움을 맛본 적이 없는 사람, 산다는 것은 오로지 쾌락일 뿐이며 다가오는 세대에서 우리를 기다리고 있는 것 또한 쾌락일 뿐이라고 억지 주장을 고집하는 사람만이, "무엇 때문에?" "누구를 위하여?"라는 질문을 부인할 수 있다.

우리는 모든 사물을 노래한다.

실용만을 생각하는 사람은 실재의 위대한 본문에서 그 내용이나 의미보다는 구두점들에 더 주의를 기울인다. 반면에 표현 불가능한 것을 감각하게 되면, 사물들은 모두 느낌표가 되거나 침묵하는 증언처럼 된다. 그리고 인간의 영혼은 모든 사물들을 노래하되 그것들이 함께 나타내고 있는 바, 숨겨진 것을 노래하게 된다. 모든 사물들은 존재를 포용하고도 남는 의미를 지니고 있다. 그것들은 지금 있는 자기 자신보다 더 큰 것을 의미하고 있다. 유한한 사실이라 해도 무한한 의미를 나타낸다. 마치 모든 사물들이 보이지 않는 의미로 충만하여 맥박치고 있는 것만 같다. 그리고 우리가 창조적인 예술과 선한 행실을 통하여 이루려는 일이 그 비밀스런 가락을 읊조리고 그 큰 의미를 드러내는 것과도 같다.

객체만을 보는 한, 우리는 혼자다. 노래를 시작할 때 우리는 모든 사물을 노래한다. 음악이란 본디 지금 있는 것을 노래하지 않는다. 오히려 음악은 실재하는 것이 나타내고 있는 바, 그것을 전달코자 한다. 우주는 영원한 음악의 악보요, 우리는 그 부르짖음이며 그 소리다.

이성은 자연의 법칙을 탐구하는데, 그 화음을 파악하지 못한 채 그 음계(音階)를 풀고자 한다. 한편 표현 불가능한 것에 대한 감각은 노래를 찾아 헤맨다. 사유를 할 때 우리는 사물에 대하여 느끼는 것을 표현해 줄 언어 또는 상징을 사용한다. 노래를 부를 때 우리는 우리의 놀람에 의하여 이리저리 옮겨 다닌다. 깜짝 놀라 두려워하는 것이 곧 모든 사물이 나타내고 있는 바의 것을 드러내는 상징이요 표시(表示)다.

6

언어를 능가하는 물음

우리는 질문 방법을 모른다

　우주는 광대한 암시요, 우리의 내면적 삶은 익명의 인용구며, 다만 방점을 찍은 구절만이 우리 자신의 것이다. 그 인용구를 입증하고 그 출처를 밝혀내며 모든 사물이 나타내고 있는 바를 알아내는 것이 우리의 능력만으로 할 수 있는 것일까?

　질문은 모든 사유의 시작이다. 옳은 대답을 얻을 수 있으려면 옳게 묻는 법을 알아야만 한다. 질문을 하는 가운데 우리는 이미 묻고자 하는 것의 본질에 관하여 희미하게나마 뭔지를 알고 있는 것이다. 이런 점에서 볼 때, 모든 실재의 궁극적 본원을 묻는 질문이야말로 우리가 어떻게 물어야 하는지 그 방법을 모르는 질문이다. 그것은 우리의 유한한 범주들 속에 도저히 들어올 수 없고 한 문장의 사슬로 묶을 수 없으며 어떤 분명한 문제로 둔갑시켜서 살펴 볼 수도 없는, 그런 것에 관계된 물음이다. 우주의 궁극적인 기원은 무엇인가? 모든 사건들 뒤에 있는 것은 무엇인가? 이런 따위 질문 형식은 우리의 소박한 경외 감각을 압도하고 있는 것을 구차스럽게 시늉내 본 것에 불과하다. 우리가 묻고자 하는 것이 우주의 실재, 목적 그리고 그 하는 일에 관한 것이 아니고, 그 기원인가? 어디에다가 그 알려지지 않은 기원과 알려진 산물 사이에 선(線)을 그을 것인지, 어디에서 그 근원은 끝나고 어디에서 파생이 시작되는지, 우리는 과연 알고 있는가? 그런 질문 형식의 문장 구조 자체가 가까이에서 분석할수록 더욱 광대한 의문이 드러날 뿐이라는 논리적 암시를 품고 있다.

우리가 지니고 있는 모든 범주들을 다 동원해도 그 신비의 이름지을 수 없고 헤아릴 수 없는 무소부재(無所不在)를 담지는 못한다는 사실을 정당하게 깨닫는 것이 하나의 답변에 이르려는 우리의 노력에 앞서야 한다. 그 무엇과도 견줄 수 없는 우리의 질문이 부적합한 형식 따위에 뒤섞이거나 삼키우지 않도록 조심하면 조심할수록, 우리는 그만큼 더 훌륭하고 실속 있는 대답에 가까이 가게 될 것이다.

무엇 때문에, 누구를 위하여

불안에 빠진 우리는 모든 조심성과 신중함을 잊어버렸기 때문이다. 현자(賢者)도 야만인도, 누가 그 위대한 저자(著者)인지, 세계라는 것은 왜 있는지, 살아 있음을 감지한다는 이것은 도대체 무엇인가 하는 질문들을 회피할 수가 없다.

아무리 힘이 세고 그래서 온갖 것을 다 정복했다 하지만 우리는 여전히 우리의 불안을 잠재우기 위하여 어느 대문을 두드려야 할지 알지 못한 채 미궁 속을 헤매는 걸인들과 같다. 우리는 이 자연이 어떻게 움직이는지 알고 있다. 그러나 왜 그리고 누구를 위하여 움직이는지, 그것은 모른다. 우리가 살아 있다는 것은 안다.

그러나 왜, 무엇을 위해서 살아 있는지, 그것은 모른다. 우리는 우리가 탐구해야만 한다는 것은 알고 있다. 그러나 누가 우리에게 탐구하려는 간절한 마음을 넣어 주었는지, 그것은 모른다.

궁극적인 것에 대해서는 모르는 것이 유일하게 정직한 태도라고 주장하는 막강한 불가지론(不可知論)에 주눅이 든 현대인은 형이상학을 슬쩍 피하여 자신의 타고난 감각을 짐짓 억누르고, 폐부를 꿰뚫는 물음을 짓뭉개 버리며 좁은 자기의 한계 속으로 숨어 버리려고 한다. 그러나 그런 태도야말로 함정이다. 앞뒤가 맞지 않는 자기 기만이다. 우리가 알 수 없다고 주장함으로써 이미 우리는, 터득하기 힘들다고 한 하나의 지식을 드러낸 셈이다. 궁극적인 의미란 없다는 억지 주장이 표현 불가능한 것의 깊은 정적 속에서 날카롭게 울린다.

자기의 한계 속으로 숨어 버림으로써 과연 궁극적인 문제를 피할 수 있을 것인가? 표현 불가능한 것을 마치 하나의 사물처럼 우리 자신과는 떨어져 있는 사물처럼 보게 하는 이분법적(二分法的) 사유가 우리로 하여금 놀람을 통한 깨달음에 도달하지 못하게 한다. 하늘의 별들을 보되 불가사의한 원광(圓光)으로 둘러싸인 별무리로 볼 뿐, 거기서 우리 자신의 실존을 보지는 않는 것이다. 진실은 자아가, 우리의 '주(主)'가, 알려지지 않았고 인간의 지능으로는 상상조차 할 수 없는 무엇이라는 점이다. 자아 속으로 뚫고 들어감으로써 우리는, 익히 잘 알고 있다고 생각했던 것을 실은 전혀 모르고 있다는 역설을 발견한다.

'나'는 누구인가

인간은 자기 자신을 깨달아 알기 오래 전부터, 그를 둘러싸고 있는 주변의 사물들을 본다. 사물들의 숨겨진 부분을 보는 사람들은 많이 있다. 그러나 자기 자신이 존재하고 있다는, 그 신비를 감각하는 사람은 거의 없다. 자아는 생각이라는 술어로는 설명될 수가 없다. 우리가 동원하는 그 어떤 상징으로도 자아를 충분히 그려낼 수는 없기 때문이다. 자아는 우리가 꿈꾸는 것 이상(以上)이다. 언제나 그랬듯이 자아는 마음(생각)을 등지고 있다. 실제로 생각해 보면, 생각 그 자체가 하늘의 별무리보다 더 불가사의하다. 인간의 마음이 작용하는 방식은 도무지 요령부득이다. 관념들은, 그것이 차곡차곡 쌓여 확신이 되거니와, 인간이 결코 완전히 뚫고 들어갈 수 없는 깊이 속에 침전되어 있다. 나 자신의 내면의 삶이 딛고 서 있는 그 바닥은 나의 손길이 닿을 수 없는 데 있다. 나는 내 속에서 나오는 소리가 분명히 나라고 하는 한 개인의 소리인지 아닌지조차 확실히 알 수 없다. 내 목소리가 담고 있는 것이 본디부터가 나에게서 나온 것인가? 초주관적인 실재의 반향(反響)이란 무엇인가? '나'라고 말함으로써 나는, 나 자신을 다른 사람 혹은 다른 사물들로부터 구분하고자 하는 것이다. 그러나 바로 그 '나'의 직접적이고 실질적인 내용은 무엇인가? 잠재의식이라고 하는, 도무지 헤아려 알 수 없는 토양 위에 의식의 꽃이 핀 것인가? 자아 속에는 알려져 있고 의식되는 실재와 더불어 알려져 있지 않고 의식되지도 않는 실재가 포함되어 있다. 이 사실은 자아가 다른 개인들 혹은 다른 사물들로부터 구분된다 해도, 그것은 어디까지나 말하자면 가지들에서 그렇지, 뿌리로는 구분도 구별도 될 수 없음을 의미한다.

　우리가 자아에 대하여 알고 있는 것은, 그것의 겉으로 드러난 표현뿐이다. 그러나 자아는 결코 완전히 표현되지 않는다. 우리가 무엇인지, 우리는 말할 수가 없다. 우리가 무엇이 될는지, 우리는 파악할 수가 없다. 우리의 머리가 헛되이 판독하느라고 애쓰는 것은 이상하고 암시적인 약자(略字)일 뿐이다. 불타는 떨기나무처럼, 자아는 불꽃을 피워 올리지만 그러나 결코 타 없어지지는 않는다. 제 속에 이성보다 더 큰 무엇을 담고 다니면서 자아는 표현 불가능한 것과 더불어 해산의 진통을 겪는다. 인간이라는 직유(直喩)를 통하여 무엇인가가 드러나기는 한다. 그러나 무엇이?

　뒤에서 살펴보겠지만(19장의 '실존의 일시성', 참조), 실존한다는 것은 시간을 소유하는 것을 뜻한다. 그러나 과연 인간이 시간을 소유하는가? 사실은, 내가 지금 살면서 통과하고 있는 시간은 내가 소유할 수 없는 것이요 동시에 나의 일시성(一時性) 속에 담겨진 영원도 확실히 나의 개인 소유가 아니다. 그러나 만일 생명이 오로지 나에게만 예속된 것이 아니라고 한다면, 그것을 어떻게 불러야 합당할 것인가? 과연 나의 본질은 '나'라고 말할 권리가 있는가? 나의 생명이 속해 있다고 보이는 '나'는 도대체 누구인가? 아무도 그것의 내용이나 혹은 그것의 한계를 모른다. 그것은 마침내 시들어 버리고 마는 무엇인가? 아니면 세월이 치워 버릴 수 없는 무엇인가?

　한 개인으로서, 하나의 '나'로서, 나는 외부의 실재로부터, 다른 사람들이나 다른 사물들로부터 떨어져 있다. 그러나 '나'가 스스로 자신을 인식하는 그 유일한 관계 속에서, 실존과의 관계 속에서, 나는 내가 '자아'라고 부르는 것이 결국 자기 기만임을 발견한다. 실존이란 소유물이 아니라 하나의 신뢰임을, 자아란 우리의 뜻대로 다스리는 왕국이 아니요 저 자신에게 감금되어 있는 동떨어진 실재물(實在物)이 아니라는 사실을 발견한다.

자아 속으로 뚫고 들어가서 직면하게 되는 것은, 우리가 아주 잘 알고 있다고 생각했던 것을 실은 전혀 모른다는 역설이다. 일단, 자아라고 하는 것 자체가 하나의 괴상한 속임수요, 초월적인 무엇이 변장을 하고 나타난 것임을 발견하게 되면, 우리는 우리를 계속 단순한 자아로 남아 있게 하는 어떤 압력을 느끼기 시작한다. 우리의 평상시 의식이 넋을 잃은 상태에 처해 있으며, 우리 속의 더 높은 무엇은 평상시에 유보된 상태라는 것을 깨닫기 시작한다. 우리의 의지라는 것이 외부로부터 우리에게 강요된 것이기나 한 듯, 평상시의 의식 속에서 자기 자신이 오히려 낯선 나그네처럼 느껴지기 시작한다.

눈이 밝은 영혼은 외부의 명백함과 내밀(內密)한 정적의 긴장 관계 속에서도 어리둥절하거나 놀라지 않는다. 이 겉치레 야단스럽고 소란스런 세계 위에서 계속되고 있는, 끝날 줄 모르는 무언극(無言劇)을 보면서 그들은, 신비는 저쪽에 있고 우리는 이쪽에 있는 것이 아님을 알고 있다. 진실은 우리 모두가 신비 속에 잠겨져 있다는 것, 신비가 우리 속에 스며들어 있다는 것, 마침내 우리가, 부분적으로, 신비라는 점이다.

나는 나 아닌 나

하느님께서는 모세에게 "나는 곧 나다" 하고 대답하시고, 이어서 말씀하셨다. "너는 '나를 너희에게 보내신 분은 나다―라고 하

시는 그분이다' 하고 이스라엘 백성에게 일러라"(출애굽기 3:14)

나는 의지를 부여받았다. 그러나 그 의지는 나의 것이 아니다. 나는 자유를 부여받았다. 그러나 그것은 그 의지 위에 부과된 자유다. 생명은 나의 몸을 방문한 무엇이다. 하나의 초월적인 대부(貸付)다. 나는 결코 앞장서서 그것의 가치나 의미를 매기지도 않았고 착상하지도 않았다. 나를 나이게 한 그 본질은 나의 것이 아니다. 나는 나의 것이 아닌 무엇이다. 나는 나 아닌 나다(I am that I am not).

평상시의 의식으로는, 나 자신이 자의식에 감싸여 있음을 발견하고 나의 행동이나 처지가 오로지 나 자신에게서 나오고 나 자신에 속해 있다고 주장한다. 그러나 자아를 꿰뚫고 들어가 살펴보면 문득, 자아가 그것 자체로부터 나온 것이 아니며 자아의 본질은 그것이 비자아(non-self)라는 데 있다는 사실을, 그리하여 궁극에 가서는 인간이 주체(a subject)가 아니라 하나의 객체(an object)임을 깨닫게 된다.

질문할 주체가 없다

누가 그 주체인가? 무엇에 대하여 나의 자아가 객체인가? 이런 질문을 말로 하기는 쉽다. 그러나 그 의미를 정확하고 예리하게 감지한다는 것은 우리의 인식 능력을 넘어서는 무엇이다. 그것이 함축하고 있는 바를 논리적으로 이해한다는 것은 실제로 불가능하다. 왜냐하면 그런 질문을 하는 가운데 이미 나는 그것을 묻는 자가 나라는 사실을 알고 있기 때문이다. 내가 자신을 주체로서의

'나'로 아는 바로 그 순간, 나는 더 이상 나 자신을 대상으로 삼은 그 질문의 내용을 파악할 수가 없다. 그런즉 자의식의 차원에 머물러 있는 한, 그 문제와 직면할 길이 없으며 그 절대적인 질문을 던질 길 또한 없는 것이다. 반면에, 표현 불가능한 것의 정신에 사로잡힐 때에는 따로 남아서 그런 질문을 할 논리적 자아가 없고, 내가 결단해야 할 나의 실존에 대하여 하나의 객체가 되어 하느님과 함께 심판대에 설 정신적 힘 또한 없다. 나는 나의 목소리를 돋울 수도 없고 심판을 할 수도 없다. 나는 이렇게 생각한다, 운운 하며 말을 할 자아가 없는 것이다.

실제로, 그런 질문이 제기될 수 있는 곳에는 그 어떤 사변(思辨)도 끼여들 수 없다. 우리는 그 문제의 의미를 감지하지 아니하거나 혹은 무엇을 물어야 하는지를 알아도, 남아서 묻고 따지고 검토할 논리적 주체가 없는 것이다.

7

철학자들의 하느님

사변의 문제로서의 하느님

전통적으로 궁극적인 질문은 사변의 술어로 표현되었다. 세계 혹은 자연의 질서를 그 출발점으로 삼아, 우리는 이렇게 물어왔다. 이 세계의 여러 사실들은 하나의 최고의 이지(理智, a supreme intelligence)가 존재하는 것 혹은 실재하는 것을 암시하는가?

과학은 자연 속에 인간의 두뇌로 관찰하고 이해하고 서술할 수 있는 합리적 법칙이 존재한다는 가설 위에 근거하고 있다. 과학자들이 이 복잡한 법칙을 발명한 것은 아니다. 그것들은 과학자가 탐색을 시작하기 훨씬 오래 전에 이미 있었다. 그러므로 우리가 자연의 실체를 어떤 방법으로 파악하려 하건 간에--우주 기계론으로 보거나 아니면 유기체적 질서로 보거나--그것은 우리에게 의미 있는 전체로, 엄격한 원리에 의해 지배되는 과정으로 주어져 있다. 이 원리들은 실재를 구성하고 있는 요소들 사이의 관계에서만 작용하고 있는 것이 아니다. 그 원리들은, 만일 우리가 그것들을 파악할 수 있다면 역시 본래부터 합리적이다.

그러나 만일 합리성이 자연 속에서 작용한다면, 최고의 이지(理

智)가 하는 일을 참조하지 않으면서 그것을 헤아려 볼 길은 없다.

그러므로 우주가 아무런 설계(design) 없이 존재하게 되었을 가능성은 극히 희박하다. 반면에 존재의 뿌리에 이지가 있을 가능성은 너무나도 많아서 심지어는 과학의 토대조차도 그보다 더욱 큰 합리적 가능성을 누릴 수는 없는 것이다. 이 우주의 질서가 참으로 완전한 우연--이것 역시 비합리적인 개념이다--에 의하여 생겨났다는 주장은, 그것이 초합리적인 설계가에 의하여 생겨났다는 주장보다 우리로서는 더 받아들이기 어려운 주장이다.

탁상공론식의 증명들 속에 은밀히 숨어 있는 오류들을 찾아내는 일은 그다지 어려운 작업이 아니다. 예컨대, 이 세계에 질서가 있다는 것이 곧 그 질서를 능가하고 그 질서와 동떨어진 어떤 신적 지성(a divine mind)이 있다는 증거는 아니라고 말할 수가 있을 것이다. 질서를 보고 우리는 더 높은 인자(因子)를 추론할 수는 있겠지만, 모든 인과율을 초월하는 어떤 존재의 실재를 추론할 수는 없을 것이다. 혹은, 논리적으로 말하여, 우리에게 인식되는 우주는 논리적 관계들의 닫혀진 체계이며, 우리가 그것으로부터 추론해 낼 수 있는 것은 하나의 궁극적인 논리적 구조일 따름이라고도 말할 수 있을 것이다. 우주 너머의 궁극적인 지성 혹은 존재를 주장함으로써 우리는 논리의 영역으로부터 존재론의 영역으로 건너간다. 논리 가지고만 말을 한다면, 궁극적 존재가 실재한다고 주장하는 것은 타당성이 없다고 할 수도 있겠다. 우리가 자연 속에서 볼 수 있는 것은 살아 있는 의식이 아니라 기계론적인 질서라고도 할 수 있다. 결국, 인류의 지성이 주장하는 것은 궁극적인 기계적 힘, 운명의 눈 먼 힘이 존재한다는 것일 따름이다. 그러므로 철학자로서는 우리가, 의지와 이지를 지닌 최고 존재(最高存在)

의 실재를 더 이상 믿지 않는다.

이런 불신은 우리의 습관과 완전히 잘 어울린다. 우리는 자연이라는 것이 마치 울타리 없는 태고의 묘지로부터 마구 뿌리를 뻗어 나가는 나무이기나 한 듯, 그리고 우리네 인간은 실수로 또는 우연히, 그것도 아니면 엉겁결에 태어나서 살고 있는 것이라는 듯이, 행동한다.

아이들이 작은 가지 큰 가지를 마구 부러뜨리고, 여행자들은 그 껍질에 자기네 이름을 새기는 커다란 참나무를 다루듯이, 그렇게 우리는 이 세계를 다루고 있다.

사변적인 주장들은 우주 중심형이거나 아니면 인간 중심형이다. 하느님의 존재에 대한 우주 중심형 이론은 우주의 설계와 실재를 출발점으로 삼는다. 존재하는 모든 것의 궁극적 인자가 무엇인지를 먼저 묻는다. 인과율의 원리를 사다리 삼아 그것을 타고 인간의 생각이 최고 존재에까지 올라간다. 인간은 그를 자연에서 일어나는 뭇 사건들에 대한 설명으로서, 문제에 대한 과학적 해명으로서 탐색한다. 이와 마찬가지로, 칸트의 신 존재에 대한 도덕적 주장 역시 도덕적 전제들로부터 출발한다. 만일 도덕이라는 것이 헛된 꿈 이상(以上)의 무엇이라면, 덕성과 행복의 합일은 마땅히 실현되어야만 한다. 그런데 우리가 경험하는 바에 의하면, 이 자연에서는 행복이 덕성에 달려 있지는 않는다는 실례들이 너무나도 많이 있다. 그런즉 행복과 덕성의 합일은 우리에 의해서가 아니라 최고의 힘에 의해서 이루어져야 한다. 따라서 절대적인 지혜와 거룩한 최고 존재의 실재는 도덕이 있기 위한 선행 조건이라는 것이다.

이러한 주장들이 지니고 있는 본질적인 약점은, 종교적인 문제가 아닌 우주론적인 혹은 인간론적인 문제를 그 출발점으로 삼는다는 데 있다. 그러나 인간의 정신이 자연과 인간의 문제--물론 이것들도 중요하고 절실한 것들이지만--가 아니라 하느님에게 관심을 집중시키게 되는, 이 세계와 우리의 범주들 사이의 관계가 아니라 이 세계와 하느님의 관계에 관심을 집중시키게 되는, 특수한 종교적 상황도 또한 분명코 있는 것이다.

최고로 중요한 것은 질서인가

하느님의 존재에 대한 사변적인 증명의 또 다른 결함은, 그들의 타당성에 이론의 여지가 없다 해도, 증명하는 바가 거의 아무것도 없다는 사실에 있다. 이들 증명의 요지는 무엇인가? 이를테면 우주의 합리적인 질서처럼 우리가 경험하는 어떤 사실들을 설명하자면, 하느님의 존재가 필요 불가결한 가설이 된다는 것이다. 무릇 하나의 결론은 그것을 유발시킨 전제들이 뜻한 것보다 더 많은 내용을 담을 수 없는 것이므로, 사변에서 나온 신은 기껏해야 우주에 대한 우리의 한정된 지식이 요구하는 바, 일컬어 하나의 가설에 불과한 것이다. 우리의 신조(信條)를 합리적으로 증명코자 한다면 오히려 우리는, 하느님의 존재가 물리학의 에데르나 화학의 플로지스톤[燃素]처럼 있을 법한 무엇이며, 전제들이 바뀌기만 하면 쉽게 반박될 수도 있고 불필요한 것이 될 수도 있는 하나의 가설이라는 생각에 도달하게 되는지도 모른다. 나아가서, 뛰어난 재능과 슬기를 부여받은 존재의 실재가 명백하게 입증되었다 해도, 비천한 피조물에 불과한 우리가 왜 최고로 완전한 그분에 대하여 관심해야 하느냐는 질문은 남는다. 최고의 설계자(supreme designer)가 있으리라는 생각은 용납할 수는 있지만 우리는 여전히 '그래서?'라는 질문을 떨쳐버릴 수가 없다. '그래서 무엇이 어떻단 말인가?' 하느님이라는 개념이 우리를 압도하지 않는 한, 우리가 '그래서?'라고 말할 수 있는 한, 우리가 말하는 것은 하느님이 아니라 다른 어떤 것에 관해서다.

최고의 설계자라는 생각은, 우주의 법칙과 질서를 탐구하는 우리에게 지적인 안심을 보장하는 근거가 될 수 있을 것이다. 그리하여 과학적 이론의 타당성을 보장해 줄 수 있을 것이다. 그러나 이 우주를 천재의 솜씨 발휘로 받아들이고 하늘의 별무리를 의미의 광채로 받아들일 수 있다 해도, 여전히 우리의 영혼은 허무의 공포, 곧 신성(神性)의 무한한 깊이 어디엔가 지혜의 샘이 있다는 믿음으로는 결코 극복할 수 없는 허무에의 공포에서 벗어나지 않을 것이다. 질서야말로 하늘의 지혜가 만들어 낼 수 있었던 최고의 것인가? 우리는 질서의 하느님이 있는지 여부보다, 정의의 하느님이 있는지 여부를 더욱 간절히 알고 싶어한다. 과연 억울한 눈물을 닦아주고 희망을 안겨 주며 무죄한 자들의 고통을 보상해 주는 하느님은 있는가? 아니면, 정직하고 착한 자들의 희생적인 행위와 조화, 성스런 목적들 그리고 위대한 사상이 모두 대양의 표면에 그린 상(像)들에 불과하다고 인정할 수밖에 없는 것인가?

종교 철학

종교 철학이 '먼저' 다루어야 할 문제는 신앙이나 의식 혹은 종교 체험이 아니라 이 모든 현상들의 근원이다. 인간의 전체적인 상황이, 종교 철학이 토론할 주제다. 초자연적인 것을 무엇으로 혹은 어떻게 경험하느냐가 아니라, 왜 그것을 경험하고 받아들이느냐 하는 것이 그 주제다. 무엇이 나의 인생에 그리고 당신의 인생에 종교라는 것을 필수 불가결하게 하느냐? 이것이 종교 철학이 물어야 하는 물음이다.

종교 철학은 철학의 철학, 교의(敎義)의 철학, 교리의 해설이 아니라, 신앙인에게 직접으로 부여된 구체적 사건들, 행위들, 깨달음들에 관한 철학이다. 교의라는 것은 단지 하나의 목록이요 빼놓을 수 없는 색인(索引)에 불과하다. 종교는 하나의 신조(信條) 또는 이데올로기 이상이며, 실제의 삶으로부터 떨어질 때는 이해되지 않는 것이기 때문이다. 인간의 영혼이 모든 의미의 의미에 대하여, 자신의 실존의 한 부분이기도 한 궁극적 지상 명령에 대하여, 간절한 관심으로 흔들리는 순간에, 모든 지나간 시절의 결론들과 삶을 질식시키는 하찮은 것들이 일단 중지되는 순간에, 그리하여 그 영혼이 영원한 실재에 대하여 조금이라도 알고 싶어서 목말라 하는 순간에, 계속되는 소멸 속에서 돌연한 불멸을 인식하는 순간에, 그런 순간에 종교는 빛을 낸다.

인생의 전체적인 문제에 대한 관심에서 우리 인간의 모든 재질 특히 표현 불가능한 것에 대한 우리의 감각을 발휘해야 한다는 점을 기억하기만 한다면, 하느님을 추구할 때 합리적 방법들을 적용함으로써 많은 것을 얻을 수도 있다.

8

궁극적 질문

궁극적 놀람의 결과

사변적 논증은 인간이 그의 이성으로 하는 작업의 결과다. 그러나, 우리 모두 알거니와, 사변이 곧 우리에게 확실함을 안겨 주는 유일한 근거는 아니다. 이성의 냉정하고 착실하게 하는 힘과 생생한 안내의 도움을 받는 것이 매우 값진 것이기는 하지만 그러나 그것이, 세상이 우리에게 강제로 지우는 침울한 짐을 가볍게 해주지는 않으며, 정신적인 인형으로 쉽게 변형시킬 수 없는 문제들을 처리해야만 하는 부담을 덜어 주지도 않는다. 실제로, 하느님이 누구며 무엇을 의미하는지를 밝히는 다른 종류의 증거가 있다. 이것이 바로, 인간이 그의 궁극적 놀람으로, 표현 불가능한 것에 대한 감지로, 이루는 결과다.

인류는 결코 하느님-인식의 끝없는 시냇물을, 유한한 사실들의 바위로부터 그것들의 지질학적 층을 분석함으로써 끌어낼 수는 없었다. 우리가 분석을 넘어서서 바위를 바위로 보고 그것이 존재한다는 것이 무엇을 의미하는지를 곰곰이 생각해 볼 때, 바위는 우리 눈앞에서 문득 자취를 감추고, 존재의 신비스런 근거보다 더 불가사의하고 더 믿을 수 없는 것이 남는다. 그때 우리에게는, 알고 있는 세계가 그 기능적인 표면을 제외하면 사실은 미지의 세계요 인생에 대하여 훤히 다 알고 있는 듯이 몇 가지 일반 개념을 즐겨 입에 올리고 다닌 것이 실은 동화의 세계를 이리저리 뒹굴어 다닌 것이라는 사실이 조금씩 분명해 진다. 지적 습관에 포로가 되지 않은 사람, 이미 알고 있는 것들로 편견에 사로잡히지 않은 사람, 타고난 감수성이 무뎌지지 않은 사람에게는 자명한 공리(公理)라든가 교리라는 것이 없다. 그에게는 오직 놀람이, 이 세계가 인간에게는 너무나도 불가사의하고 너무나도 의미심장하다는 깨달음이 있을 뿐이다. 무엇보다도 이상스럽고 믿을 수 없는 것은 이 세상이 존재한다는 사실이다. 깜짝 놀랄 수 있는 우리의 능력조차도 예상 밖의 것이다. 신선한 놀람에 빠질 때, 우리는 바깥 세계를 한 번도 보지 못한 자들 같고 우주가 존재한다는 사실을 비로소 알게 된 자들 같다. 누가 그것을 믿을 수 있겠는가? 누가 그것을 인식할 수 있겠는가? 우리는 모름지기 겉으로 세련되어 보이는 논증을 뛰어 넘어 우주의 존재가 모든 합리적 예상들과 상반된다는 사실을 이해하는 법을 배워야만 한다. 신비, 그것은 우리가 전제 없이, 주장하는 바도 없이, 교의(敎義) 없이, 교리 없이, 출발하는 거기에 있다.

종교는 표현 불가능한 것에 대한 감각으로부터 시작한다

하느님에 대한 사유는 생각하는 마음의 험준한 해변에서, 중얼거리는 소리가 갑자기 그치고 우리가 더 이상 어떻게 사모해야 하는지, 어떻게 경외해야 하는지 모르게 되는 바로 그 자리에서 비롯된다. 영적으로 첨예한 상태에서 살아갈 줄을 아는 사람만이 인간의 사변이라는 인위적인 바위에 세워진 안전지대를 갈망하지 않는 가운데, 그 해변을 넘어 나갈 수 있을 것이다.

논리로 펼치는 사변이 아니라 표현 불가능한 것에 대한 감각이 우리에게, 모든 문제들 중 가장 중요한 문제를 불쑥 던진다. 명백한 것이 아니라 그 명백한 것 속에 감추어진 것이, 지혜가 아니라 우주의 설계라는 신비가, 우리가 어떻게 물어야 할지 그 방법을 모르는 문제들이 인간의 불안이라는 불길에 언제나 기름을 붓는다.

표현 불가능한 것에 대한 감각으로부터, 우리의 지혜를 신용하지 않고 우리의 개념들을 흐트러뜨리는 실재에 대한 깨달음으로부터, 종교는 비롯된다. 그러므로 우리는 표현 불가능한 것으로부터 시작해야 한다. 그렇지 않고서는 도무지 문제될 것이 없기 때문이다. 그리고 우리가 반드시 돌아와야 할 곳은 그것에 대한 지각이다. 그렇지 않고서는 어떤 해답도 상관성이 없기 때문이다.

궁극적 질문

우리의 문제를 다루기 위해 철학적 노력을 기울이는 가운데 큰 해를 끼치는 실수를 범하게 되는 수가 있다. 우리는 적합한 질문은 그 묻는 것보다 더 많은 것을 말해 주고 있음을 잊어버린 듯하다. 자연이 진공 상태를 싫어하듯이 사상의 공허함도 문제들을 싫어하여 그냥 두지를 못한다. 탐구하기 위하여, 대답을 찾기 위하여, 인간은 어떤 지식을 가져야만 하고 무엇을 찾을 것인지를 알아야만 한다. 무엇이든 그것이 존재하게끔 만든 상황이라는 것이 있게 마련이요, 마음에 그 질문이 깃들게끔 한 성립 근거(*a raison d'être*)가 있게 마련이다. 그러므로 우리가 할 일은 흔적을 밟아 질문의 근원에까지 올라가고 그것이 뒤에 남겨 놓은 지식을 다시 찾는 것이다. 우리의 마음이 그 말로 표현된 것 뒤에 있는 무엇을 향해 열려져 있지 않는 한, 그 질문은 얼굴을 돌리고 우리를 지나쳐 버릴 것이다.

사변이 아니라 표현 불가능한 것의 세계에서 그 궁극적 질문이 생겨난다. 그리고 그 궁극적 질문에 대한 대답은 신비가 모든 생각들이 닿을 수 있는 그 본디의 토양에서 모색되어야만 한다. 그 궁극적인 질문은 생겨나면서부터, 추상적인 사변의 차원에 들어오면 매끈하게 정돈되는 논리적 질문들과, 그 형식이 다르다.

놀람이 죽고 궁극적인 질문이 생겨나지 않는, 그런 세계가 있다. 우리가 보통 문제의 시비를 논쟁하는 사변의 영역은 그것이 생겨날 때 뿌리 내렸던 토양인 표현 불가능한 것의 영역과 현격하게 멀리 떨어져 있다. 그 문제는 우리의 비판적인 눈앞에 놓여지는 때 아궁이 앞의 낙엽처럼 시들어 버린다.

조금씩 성숙하여 하나의 궁극적인 실재의 빛을 향해 굽어지고 마침내 거기에 가 닿게 되는, 표현 불가능한 것에 대한 감각은 결단코 단순한 사색의 천박함 속에 이식(移植)될 수가 없다. 그 본디의 토양에서 떨어져 나가면, 그것은 책갈피에 끼워 놓은 장미처럼 변형되게 마련이다. 몇 개의 술어들과 정의들로 환원될 때 그것은 한때 살아 있던 실재의 박제품보다 더 나을 게 없다.

그럼에도 불구하고 만일 우리가 궁극적인 질문을, 그것의 논리적 형식 속에서 곰곰이 생각해 보려고 한다면 적어도 그것을, 제 토양에서 뿌리를 뽑아 본디의 바람과 태양과 토질에서 옮겼으므로 어떻게든 본디의 풍토와 비슷한 환경을 마련해 주어야만 살아 있을 수 있는 식물처럼 대해야 할 것이다. 그것에 대한 우리의 사유가 비록 추론의 차원에 있을 때에라도 표현 불가능한 것에 대한 우리의 지각을 언제나 기억하고, 우리의 마음이, 그것 없이는 질문조차 할 수 없고 그것 없이는 처음부터 아무런 문제도 우리에게 제시되지 않았을, 외경의 상태에 언제나 머물러 있어야 할 까닭이 여기에 있다.

다른 것과 섞일 수 없는 것이 섞여 있는 범주들을 찾아내고 무게를 달 수 없는 것으로 특이한 모양을 만들어 낼 수 있는 사람들만이 그 문제의 핵심을 파악할 것이다. 표현 불가능한 것에 대한 의식(意識)의 주어진 내용을 서술하는 것만으로는 충분하지 못하다. 우리는 질문들로 영혼을 압박하여, 그것이 궁극적인 지평선 위에 설 때 생겨나는 의미를 이해하고 그 뚜껑을 벗기게끔 강제해야만 한다. 표현 불가능한 것에 대한 의식을 뚫고 들어가는 동안에 우리는 그 뒤에 있는 실재를 인식하게 될 것이다.

질문하게 만드는 것

감추어지고 헤아릴 수 없는 것을 보는 것이 우리의 출발점은 아니다. 알 수 없는 것의 끝없는 안개로부터 출발해 가지고는 아는 것을 이해하는 일조차 불가능할 것이다. 우리의 통찰의 순간들을 가득 채우고 있는 것은 아는 것과 모르는 것, 속(俗)과 성(聖), 영특함과 표현 불가능함 사이의 긴장이다.

우리는 무지의 안개 속에서 비틀거리다가 불가사의한 수수께끼의 장벽에 부딪쳐서 그래서 궁극적 질문을 하게 된 것이 아니다. 우리의 정신이 너무 궁핍해서, 지식이 너무 빈약해서 그래서 묻는 것도 아니다. 우리의 인식 능력을 능가하는 하나의 정신을 감각하기 때문에 묻는 것이다. 우리가 질문하는 것은 알고 있는 것보다 못한 무엇이 아니라 더한 무엇이 있기 때문이다. 이 세상이 우리에게는 너무 크기 때문에, 우리가 알고 있다는 것이 너무나도 모르겠는 것으로 가득 차 있기 때문에, 이 세계가 우리가 이해하는 만큼의 세계보다 더한 것으로 충만하기 때문에, 그래서 우리는 질문한다.

하느님을 묻는 물음은 모든 사물들에 관한 물음이 아니라 모든 사물들의 물음이다. 미지의 것에 대한 탐구가 아니라 모든 사물들이 나타내고 있는 바의 것에 대한 탐구다. 모든 사물들을 위해 묻는 물음이다. 그것은 이성의 범주들이 아니라, 언어를 뛰어넘어 활동하는 우리의 행위 속에서 표현된다. 우리의 두뇌는 그것을 어떻게 표현하는지 모르지만, 그러나 우리의 혼은 그것을 그리워하고 노래하고 탄원한다.

사물들 너머

하나의 이론적 문제를 풀려면 우리는 먼저 우리에게 주어진 것이 무엇인지를 살펴보고 어떤 범주에다 그것을 담을 수 있을지 알아보아야 한다. 우리의 경우에도 역시, 우리에게 주어진 것에 대해 우리가 알고 있는 모든 것을 인간의 고도의 불가해(不可解)에 적용해야 하며, 그의 벌거벗은 놀람 앞에 적용해야 하며, 표현 불가능한 것에 대한 직감이 담고 있는 것을 우리의 의식에 적용해야만 한다. 여기서 우리는 표현 불가능한 것에 대한, 논박의 여지가 없는 보편적 지각이라는 것이 있다는 기본적인 사실을 기억할 일이다. 그것은 초월적인 의미에 대한 감각이며, 이 우주는 우리의 인식 능력을 능가하는 무엇인가를 의미하고 있음에 대한 깨달음이기도 하다.

합리적인 지식 속에는, 우리의 지능이 사실에 부합된다고 처음부터 믿는다거나 가장 합리적인 가설에 대하여 계속 신뢰하여 일종의 신앙을 가지기도 하는 등, 비논리적(alogical) 요소들이 언제나 내포되어 있다. 표현 불가능한 것에 대한 지각에서도 우리는 밝혀지지 않은 의미에 대한 신앙을 갖도록 강요당하고 알려지지 않은 것을 외면할 능력을 박탈당한다. 여기에서 또, 합리적 가설에 인간의 생각하는 마음이 저절로 끌린 것인지 아니면 그것을 갈망하고 있는 것인지, 질문이 제기된다.

그와 같은 합리적인 것에 인간의 생각이 쏠리고 또 그것을 갈망하는 것은 사실이다. 그러나 합리적인 것 또는 의미 있는 것의 본질과 즐거움은 그것이 우리의 생각에 일치하는 데 있다. 우리가 어떤 것이 이치에 맞는다고 말할 때, 그 말은 그것이 우리에게 합리적이며 우리의 개념 체계에 부합된다는 뜻이다. 그러나 표현 불가능한 것은 이치에 맞지 않으면서 의미가 있다. 마치 우리의 두뇌가 미치는 곳 밖에 있기나 하듯이, 그것은 분석되지도 않으며 우리의 범주들에 담아지지도 않는다. 무엇보다도 그것은 우리의 추상 작용을 통해 얻어진 관념이 아니며 오히려 구체적인 것들 속에서 직접 체득되는 것이다. 나아가서 그것은, 특수한 현상에 일반적인 법칙이 적용되듯이 적용되는 것이 아니라, 오히려 그 형체가 없는 무엇이고 사실들 속에 갇혀 있다기보다 사실들을 능가하여 그것들을 서로 어울리게 만드는 무엇이다.

그럼에도 불구하고 표현할 수 없는 의미는 앞에서 살펴보았듯이, 논란의 여지가 없는 실재다. 우리가 외경을 금할 수 없다는 사실이 이를 확실하게 입증하고 있다. 그것은 우리가 원해서가 아니라 그럴 수밖에 없어서 망연자실, 전율하고 경련을 일으킴으로써 증명하는 보편적인 보증이다. 실재 속에는 나의 정신이 담을 수 있는 것보다 훨씬 더 많은 의미가 있는 것이다! 그리고 나의 놀람이 담겨 있는 무한한 문장을 써내려 가기 시작할 때, 내가 지각한 바를 말하기 시작할 때, 이미 나는 모든 지각(知覺)이라는 것이 하나의 객관화일 따름이며, 본질은 지각이 끝나는 데서 시작한다는 사실을 깨닫는다. 나의 지각 능력을 넘어서는 것에 대한 지각은 너무나도 계속적으로 발생하고 우리를 비틀거리게 하며 어디에서나 있는 일이므로, 그것을 환각이라고 할 수가 없다.

그런즉 궁극적인 질문은 인간의 생각이 무(無)로부터 창조해 낸 것(*creatio ex nihilo*)이 아니라, 인간에게 본디 주어진 것을 반복하여 찾아내는 것이다. 모든 사물을 초월하는 무엇이 있다는 암시는 그 사물들이 있는 것과 똑같이 직접적으로 우리에게 주어진다. 그것이 있음은 다른 사물들과 마찬가지로 엄연한 사실이다. 실제로 그것은, 나아가서, 모든 사실들 속에 들어 있는 사실이다. 실재의 인식할 수 있는 부분들을 우리가 가까이에서 체험하는 것이 사실이거니와, 그 체험 속에서 우리는 바로 그 신비와 부딪치는 것이다. 우리의 생각이 사물들 위에 있을 때 우리의 영혼은 그것들 너머로 실려 간다.

현존하는 정신

신비를 깨닫는 것은 모든 사람이 다 하는 일이다. 그러나 앞에서 보았듯이, 사람들은 흔히 그들이 감지하는 것이 그들 자신의 존재와는 별개로 떨어져 있는 것이라고 생각한다. 그들은 마치 놀라운 것은 그들이 보고 있는 대상에만 있고 그들이 무엇을 본다는 사실에는 놀랄 게 없다는 듯이, 신비라는 것이 단순히 관찰의 대상에 그친다는 듯이 생각한다. 엄정하고 철저한 사유는 우리의 마음을 열어, 그 신비가 우리 자신으로부터 저 하늘의 무지개처럼 멀리 떨어져 있는 게 아니라는 사실을 받아들이게 한다. 우리의 감각으로 다 파악할 수 없는 장엄한 대상뿐만 아니라 눈에 띄는 모든 사물들 속에, 바로 문 밖에, 신비가 있음을 보게 한다. 그 마음이 항상 표현 불가능한 것을 깨닫는 상태에 있는 사람은 신비가 무슨 예외적인 것이 아니라 모든 존재를 감싸고 있는 공기요 실재의 보이지 않는 바탕임을, 모든 존재로부터 떨어져 있는 무엇이 아니라 그것들을 모두 싣고 있는 차원(dimension)임을 안다.

그들은 모든 존재가 하나의 현존하는 정신에 감싸여 있음을 감지할 줄 안다. 생명이 자아의 소유물이 아님을, 이 세계라는 것이, 그 주인이 너무나도 은밀하게 숨어 있어서 인간이 그의 신중함을 부재(不在)로 착각하게 되는 그런 개방된 집임을 감지할 줄 안다.

모든 사물들 위를 휘도는 거룩함이 있어서, 어느 순간에는 그것들 모두가 어떤 초월적 명상의 대상인 듯이 보이게 한다. 마치 존재하는 것은 하느님에 의하여 생각되는 것을 의미한다는 듯이. 모든 외부적 생명이 하나의 내면적 생명에 의하여, 깊은 생각과 의도를 품은 마음속에서 이루어지는 한 과정에 의하여, 감싸여져 있다는 듯이. 숫자들과 추상적 관계들은 가족의 숫자가 그들의 독특한 드라마를 제대로 이야기해 주지 못하듯이, 그 본질을 거의 표현하지 못한다(내면의 생명이나, 누구에게 생각된다는 것은 물론 하나의 직유(直喩)다. 그러나 우리가 궁극적인 것에 대하여 말할 때 서로 통화할 수 있으려면 직유를 사용하는 수밖에 없다).

　종교인에게는 사물들이 그에게 등을 돌려대고 그 얼굴들은 하느님을 향해 있는 것 같다. 마치, 사물들이 표현 불가능한 국면을 지니고 있는 까닭이, 그것들이 하느님의 사념(思念)의 대상이기 때문인 것처럼 생각된다. 한 그루의 나무를 만질 때 그 나무가 세계의 끝이 될 수 없으며 그 나무는 그냥 거기 서 있는 것임을 알듯이, 우리는 표현 불가능한 것--정의, 동정 그리고 진실성 속에 있는 거룩한 무엇--이 정신의 끝이 아님을 안다. 궁극적인 가치들은 우리가 그릇 판단하고 평가 절하하고 거절을 해도 여전히 존속한다. 의미가 의미를 지니는 것은 우리가 그렇게 생각하기 때문이 아니다. 아름다움이 아름다운 것도 인간의 은혜를 입어서가 아니다.

　무엇을 지각하는 행위에서와 마찬가지로, 우리의 혼은 그 혼과 다른 것이 아닌 실재에게로 안내된다. 그것은 우주보다도 높은 실재에게로 안내된다. 그 실재의 영광 앞에서 우리의 혼은 대기(大氣) 앞에서의 한 번 호흡과 같다. 우리가 안내 받아 그 앞으로 나간 실재를 그냥 깨달아 아는 것이 우리에게는 자신의 존재보다 더 귀중한 일이다. 그 실재의 사념은 너무나도 강하여 무시할 수가 없고 너무나도 거룩하여 우리로서는 흡수할 수가 없다. 그것은 그 안에서 우리도 더불어 나누는 사념이다. 인간의 마음만이 그것을 생각하는 게 아니라 온 우주가 그것으로 충만해 있는 것 같다. 우리는 더 이상 사물들에 대하여 놀라지 않는다. 우리는 모든 사물들과 더불어 놀란다. 우리는 사물들에 대하여 생각하지 않는다. 사물들을 대하여 생각한다.

9

하느님의 현존 속에서

그 분의 현존에서 그분의 본질로

표현 불가능한 것에 대한 감지는 인간을 우주의 신적(神的)인 국면에게로, 우주보다 더 높은 실재에게로 안내한다. 그러나 존재한다는 것은 하느님에 의하여 생각되는 것을 의미한다고 말함으로써, 우주가 신(神)의 사념의 대상이라고 말함으로써, 우리는 표현 불가능한 것의 너머에 있는 존재의 실재를 확인하였다. 우리는 어떻게 하느님이 그 거룩한 차원보다, 존재의 한 국면 혹은 속성보다, 더 위에 있는 분임을 아는가? 어떻게 우리는 세계의 암시로부터, 세계가 암시하고 있는 존재에게로 나가는가?

표현 불가능한 것의 차원을 생각함에 있어서 우리는, 우리가 지니고 있는 최고 존재라는 선입견적 관념으로부터 출발하여 과연 그분이 실제로 우리가 생각하고 있는 방식으로 존재하는지 여부를 확인하고자 하지 않는다. 우리의 마음을 최고 존재의 실재에 눈뜨게 한 깨달음은 실재에 대한 깨달음이요 신의 현존에 대한 깨달음이다. 그분의 본질에 대한 그 어떤 지식도 획득하기 훨씬 전에 이미 우리는 신의 현존을 직관하고 있다.

바로 이 점에서, 표현 불가능한 것을 통한 접근이 사변을 통한 접근과 다르다. 사변을 통한 접근에서 우리는 그분의 본질이라는 관념으로부터 그분의 존재를 믿는 신앙으로 나간다. 반면에 표현 불가능한 것을 통한 접근에서는 그분의 현존에 대한 직관으로부터 그분의 본질에 대한 이해로 나간다.

신앙의 새벽

표현 불가능한 것을 감지한다 해서 그로써 곧장 하느님을 알게 되는 것은 아니다. 표현 불가능한 것에 대한 감지는 그 누구도 무감동하거나 태연자약할 수 없는, 그 누구도 당황하지 않을 수 없는 장소로 인간을 이끈다. 그곳은 그분의 현존이 무시당할 수는 있으나 부인될 수는 없는 곳이다. 그리하여 결국에 가서는 그분에 대한 신앙이 유일한 길이 되는 그런 곳이다.

일단 우리의 영혼이 표현 불가능한 것의 무소부재(無所不在) 앞에 노출되면, 우리는 그 강압적인 경이로 말미암아 우리 자신이 마구 깨어지는 것을 막을 수가 없다. 그 때에는 삼라만상이 모두 한 분 유일한 주체의 표상이 숨겨진 흔적인 것만 같다. 세상은 그 한 분 주체의 수수께끼 같은 객체가 된다.

그 누가 우리 눈앞의 경이와 또 그것을 보고 있는 우리 눈의 경이를 환하게 밝혔는가? 누가 우리의 마음속에 번갯불을 쳤으며 하늘의 별빛처럼 거역할 수 없는 성스러움으로 우리를 태웠는가?

놀람을 가지고 무엇을 할 것인가

　삶의 신비를 느끼고 경외, 놀람 혹은 불안을 감지하는 것이 신앙의 출발은 아니다. 삶의 신비를 느끼고 경외, 놀람 혹은 불안을 감지하여, 그것으로 무엇을 할 것이냐는 질문이 종교의 뿌리다. 고립과의 결별이기도 한 종교는 우리한테서 무엇인가 요구되고 있다는 의식으로부터 출발한다. 그것은 인간의 영혼을 사로잡고 인간의 응답을 끌어내는 그 긴장되고 영원히 계속되는 요구 속에서 출발한다.

　경이는 심미적인 즐거움을 누리는 상태가 아니다. 끝없는 경이는 끝없는 긴장이다. 놀라운 것 앞에서의 우리의 무력함과 충격 앞에서의 나약함에 오히려 충격을 받는 상태요 그것은 궁극적인 질문을 받았을 때의 상태와도 같다.

　끝없는 놀람은 우리가 태어나면서부터 빚진 자라는 느낌을 새삼스럽게 한다. 외경하는 자는 결코 자만심을 가질 수가 없다. 외경 속에서 우리는 우리가 지닌 모든 것이 은혜로 받은 것임을 알 따름이다. 세계는 사물들이 아니라 사명(使命)들로 구성되어 있다. 경이는 우리 자신이 무엇인가에 요구되고 있는 상태이다. 표현 불가능한 것은 우리에게 던져진 물음이다.

　이제 우리에게 남은 것은, 대답을 할 것이냐 아니면 대답하기를 거절할 것이냐를 선택하는 일이다. 귀를 기울여 들으면 들을수록 우리는, 우리로 하여금 대답을 거절할 수 있게 해주는 오만함과 냉담함을 벗어버리게 된다. 우리는 불가사의라는 짐을 지고 다니면서 그것을, 무엇을 위해 살 것인가를 아는 단순함과 교환하고 싶어한다. 우리는 그 짐을 내려놓을 수도 없고 어디인지도 모르는 채 계속 지고 다닐 수도 또한 없다.

화재가 나서 집이 모두 타버리게 된 긴박한 순간에, 당면한 그 위험이 실제인지 아니면 자신의 상상력이 꾸며낸 허구인지를 알아보기 위하여 가만히 앉아 생각하는 사람은 없다. 그 순간은 연소(燃燒)의 원리를 탐구하거나 불을 낸 자가 누구인지를 가려내어 그에게 책임을 묻거나 할 때가 아니다. 궁극적인 질문이 우리의 영혼에 불꽃을 일으키게 되면, 그것은 너무나도 놀랍고 그 말로 표현 못할 놀라움으로 인해 너무나도 무거워서 학술적인 질문을 하거나 글쎄요 운운하며 일단 보류하는 일이 있을 수 없다. 왜 그런 질문이 생겨났는지 그 이유에 대하여 의심할, 그런 때가 아닌 것이다.

누가 불가사의한 존재인가

우리가 온 마음과 온 정신과 온 영혼을 기울여 생각할 때, 자아가 스스로 제 발로만 설 수는 없다는 사실을 깨닫게 될 때, 우리는 가장 치밀한 설명이 오히려 가장 어리둥절한 불가사의라는 사실을 알게 된다. 그리하여 마침내 하느님이 우리 자신보다 더욱 있을법한 존재요, 불가사의한 수수께끼는 하느님이 아니라 우리라는 것을 알게 된다. 우리의 온 마음이 뜨거운 불길 앞의 얼굴처럼 그 영원한 질문으로 인하여 달아올랐을 때 우리는, 하느님이 어디 있느냐?—는 질문을 하게 되지 않는다. 왜냐하면 그런 질문은, 질문하는 우리는 여기 있는데 하느님은 여기 없다는 뜻을 포함하고 있기 때문이다. 우리 자신의 현존이 오히려 불가사의해지는, 표현 불가능한 것의 영역에 들어서서 우리는, 하느님이 어디에 있느냐?―를 묻지 않는다. 우리는 다만 이렇게 외칠 수 있을 따름이다. 어디에 그분은 계시지 않는가? 우리는 어디 있는가? 어떻게 우리가 여기 이렇게 있을 수 있게 되었는가?

처음으로 그 궁극적인 질문에 부딪쳐 어리둥절할 때, 우리는 이 세상 너머에 있는 존재 없이는 이 세상을 마주 볼 수 없음을 숨김없이 고백하게 된다. 우리의 질문은, 그 본질에서 이미 내려진 결론이요 변장한 대답이다. 왜냐하면 일단 우리가 그 질문의 타당성을 인정한다는 것은 곧 그것을 긍정한 것이기 때문이다. 우리가 그분의 현존의 증거를 찾지 못하는 것은, 자연이 너무나도 완벽하여서 초자연적인 것에 의존되어 있다는 흔적조차 찾아 볼 수 없음을 인정한다는 뜻이다. 그것은 마치 하느님이 당신의 현존을 숨기기 위하여 장엄함을 내뿜어 놓은 것 같기도 하다.

그러나 하느님이 끝내 숨어 있을 수 없는 차원이 있다. 거기서 우리는 장엄함 뒤에 있는 그분의 현존을 감지한다. 그러나 그 감지한 것을 말로 표현할 수 있을 것인가? 과연 우리는 왜 모든 영광을 넘어서는 존재의 실재에 대하여 확신을 가지게 되었는지 그 까닭을 드러내어 밝힐 수 있는가?

우리 앞에 나타난 주제는 하느님이 있느냐 없느냐가 아니라, 하느님이 있음을 우리가 아느냐 모르느냐이다. 그분의 존재 여부가 아니라, 우리가 그분의 존재를 확인하는 적절한 이유를 제시할 만큼 충분히 총명한가의 여부다. 문제는 바로 이것이다. 즉 어떻게 우리는 그것을 자신에게 말해 줄 것인가? 어떻게 우리는 그분이 의미하는 바를 분명하게 그리고 뚜렷하게 아는 것을 방해하는 자가당착을 극복할 것인가?

대답할 수 없는 질문

처음에는 무관심의 틈 사이에서 번쩍하는 경이감으로, 표현 불가능한 것에 대한 거역 못할 깨달음으로, 우리에게 다가온 신에 대한 인식은 머리카락처럼 눈에 띄지 않게 자라나 불편함이 되고 불안이 되다가 마침내 마음의 평화와 자기만족감을 박탈해 가는 감당할 수 없는 관심의 뻣뻣한 털로 곤두선다. 그리하여 우리로 하여금 보살피고 싶지 않은 일들을 보살피게 강요하고 개인에게 아무런 유익도 되지 않는 일을 하도록 강제한다. 우리는 모든 힘과 자존심을 동원하여, 그 따위 일은 관심 쏟을 게 못되며 우리의 생각이나 의지 혹은 우리의 인생에 들어맞는 것도 아니라는 이유로 부인하고 억제하려 한다. 우리는 차라리 우리의 생각, 의지, 열정, 욕망으로 사면의 벽을 쌓고 그 감옥에 갇혀 있기를 바란다. 만일 모든 결론들을 한순간에 수라장으로 만들어 버리는 그 고통스런 관심만 없다면, 이미 내려진 결론들의 보호벽 안에서 살아가는 것보다 더 마음 편한 일은 없을 것이다.

우리가 그토록 격렬하게 항거하는 그 강요된 관심이란 도대체 무엇인가? 그것은 우리의 것이 아니다. 그것은 다른 모든 사람들과 마찬가지로 우리를 무겁게 누르는 압력이다. 그것은 아무런 말도 우리와 나누지 않는다. 일방적으로 묻고, 일방적으로 부를 따름이다. 그것은 우리 앞에다가 하나의 명령을, 하나의 질문을 던진다. 우리의 가슴은 종(鍾)처럼 그것에 메아리친다. 그것은 끝없는 정적 속에 울리는 유일한 소리인 양 압도적이고, 우리는 그 소리에 대답하는 유일한 존재다. 우리의 마음과 음성은 너무나도 조잡하여 제대로 대꾸도 하지 못한다. 그것은 우리의 몸 전체를 대답으로 요구하는, 그런 질문이다. 우리의 언어, 소유물, 성취한 일 따위는 더 이상 대답이 아니다. 온갖 이론들과 해설들은 단순한 심심풀이가 되어 흐트러진다. 우리는 그 질문을 위하여 대답 찾는 일을 중단한다. 숲을 위하여 나무들 찾는 일을 중단한다. 하늘도 없고 바다도 없다. 새들도 나무들도 없다. 있는 것은 오직 질문뿐이다. 그리고 그 질문은 표현 불가능이다.

영혼을 찾아서

어떻게 헤아려 볼 수도 없고 지적 호기심을 메꾸어 주지도 않는 질문에 쫓겨 우리는 마침내, 우리의 마음에 와 닿는 길을 찾으려는 그 질문의 노력에 어쩔 수 없이 가담하게 되고, 그 질문과 함께 이해의 길을 찾으려는 영혼을 추구하기에 이른다.

우리는 우리 앞에 펼쳐져, 시간처럼 끊일 사이 없이 입을 벌리고 정적 속으로 용해되어 버린 목소리처럼 우리에게 말을 걸어오는 그 대답할 수 없는 질문에 대하여 질문을 할 수가 없다.

그 어떤 지식도 끝없는 경이(驚異)에 대한 답이 될 수 없다. 그 말없는 도전의 물결을 잠재울 수 있는 대답이 될 수는 없다. 우리가 끝없는 경이에 사로잡힐 때 모든 추론(推論)은 어색한 퇴행일 뿐이다. 그런 순간에는, 자명한 것은 삼단 논법이 아니라 통찰이다. 그런 순간에는 우리의 논리적 확인이, 우리의 긍정이, 영원한 바다의 기슭에 떠 있는 사변의 물거품처럼 보인다. 그때 우리는 우리의 관심할 바가, 우리는 무엇을 알 수 있는가? 어떻게 그분에게 우리의 마음을 열어 드릴 것인가?—가 아니라는 사실을 깨닫는다. 우리가 관심할 바는, 우리는 누구에게 속해 있는가? 어떻게 그분에게 우리의 삶을 열어 드릴 것인가?—이다.

더 이상 자기주장이라는 게 없는 데서는, 경이라는 것이 우리 스스로가 성취한 것이 아님을 알게 될 때에는, 우리가 갑작스런 놀라움에 사로잡혀 전율하는 것이 우리의 능력만으로 이루어지는 것이 아님을 깨닫게 될 때에는, 더 이상 우리의 힘으로, 객체를 추구하는 주체에 관하여 시험관의 역할을, 마치 천둥 번개의 원인을 조사하는 것과 마찬가지로, 행사할 수 있다고 주장하지는 못한다. 궁극적 놀람은 호기심과 같은 것이 아니다. 호기심은 지식을 추구하는 마음 상태요, 궁극적인 놀람은 마음을 추구하는 지식의 상태다. 그것은 인간의 영혼을 찾는 하느님의 사념(思念)이다.

결정적인 것은 절망의 순간도 아니요 자신의 파멸을 받아들이는 것도 아니다. 오히려 결정적으로 중요한 일은 우리의 위대한 정신력을, 이 세상에서 파괴된 것을 고치는 능력을 깨닫는 것이요 하느님의 질문에 대답할 수 있는 우리의 능력을 깨닫는 것이다.

신앙은 우리의 의지의 산물이 아니다. 의도도 없이, 의지도 없이, 그것은 생겨난다. 말은 입 밖에 나왔을 때 소멸한다. 신앙은 연인을 가까이 끌어당기는 침묵과도 같고, 바람 속에서 더불어 나누는 호흡과도 같다.

우리가 그분의 존재를 믿게끔 되는 것은 논리적 전제들로부터 추론된 결론 때문도 아니고 어떤 느낌에서 오는 결과도 아니다. 그것은 가만히 앉아서 살펴보아 얻는 관념도 아니고, 영혼 깊숙이 들어가 내면의 소리를 들음으로써 얻는 관념도 아니다. 우리가 믿는 것은 어떤 결론에 도달했기 때문이 아니다… 또는 어떤 감정에 사로잡혔기 때문도 아니다. 그것은 마음을 초월하는 힘에 의하여 마음 안에서 돌아서는 것이며, 우리로 하여금 믿을 수밖에 없도록 강제한 믿을 수 없는 것과의 충돌이요 그 충돌에서 받은 충격이다.

찬양이라는 전제

사변적인 논증이 신앙의 서곡은 아니다. 신앙에 선행하는 것은 놀람이라는 전제요 찬양이라는 전제다. 우리는 입증하기 전에 찬양한다. 다른 문제들을 다룰 때는 결단하기 전에 먼저 의심하지만 하느님에 관해서는 말보다 먼저 노래를 한다. 그분을 찬양할 줄 모르고서는 그분을 아는 법을 깨우칠 수가 없다. 찬양은 우리가 경이에 대하여 내놓는 첫 번째 대답이다. 실제로 그 지고(至高)하신 분을 마주하여, 찬양하는 일 말고, 눈으로 보는 것을 말로 표현 못하여 온몸이 달아오르는 일 말고, 우리의 눈으로 볼 수 있음을 어떻게 감사할는지 도무지 그 방법을 몰라서 오히려 부끄러워하는 일 말고, 우리가 할 수 있는 일이 무엇이겠는가?

하느님을 향한 외경에 사로잡히는 것은 어떤 감정을 즐기게 되는 것이 아니라 모든 존재들에 스며있는 한 정신을 더불어 가지는 것이다. "그들은 모두 감사한다. 그들은 모두 찬양한다. 그들은 모두 말한다. 하느님과 같은 분은 없다고." 우리가 개인으로 그렇게 생각하여서 부르는 것이라면 그런 찬양은 오히려 어리석은 짓일 수도 있을 것이다. 그것은 오직 삼라만상의 끝없는 노래와 합창하는 것이기에 의미가 있다. 우리는 응고된 놀라움과도 같은 길가의 자갈들과 더불어, 말없이 예배에 취한 듯한 꽃들이랑 나무들과 더불어, 그분을 찬양한다.

생각과 영혼이 마음을 하나로 모을 때 신앙은 태어난다. 그러나 먼저 우리의 가슴이 떨면서 숭배할 줄을 알아야 한다.

통찰력의 회복

하느님에 대한 우리의 깨달음은 침묵의 문장론(syntax)이다. 그 속에서 우리의 영혼이 신성과 뒤섞이고 그 속에서 우리 안에 있는 표현 불가능한 것이 우리 너머에 있는 표현 불가능한 것과 교제하는, 침묵의 문장론이다. 그것은 세월의 저녁놀이다. 그 속에서 우리의 영혼과 하늘이 함께 침묵하는 세월의 저녁놀이다. 그것은 신성의 풍요하고 절대로 이울지 않는 현존의 쌓여 있는 확실성으로부터 자연 발생한 소산(所産)이다. 우리가 할 수 있는 일이란 통찰력을 되찾고, 우리의 영혼이 하느님의 영원한 말씀을 기록한 아주 거대한 문장 속의 한 삽입구임을 스스로 확인하는 은밀한 속삭임을 듣는 것이 전부다.

그 위대한 통찰은 우리가 여기에서 저 너머를 추론하고 숙고할 때 얻어지는 것이 아니다. 표현 불가능한 것의 영역에서, 하느님은 논리적인 추론으로 만들어진 가설이 아니라 직관적인 통찰이요 빛처럼 분명한 자기 증명이시다. 그분은 어둠 속에서 이성의 빛으로 찾아낼 어떤 분이 아니다. 표현 불가능한 것의 면전(面前)에서 그분이 바로 빛이시다. 궁극적인 깨달음이 올 때에, 그것은 별안간 눈부시게 다가오는 섬광과도 같다. 명상하는 마음에게 표현 불가능한 것은 수수께끼 같고 흐리마리하다. 즉 그것은 한데 모아져 판독되고 분명한 증거로 형성되는 (모르스 부호의) 점들이요 비밀스런 의미의 기호들이며 흩어져 있는 암시들이다. 한편 어떤 통찰의 순간에는 표현 불가능한 것이 잊어버린 모국어로 표현되는 메타포다.

그런즉 하느님을 깨달아 아는 것은 단계적으로, 곧 수줍어함에서 출발하여 지적인 당돌함에 이르기까지 단계적으로 오는 것이 아니다. 그것은 추측에서 시작해서 우여곡절의 추론 끝에 잡게 되는 확실성도 아니요, 의심의 십자로에서 마침내 도달하는 결단도 아니다. 그것은, 우리가 거친 들판을 유랑하며 길을 잃고 헤매다가 갑자기 요지부동의 북극성을 볼 때, 그때 우리에게 온다. 끝없는 불안의 한복판에서, 거절당함과 절망의 한복판에서, 영혼은 말로 표현 못할 울음을 터뜨린다.

인간에게 간청하시는 하느님

침묵의 아득한 문(門)들을 수줍게 두드리며 하느님이 어디엔가 계시지 않을까 찾아보는 것은 길(道)이 아니다. 우리는 가까이 있는 돌이나 나무에서, 주변의 소리나 생각에서, 세속화된 그분의 선하심과 당신의 의지에 인간이 따라 주기를 기다리는 그분의 마음이 깃들어 있는 것을 발견할 능력을 모두 지니고 있다. 이 다툼과 새암으로 어지러운 세계에서 신성이 펼쳐지는 것을 알아보는 일은 해산의 고통이다. 그래도 우리의 양심 너머의 어떤 힘이 인간에게 큰소리로, 악의(惡意)는 결국 선(善) 앞에 무릎을 꿇고 말 것임을 상기시키며 깨우쳐 주고 있다. 그 설득하는 음성에 기꺼이 응답코자 하는 사람은 이 무관심의 사막에서 보이지 않는 문을 이해하는 일에 자신의 인생을 개방한다. 우리의 신심(信心)을 계속하여 끈질기게 간청하는 분, 우리가 당신을 알고 싶어하는 즉시로 우리를 만나기 위해 문 밖으로 나오는 분이 바로 하느님이시다.

종교를 태어나게 한 것은, 우리의 지적 호기심이 아니라 우리가 요청을 받고 있다는 사실이요 그 사실을 경험하는 것이다. 우리 스스로 우리의 질문을 만들어 내고 그것들을 궁리하는 한, 우리는 어떻게 물어야 할는지 그 방법조차 알지 못한다. 우리가 아는 것이 너무나도 보잘것없어서 궁리니 뭐니를 할 자리가 없다. 신앙은 탐구와 노력의 산물이 아니다. 그것은 아무도 영원히 무시할 수 없는 도전에 대한 응답이다. 신앙을 앞에서 인도하는 것은 문제가 아니라 감탄이다. 철학은 인간의 질문으로 시작한다. 종교는 하느님의 질문과 인간의 대답으로 시작한다.

최후적이며 생명력이 넘치고 다른 무엇과도 비길 수 없는 하느님의 말뚝을 찾는 것으로 생의 목표를 삼는 사람은 때로 하느님의 영(靈)이 그의 눈꺼풀에 앉아 계신 듯한 느낌을 받는다―그토록 가까이 있으면서도 보이지 않는 분으로 말이다. 태양과 별들과 인간의 영혼들이 그냥 진공 속에서 떠돌아다니는 것이 아님을 깨달은 사람은 세계가 문득 황홀해지는 시간을 맞이할 마음의 준비를 갖추고 살아가리라. 사물들은 벙어리가 아닌 즉, 그 고요한 정적은 요구들로 가득 차 있고, 인간의 영혼은 모든 사물들이 서로 교제하기를 갈망하여 뿜어내는 신비를 호흡하고자 기다리고 있다. 이 세상으로부터 하나의 명령이 떨어지니, 그것은 하느님을 위한 황홀한 노래를 공중에 스며들게 하고, 겸손한 아름다움의 메시지를 돌판에 새기며, 선을 위한 기도를 모든 사람의 가슴에 스며들게 하라는 명령이다.

강요된 관심

우리가 살고 있는 이 세계는 우리의 마음만큼 높고 우리의 의지력만큼 넓고 우리의 인생만큼 긴 미로(迷路) 속에 들어 있는 거대한 우리(새장)다. 그 울타리까지 가보지 못한 사람들, 우리 너머에 있는 것을 보지 못한 사람들은 꿈꾸는 자유를 알지 못하고, 문명 곧 일어났다가 무너졌다가 마침내 아무도 채울 수 없는 망각의 심연 속에 가라앉고 말 문명이라는 것을 위하여 일어나 싸우려고 한다.

기술공학이 판을 치는 이 세대에, 인간은 이 세계를 자신의 욕구를 충족시키는 데 필요한 물질로만 인식한다. 그는 자기가 자기 운명의 주관자로서, 종족의 번식을 조절할 수 있고 잠정적인 필요에 따라 철학을 응용할 수 있으며 종교도 마음대로 만들어 낼 수 있다고 생각한다. 그는 자신의 자기 충족을 보장해 주는 어떤 '힘'(a Power)의 존재를 자명한 것으로 가정해 두었다. 마치, 하느님이 인간의 야망을 충족시켜 주고 인생의 최고 절정에 올라설 수 있도록 도와주는 충실한 부하인 듯이.

그러나 우리(새장)의 울타리에 자기 머리를 부딪치거나 인생이 자기네가 풀 수 없는 모순들 속에 함몰되어 있음을 발견한 자들조차도, 길거리와 가정과 인간의 마음을 떠들썩한 난장판으로 가득 채우는 소유욕이 세간의 역설에 의하여 끊임없이 재갈 물리고 있음을 발견한 자들조차도, 우리의 모든 건설이 그 내면에 들어 있는 자기 붕괴성에 의하여 무너져 내리고 있음을 발견한 자들조차도, 비밀에 싸인 어둠 속에서 자유를 찾고자 미로를 벗어나려고 출구를 찾는 대신에, 오히려 그 우리(새장) 안에서, 맛있는 건 좋지만 살찌는 건 싫어요 운운하며 호사를 누리는 쪽을 더 좋아한다.

그러나 그것을 견뎌내지 못하는 자들은, 절망한다. 그들은 더 이상 신앙을 지탱할 능력이 없고 이루어야 할 목적이 없으며 목적을 찾을 힘도 없다. 그러나 바로 그 때, 벼락과도 같은 순간이 온다. 비밀에 싸인 것으로부터 터져 나온 섬광이 우리의 어두운 무감동(無感動)을 갈가리 찢어 버린다. 그것은, 우리네 삶의 모든 순간들을 한 곳에 모으는 초점과도 같이 혹은 지금껏 쌓아온 모든 생각들을 깃털처럼 가볍게 하는 무거운 생각과도 같이, 압도적인 눈부심으로 충만해 있다. 우리의 우리(새장) 안에, 우리의 세계 안에 너무 많은 빛이 있어서 그것이 마치 별들 한가운데 정지된 채 매달려 있는 것 같다. 무감동은 무심결에 장엄한 아름다움으로 바뀐다. 표현 불가능한 것이 인간의 영혼 속에 스스로 전율한다. 호수 속으로 꿰뚫고 들어가는 빛줄기처럼 우리의 의식 속으로 들어온다. 그 꿰뚫는 빛의 굴절은 우리의 마음을 돌아서게 한다. 즉 우리는 그분의 꿰뚫는 통찰에 관통 당한다. 더 이상 그분은 저기 있고 나는 여기 있다는 식으로 생각할 수 없게 된다. 그분은 하나의 존재(a being)가 아니라 모든 존재들 속에 그리고 그 너머에 있는 존재(being in and beyond all beings)다

오싹한 느낌이 우리의 사지(四肢)를 사로잡는다. 신경줄은 충격을 받아 현악기의 줄처럼 진동한다. 온몸이 몸서리를 친다. 그러나 그 순간, 우리의 가장 깊숙한 알심으로부터 뒤틀리며 터져 나온 한 마디 부르짖음(a cry)이 우리를 둘러싸고 있는 세계를 채운다. 마치 거대한 산 하나가 엉겁결에 우리 눈앞에 우뚝 솟아나듯이 그 한 마디, 하느님! 우리 속에 있는 감정도 아니고 소용돌이치

는 흐름도 아니고 이 세계를 찢어 놓는 우리 너머에 있는 힘, 그 불가사의! 우주 이상의 무엇을 의미하는, 영원하고 거룩, 거룩, 거룩함 이상의 무엇을 의미하는 한 마디! 우리는 이 한 마디를 이해할 수가 없다. 그것이, 우리가 메아리로 반향할 수 있는 것을 무한히 넘어서는 무엇이라는 정도로 알 수 있을 뿐이다. 비틀거리고 당황한 가운데 우리는 더듬더듬 말한다. 곧 존재하는 모든 것 이상이신 분, 표현 불가능한 것을 통하여 말씀하시는 분, 우리의 머리로는 대답 못할 질문을 하시는 분, 우리의 삶으로써 겨우 하나의 대답을 해드릴 수 있는 그런 분!

하나의 영감(靈感)은 지나간다. 그러나 영감을 받음은 지나가지 않는다. 그것은, 우리가 그것을 향하여 사라지지 않는 놀람의 물결 위로 나아가는 휴식을 모르는 시간의 저 건너편에 있는, 섬과 같다. 하나의 갈망은 뒤에 남는다. 우리의 애타는 목마름도 부끄러운 감정도 망각과 더불어 퇴색한다⋯⋯.

만일 우리가 제멋대로 억측과 독단적인 생각으로만 살아가기로 마음먹는다면, 우리는 겉과 속이 다른 이중성에 매달릴 필요도 없고 우리가 아는 것을 에누리 없이 그대로 표현하며 느끼는 대로 생각할 수도 있을 것이다. 그러나 영원과 부딪치는 순간 흔들리지 않는 사람은 없다. 그런데도 자기에게 느낄 가슴이 없고 들을 영혼이 없노라고 주장하는 사람들은, 눈물과 부끄러움을 느끼는 감정의 회복을 위하여 기도할 일이다.

10

의심

표현 불가능한 것에 대한 감각이 썰물처럼 밀려가고 거역할 수 없이 다가온 깨달음의 순간이 사라지고 나면, 그 궁극적인 질문은 아우성치는 욕심과 시정(市井)의 일반상식에 묻혀 더 이상 들리지 않게 된다. 정직한 마음에는 의심의 종소리가 울리기 시작한다. 과연 인간으로 하여금 표현 불가능한 것 너머의 존재를 깨닫게 한 그 표현 불가능한 것과의 만남을 깨달음의 믿음직한 근거로 여길 수 있는 것인가? 그 만남이라는 것이 독백에 불과할 수도 있고, 그 만남을 통해 얻은 통찰이라는 것도 마음이 꾸며 만든 허구(虛構)며 의지의 부산물일는지 모를 일이다.

실제로, 우리가 끌려들어간 그 끝없는 관심이 우리의 가슴에서 나온 것이 아님을 다른 사람들에게 증명해 줄 수 있는 보증(保證)은 없다. 표현 불가능한 것에 대한 우리의 응답조차 다른 사람들에게 보여줄 수가 없다. 모두가 볼 수 있게 하느님의 불 속에다 나뭇단을 던지듯이 우리가 응답하는 그것을 우리는 밝힐 수가 없다.

스스로 위증을 하지 않는 사람이라면 누구도 하느님의 비존재

(非存在)를 증언할 수가 없다. 하느님이 계실 때 언제나 그 자리에 자취를 감추었던 자들만이 하느님의 존재를 증언할 수 없는 자로서의 알리바이(不在證明)를 제시할 권리가 있기 때문이다.

궁극적인 질문은, 그 논리적 형식에서, 우리가 어디로 돌아가도 부딪치게 되는, 항상 있는 도전이다. 그것을 무시하여 외면할 길은 없다. 인간은 그의 존재의 의미와 방식이 의존하고 있는 실재와 연루되지 않을 도리가 없다. 그는 결국 어떤 확인을 하지 않을 수가 없다. 어떤 결단을 내리든지 간에, 그는 하느님의 현존을 받아들이든지 아니면 그것을 부인하는 부조리를 받아들이고 있는 것이다. 하느님의 현존을 부인하는 것은 생각조차 할 수 없도록 엄청난 부조리다. 왜냐하면 그것은 이 우주가 인간과 한 동아리이긴 하지만 전적으로 혼자서 있는 것이며, 인간의 마음이 그 우주 안에 그리고 우주 너머에 있는 모든 것을 능가한다고 보는 것이기 때문이다. 표현 불가능한 것을 감각하는 상태에서 우리에게 일어나는 일을 잊어버리지 않는 한, 우리의 모든 개념들을 스스로 만들어 낸 것으로서 포기하게 하고 모든 자만심을 이울게 만드는 갑작스런 놀람 속에서 우리에게 일어나는 일을 잊어버리지 않는 한, 우리는 인간만이 마음과 영혼을 독점한다고, 인간만이 이 우주의 안팎에서 의식하며 살아가는 유일한 존재라고, 인간의 정신 말고는 다른 정신이 없다고 주장할 수가 없다. 표현 불가능한 것을 향하여 자기를 개방하는 사람은 영적인 정신 분열증에 걸리지 않도록, 말하자면 언제 어디서나 우리를 둘러싸고 있는 삶의 신비와 떨어지는 일이 없도록 조심할 것이다. 반면에, 하느님의 현존을 확신하는 사람은, 비록 그런 자기 판단의 인식론적인 증명을 계속 지켜 나가지는 못할지라도, 끊임없이 표현 불가능한 것을 깨달으며 살아간다.

표현 불가능한 것에 대한 감각은 의심보다 먼저요 더 강하다. 하느님의 존재를 입증하려는 논리적 변증은, 그 개념들이 확인하려는 대상에 의하여 일찍 깨어 있던 자들에게는 하나의 맥 빠진 언어 놀음일 따름이다.

하느님의 존재를 입증 또는 반증하려고 할 때 우리의 모습은, 자기가 무슨 목적으로 그리고 어떻게 해서 춤출 수 있게 되었는지도 모르는 채 그 누가 뒤에서 줄을 잡아당기고 있는지 아니면 그런 존재가 없는지를 스스로 판정하려는, 춤추는 인형들과 같다. 합리적인 영혼의 합리적인 음식으로는 살아갈 수 없음을 발견한 사람은 자신의 실존이 이미 결정적으로 실현되고 정당하게 확립된 마당에 하느님을 합법적으로(de jure) 인식하겠노라면서 장중한 의식을 따로 거행할 수는 없으리라.

영혼 그 자체가 불꽃이 아니라면 그 어떤 사색의 불빛도 무관심의 어둠을 밝히지 못할 것이다. 그 어떤 하느님의 존재에 대한 박학한 논증도 그 어떤 전통적 신 개념에 대한 분석도, 그 어둠을 물리치지는 못할 것이다. 인간은 궁극적인 실재를 추상화시켜서 확신하는 기술에 대하여 거의 아는 바가 없고, 추상적인 논증의 엄격한 권위가 지적 타성의 오류들을 바로 잡아 주는 일 또한 거의 없다. 칸트가 하느님의 존재에 대한 고전적인 증명을 반박했기 때문에 현대인이 신앙을 상실했다고 주장하는 것은 유치한 짓이다. 회의주의가 비롯되기 훨씬 전에 그의 신앙은 이미 상실되어 있었다.

논증이란 수호하는 데는 도움이 될 수 있겠지만 어떤 확신을 앞서 주장하는 데는 도움이 되지 않는다. 본디부터 논증이란 이미 우리에게 직관적으로 분명한 것에 대한 설명이다.

자신의 의심을 풀기 위하여, 의혹을 달래기 위하여, 호기심을 만족시키기 위하여 하느님을 찾는 사람은 문제의 소재가 어디인지조차 모르고 만다. 인간 자신이 바로 문제라는 사실, 하느님이 인간에게 문제인 것보다, 인간이 그분에게 문제라는 사실을 깨닫는 데서부터 하느님에 대한 탐구는 시작된다.

만일 신성이 하나의 복합적 관념이라면, 그렇다면 우리는 그것을 상상의 산물로, 또는 이 세상에 따로 있으면서 한 존재 속에 함께 존재한다고 상상되는 여러 특질들의 결합으로 생각할 수 있을 것이다. 그러나 신성은 일차적으로 이 세상에서 찾아볼 수 있는 여러 가지 특질들의 종합체가 아니라 이 세계의 질서와 사유의 능력을 둘 다 초월하는 실재다.

신성은 인간의 사유가 만들어 내는 산물이기에는 너무나도 말로 표현할 수 없으며, 원망사고(wishful thinking)에 의해 가정되기에는 너무나도 심각하고 많은 것을 요구하며 모든 것을 능가한다. 모든 것을 능가하는 그분을 갑작스럽게 들여다보게 되지 않고서 어떻게 모든 것을 능가하는 존재를 깨달아 알 수 있겠는가? 그러나 여전히 질문은 남는다. 우리는 흔히 뒤에 가서 착각으로 밝혀질 그런 믿음을 소중히 여기지 않는가? 그렇다. 우리는 사막을 달리면서 집을 보았다고 믿고 그리로 가려고 하지만 그것이 신기루로 밝혀질 수도 있다. 그러나 우리는 아예 집 같은 것이 없는데 사진에 집이 나타나 있다고는 생각할 수가 없다.

하느님의 존재를 믿는 데 대한 가장 근본적인 반박은, 그러한 믿음이 인간의 사유로 얻을 수 있는 지식으로부터 사유의 폭을 능가하는 데로 건너뛴다는 주장이다. 우리의 머리로 생각해 내는 어떤 관념이 우리의 머리가 담을 수 없는 실재의 진실을 파악할 수 있다는 보장이 어디에 있는가? 하는 반박이다. 이런 반박은 사변적인 접근에 적용될 경우에는 일리가 있다. 그러나 앞에서 보았듯이, 하느님의 존재에 대한 확신은 논리적 가설들의 결론으로 오는 것도 아니며, 논리학의 영역에서 존재론의 영역으로 비약하는 데서 또는 가정에서 사실로 건너뛰는 데서 오는 것도 아니다. 오히려 그것은 직관적인 이해에서 사고로, 하느님의 현존에 사로잡힘에서 그분의 본질에 대한 깨달음으로 전이(轉移)하는 것이다.

모든 존재가 지니고 있는 정신적인 차원을 감지함으로써 우리는 신성의 절대적인 실재를 깨닫게 된다. 신조를 만들고 신앙을 고백하는 것으로써 우리는 하느님이 존재하신다는 그 거역 못할 실재를 사고의 차원으로 끌어내리고 있는 것이다. 우리의 믿음이란 하나의 뒷생각일 뿐이다.

다른 말로 하면, 하느님의 실재에 대한 우리의 믿음은 먼저 하나의 관념을 소유하고 그 다음에 그 관념에 들어맞는 존재론을 공리로 세우는 것이 아니다. 혹은 칸트 식으로 말하여, 먼저 백 달러에 대한 관념을 가진 다음에 그 관념에 근거하여 백 달러를 갖겠다고 주장하는 것이 아니라는 말이다. 먼저 얼마의 돈을 수중에 넣은 다음 그 액수를 헤아려 보는 것이다. 혹시 액수를 잘못 헤아릴 수 있겠지만 그러나 현금은 지금 수중에 들어 있다!

하느님을 잘 모르는 상태에서 잘 아는 상태로 옮겨가는 그 결정적 단계는 삼단논법으로 구멍 난 계단을 건너뛰는 것이 아니라 제 자리로 후퇴하는 것이다. 어떤 전제를 덧보태는 것이 아니라 모든 전제들을 포기하는 것, 자의식의 뒤로 돌아가 자아와 스스로 알고 있노라고 허세 부리던 모든 것에 질문을 던지는 것이다.

우리에게는 사고의 절정에 도달할 능력도 없고, 모든 왜곡의 위험을 등지고 위로 날아오를 수 있는 날개도 없다. 그러나 우리는 때로 우리의 능력을 뛰어넘어 오히려 뜨겁게 달아오르며, 인간 실존이 하나의 정신 병원으로 유폐 당하지 않는 한, 우리를 달아오르게 하는 그 빛줄기에 대한 분석은 그것은 모색하는 자들에게 분명한 증거가 되고 있다.

11

신앙

신앙은 지름길이 아니다

사람들은 가끔, 왜 하느님의 존재를 믿지 않을 수 없는지 그 까닭을 항목별로 열거해 보려고 했다. 그런 까닭들은 우리가 땅 거죽에서 거두어들이는 익은 열매들과도 같다. 그러나 한 알의 씨앗이 나무로 바뀌는 것은 땅 속에서 이루어지는 일이요, 신앙이 그 터를 잡는 곳은 모든 이성(理性)을 넘어서는 자리다

인간의 영혼은 제 속의 깊숙한 비밀을 두뇌로 따져 볼 수 있는 자리로 끌어올리는 방법을 모른다. 그러므로 우리는 신앙 행위를 신앙의 표현과 동일시해서는 안 된다. 신앙의 표현은 진리에 대한 확인이며 분명한 판단이요 신앙 고백이다. 한편 신앙 그 자체는 하나의 행위다. 따로 저장된 무엇이 아니라 발생하는 무엇이다. 그것은 인간의 영혼이 하느님의 영광과 상통(相通)하는 순간이다.

무엇이 그 행위의 본질인가? 어떻게 그 행위는 이루어지는가?

코츠크의 라삐 멘들(Rabbi Mendel of Kotzk)은 "이성을 지닌 인간으로 하느님을 찾는 자가 있는가?"(시편 14:2, 사역)라는 시인의 질문을 이렇게 해석했다. 이성 말고는 가진 것이 없는 자가 하느님

을 능히 찾을 수 있겠는가?

많은 사람들이 온갖 모험을 다 감행하면서도, 고요 속에 들어가 기다리면서 모든 지혜의 재물을 토양의 비밀 속에 묻고 모든 인생에게 배당된 시간이라는 옥토에 자신의 영혼을 파종하여, 영혼으로 하여금 저 자신을 초월하여 자라나게 하려는 진짜 모험을 시도하지 않는다. 신앙은 한 생애(生涯)의 깊음 속에 파종된 씨앗의 열매다.

신앙을, 끝없고 어지러운 비판적 사변을 가로질러 하느님의 신비로 직행하는, 편리한 지름길로 생각하는 사람들이 많이 있다. 그렇지 않다. 오히려 신앙은 길(道)이 아니라 길을 뚫는 행위다. 무감각이라는 산맥을 끝없이 뚫고 영혼의 통로를 트는 것이 신앙이다. 신앙은 우리가 자격도 없이 받는 선물도 아니며 뜻밖에 발견하는 보물도 아니다.

신앙은 우연한 성취 또한 아니다. 신앙은 고되고 끈질긴 경계와 조심의 열매다. 하나의 비전에 끝까지 진실하려는 고집스러운 노력의 열매다. 그것은 타성에 젖은 행위가 아니라 그분에 대한 우리의 응답을 살아 있게 하는 호흡이다.

자연에 관하여 알고자 하는 간절한 마음이 없는 사람은 자연의 가장 뚜렷한 현상에 대해서도 주의할 능력이 없듯이, 신성의 지고한 관련성을 감각할 만큼 성숙하지 못한 사람은 신성을 깨달아 알 수가 없다. 의지를 깨끗하게 비우지 않고는 하느님의 관련성을 느껴 알 수 없는 것이다.

자기 부족의 일용품밖에는 다루어 보지 않은 야만인에게 바이올린은 괴상한 나무통에 불과한 것이다. 실제로 모든 노래, 모든 가락이 똑같이 들리는 그런 사람들은 언제 어디에나 있는 법이다.

하느님을 깨달아 아는 기술, 일상생활 속에서 그분의 임재(臨在)를 느껴 아는 기술은 그렇게 즉석에서 터득되는 게 아니다. 하느님의 은총은 우리의 삶 속에서 하나의 단음(斷音, 스타카토)처럼 울린다. 그 단절된 음조인 듯 울리는 소리에 계속 귀를 기울이는 사람만이 곡(曲)의 주제를 파악할 수 있다.

신앙으로 가는 길

신앙은 궁극적인 의미를 간절히 추구하는 사람에게, 존재의 지고한 위엄에 늘 주의를 기울이는 사람에게, 사물의 불가사의함에 언제나 예민한 사람에게, 익히 알고 경험하는 구체적인 것들 속의 믿을 수 없는 알짬에 눈을 떼지 않는 사람에게 온다.

신앙심이 깊은 사람에게 너무나도 명백한 것을 파악하기 위해 우리는 독특한 통찰을 바보스러운 것으로 여기는 사고의 통속성을 보류하고, 우리의 머리를 표준화된 개념들로 질식시키는 일을 거부해야만 한다. 신앙을 가로막는 가장 큰 장애물은 반(半) 진리와 반(半) 실재로 만족하려는 경향이다. 신앙은 온 마음과 온 영혼을 기울여 살아가는 사람, 모든 존재에 관한 지식뿐만 아니라 그것들을 그대로 이해하고자 애쓰는 사람, 인간의 비범한 감각을 기르고 표현 불가능한 것에 대한 감지를 키우는 데 끊임없이 관심을 기울이는 사람에게만 주어진다.[1] 신앙은 신앙을 위한 노심초

---

[1] "자명한 것의 본성은 발전되지 않은 사람에게는 자명한 것으로 보이지 않고 어느 만큼의 수준까지 성숙한 사람에게만 곧장 그렇게 이해가 된다. 필요한 만큼 성숙하기 위해서는 세대와 세대 사이에서 이루어지는 발전이 유아에서 어른까지의 사이에서 이루어지는 발전 못지 않게 긴요하다"(W. D. Ross, *The Right and the Good*, p. 12).

사(勞心焦思) 속에서, 어디에나 있는 불가사의함에 간절히 관심을 기울이는 가운데, 발견된다.

모든 덕목들 가운데 가장 높은 자리를 차지하는 이 외골수 같은 관심은 도덕적인 영역뿐만 아니라 삶의 모든 영역에까지, 자기 자신과 다른 사람들, 언어와 사상들, 사건과 행위들에까지 미친다. 인간의 사유라는 협소함에 구애받지 아니하고 그것은 실재하는 모든 것에 대한 자신의 태도를 고집스럽게 지켜, 작은 것을 크게 보고 사소한 일들을 진지하게 다루며 일상사들을 영원에 결부시켜 생각한다. 그것은 실재로부터 거리를 두고 떨어지는 태도가 아니다. 피동적으로 빨려 들어가는 것도 아니며 자기 괴멸(self-annihilation)도 아니다. 오히려 그것은 이 세상사 속에 성(聖)이 있음을 증거하는 것이요, 신앙 없이 그 성(聖)에 응답하지도 않고 살아가는 것에 대하여 수치심과 불만감을 느끼는 것이다.

우리가 그런 불만의 감정을 퍼 올리는 샘들은 여기저기 낯설게 흩어져 있다. 어떤 사람들은 이제까지 바라보고 살아온 것이 알고 보니 아무것도 아니라는 사실에 충격을 받고, 예기치 않은 죽음의 위협으로 진저리를 치는 사람들도 있다. 또 어떤 사람들은 무심코 던진 자신의 말 한 마디나 무심한 몸짓 하나가 난폭하고 조잡스런 자신의 힘을 드러내 보이는 것에 낙심하기도 한다. 그런가 하면, 그분의 법을 위해 사는 성스러움에 싸여 매력을 발산하는 이들도 있다. 질투심과 탐욕에 휩쓸려 들어가는 대신, 자기 탐닉에 몰입하는 대신, 그들은 모든 곳에서 그들을 둘러싸고 있는 암시성을 향하여 가슴을 열어 두기로 결심한다.

아름다움에 선을, 힘에 사랑을, 슬픔에 감사를 앞세움으로써, 우리의 희망을 이해할 수 있도록 도와달라고 주님께 간청하고 불안과 두려움을 이길 수 있는 힘을 달라고 탄원함으로써 우리는 그 무엇으로도 치워 버릴 수 없는 낯선 나그네처럼 우리가 숨쉬는 공기 속에 뚫고 들어와 자리하고 있는 성스러움을 느껴 알게 될 것이다. 자기 탐닉의 함정에서 신심(信心)의 순수를 갈망하는 우리의 울부짖음이 신앙의 새벽을 열어 주리라.

어떤 사람은 마음의 감옥에서 단식 투쟁을 계속한다. 하느님을 향하여 굶는 것이다. 이 굶음 속에 오래고도 갑작스런 기쁨이 있다. 사색의 울타리를 무너뜨리고 타오르는 명상 속에 보상이 있다. 만질 수 없는 것을 잡는 것이다.

수줍어 홍조 띤 얼굴들

하느님은 혼자 있기를 원하지 아니하시고, 사람은 그분이 보여 주시고자 하는 것을 언제까지나 모르는 척 할 수가 없다. 우리들 가운데 분투노력하기를 그만둘 수가 없는 이들은 때때로 보이지 않는 분의 시야에 들어 있는 자신을 발견하고 그 빛을 받아 눈부시게 빛을 낸다. 우리들 가운데 어떤 이들은 수줍음으로 그 얼굴이 발갛게 되어 있고 어떤 이들은 탈을 쓰고 있다. 신앙은 하느님의 현존 안에서 수줍음으로 발갛게 물드는 것이다.

어떤 이들은 수줍음으로 홍조(紅潮)를 띠고, 어떤 이들은 표현 불가능한 실재의 성스런 차원에 대한 자연 발생적 감각을 가로막는 탈을 쓰고 있다. 우리는 모두 너무나도 두텁게 정신적인 화장을 하고 있다. 자신의 얼굴을 거의 상실한 지경에 이르러 있다. 그러나 신앙은 우리가 얼굴과 얼굴을 마주 대할 때, 우리 안의 표현 불가능한 것과 우리를 초월해 있는 표현 불가능한 것이 마주 보는 때, 우리 자신이 그분의 눈에 띄고 그분과 상통되고 쏟아지는 빛살을 받으며 거기에 응답해야만 하는 고통을 감수할 때 비로소 우리에게 온다. 그 일을 하기 위해서는 생각하는 마음 속에 영혼이 살아 있어야만 한다.

하느님에 대한 응답은 복사(複寫)될 수 없다. 그것은 모든 영혼이 각자 원본을 지녀야 한다. 신성의 의미조차, 하나의 교리로 판에 박히거나 떠도는 풍문으로 받아들인다면, 파악할 수가 없다. 그것은 우리의 마음이라는 모루 위에 무섭고도 기이한 외경의 망치가 떨어질 때 거기서 날아오르는 불꽃처럼, 우리의 환상 속에 박힐 뿐이다.

추상화 작업 속에서 그분을 찾는 사람은 그분을 놓치고 말 것이다. 그분은 토론의 물결을 헤치고 잠수하여 들어가 찾아 낼 수 있는, 우리의 생각 밑바닥에 가라앉아 있는 잃어버린 진주가 아니다. 가장 위대한 것은 결코 우리가 미리 예상하고 기대할 수 있는, 그런 정도의 것이 아니다.

그 분을 우리 힘으로 잡을 수 없음, 바로 그 무능력 속에서 우리는 가장 그분께 가까이 접근한다. 하느님의 존재는 그것이 인식될 수 있기 때문에 진짜가 아니라 진짜기 때문에 인식될 수 있다. 그리고 그것은 아무 목적의식 없이 보상을 바라지도 않고 경외와 전율 속에서 사는 법을 배운 사람에게 진짜다. 다른 방식으로는 살 줄을 몰라서 경외와 전율 속에 거하는 사람, 비록 어리석고 쓸모도 없으며 잘못인 듯이 보인다 해도 끊임없이 표현 불가능한 것을 인식하면서 살아가는 사람에게, 하느님의 현존은 진짜다.

하느님을 하나의 취미삼아, 임시 고용된 일자리처럼 생각하면 문제를 바로 세우는 일조차 할 수가 없다. 우리가 관심을 가지는 문제는 어떤 것인가? 그것은 전지(電池)의 속성에 대하여 알아보고자 할 때 품게 되는 호기심과 같은 것인가? 전기는 우리에게 아무것도 요구하지 않는다. 반면에 하느님에 대한 우리의 앎은, 우리가 그분에게 연결되어 있음을 깨닫는 데서부터 시작된다.

하느님은 이 세상의 수수께끼에 대한 해답도 아니요 우리의 구원에 대한 보장도 아니다. 그분은 영원한 도전이요 절박한 명령이다. 그분은 풀려야 할 문제가 아니라 개인으로서, 민족으로서, 인류로서의 우리에게 끊임없이 던져지는 물음이다.

하느님, 그분은 가장 중요한 분이 아닌 한, 하나도 중요하지 않은 분이다. 그러기에 그분 없이 승리하는 것보다 그분과 함께 패배하는 것이 더 낫다고 우리는 확신한다.

신앙의 시련

신앙으로 사는 사람은, 하느님이란 없다고 세상의 굉장한 학자들이 주장하고, 하느님이 없다는 쪽에 온 인류가 압도적인 표를 던지고, 때에 따라 인간이 좋아하는 이론과 잘도 부합되는 인생 경험이 하느님은 없다고 확증을 한다 해도, 자기의 이성을 우상으로 받아들이느니 차라리 이성의 손에 고통을 받겠다는 그런 사람이다. 그는 괴로움을 겪을 것이다. 그러나 표현 불가능한 분의 현존 안에서 무력함을 느끼는 그 존엄성을 불안해하거나 등지지는 않는다. 왜냐하면 신앙이란 어떤 교리에 의하여 구원받음도 아니요 어떤 통찰의 대가로 교환받음도 아니며 최후의 순간까지 우리가 잡고 있는 진지함이기 때문이다. "당신의 인자하심이 목숨보다 크시오니"(시편 63:3). 이 한 마디에 하느님이 무엇을 의미하는

지가 표현되어 있다. 나를 향한 그분의 보살핌이 나의 목숨보다 더 소중한 분, 그분이 하느님이다.

신앙은 이 물질세계에서, 알려진 자연 법칙을 벗어나 발생하는 사건들을 보는 가운데 생겨나는 것은 아니다. 우리의 신뢰하지 못할 감각과 불완전한 지식으로 보아 기적이라고 하는 것들이 무슨 도움이 되겠는가? 신앙은 명백한 경험으로부터 나오는 것이 아니라 오히려 그것들을 선행한다. 신앙이 없이는 그 어떤 경험도 우리에게 종교적인 의미를 전달해주지 못한다.

아가서(書)에는 이런 구절이 있다. "잡목 속에 솟은 능금나무"(2:3). 라삐 아하 벤 제이라(Rabbi Aha ben Zeira)는 이 구절에 비교하여 이렇게 말했다. "능금나무는 잎보다 먼저 꽃을 피운다. 그러므로 이집트에 살던 이스라엘은 구원의 메시지를 듣기 전에 신앙을 이미 품고 있었다. 그래서 말하기를 '백성들은 믿었다. (그리고) 야훼께서 이스라엘 백성을 찾아오시어 자기들이 당하는 괴로움을 살펴주셨다는 말을 듣고'(출애굽기 4:31)라 했다"(미드라쉬 하지타 2:10).

게르의 라삐 이사악 메이르(Rabbi Isaac Meir of Ger)가 한 말이 또한 우리의 뜻하는 바가 무엇인지를 밝혀 줄 것이다. 그는 "이스라엘 사람들은 야훼께서 그 큰 팔을 펴시어 이집트인들을 치시는 것을 보고 야훼를 두려워하여 야훼와 그의 종 모세를 믿게 되었다"(출애굽기 14:31)는 구절을 주석하면서 이렇게 말했다. "그들은 기적을 직접 목격했음에도 불구하고 여전히 신앙이 필요했다. 신앙이 눈으로 보는 것보다 더 우월한 것이기 때문이다. 당신은 눈보다 신앙으로 더 많은 것을 볼 수 있다."

정신의 행위

신앙의 빛 아래에서 우리는 모든 만물로부터 밖으로 비쳐 나오는 신비를 벗기거나 설명하려고 하는 대신 그것을 알아보고 흡수하려고 한다. 우리의 손으로 잡을 수 없는 것을 더 많이 알려고 하는 대신 그것에 가까이 가려고 한다. 생사간의 모든 일을 자신의 뜻대로 할 수 있다고 억지 주장을 펴는 사람들만이 세계를 자기네 지식의 틀 안에 두려고 한다. 그러나 과연 누가 인생 위에 쏟아 부어지는 성스러움의 향기를 끝내 냄새 맡지 못한 채 살아갈 수 있을 것인가?

신심이 깊은 사람은 모든 존재 속에서 신성을 감지하고 모든 존재 속에 있는 성스런 관련성을 느끼면서, 아는 기쁨과 인식하는 아슬아슬함을 계속 누릴 수 있다. 신앙이 드러내 보여주는 장엄함을 사랑하는 사람은 자신의 목적과 거리가 먼 곳에서 살아가며, 감추어져 있어야만 하는 것들을 굳이 밝혀내려고 하지도 않고 기적들을 찾아 헤매지도 않는다. 하느님의 존재는 인간의 사유로 조사, 검증될 수 있는 것이 아니다. 그분의 존재에 대한 인간의 증명이란 그분에 대한 인간의 목마름을 보여주는 것일 따름이다. 목마른 사람에게 필요한 것이 자신의 목마름에 대한 입증일까?

신앙이 지향하는 세계는 가까이 다가갈 수는 있지만 들어갈 수는 없고 갈망할 수는 있지만 잡을 수는 없으며, 감지할 수는 있지만 조사해 볼 수는 없는, 그런 곳이다. 신앙을 가진다는 것이 이론적으로는 신비 밖에 있으면서 정신적으로는 신비 안에 머물러 있는 것이기 때문이다.

신앙은 정신의 행위다. 정신은 신성의 우월함을 알아 볼 수 있다. 초월자의 위대함을 알고 그 지고의 우월함을 사랑함에 있어서 조금도 굽히지 않는다. 신앙인은 겉모양의 유혹에 넘어가지 않는다. 그는 지적 오만함을 버리고 겉으로만 그럴 듯한 모든 것을 물리친다. 진리를 소유한다는 것이 그 진리에 몸을 바치는 것임을 그는 안다. 얻는 것보다 주는 것을 더 즐거워하고 인식하는 것보다 믿는 것을 더 좋아함으로써, 그는 이성의 결핍을 도외시할 수가 있다. 이것이 이성에게는 밝혀지지 않는 정신의 비밀이다. 그 마음을 성스러운 비밀에 접합시키는 것이며 지고자(至高者)의 현존 앞에서 지적인 겸허의 자리에 서는 것이다. 이윽고 인간의 마음이 포기가 아닌 사랑으로 정신의 신비 앞에 항복한다. 궁극자에게 자신의 운명을 노출시킴으로써 하느님과의 친밀한 관계 속으로 들어가게 되는 것이다.

자기를 털어놓고 맡기는 것은 항복인가? 믿는다는 것은 하나의 희생인가? 참으로, 믿음은 무슨 논증으로 확보되는 것도 아니며 어떤 반박도 받지 않을 수 있는 난공불락(難攻不落) 또한 아니다. 그러나 보상이 주어질 때까지만 봉사하는 것을 과연 선이라고 할 수 있을까? 무덤들보다는 탑이 더 잘 흔들린다. 끊임없이 솟구치는 의심, 논쟁 그리고 낙담은 믿으려고 하는 마음을 어리석은 것으로 보이게 하고, 마침내 성전들을 수라장으로 만들어 버릴 수도 있을 것이다. 시간이라는 토양에 성스런 사색의 씨를 뿌리는 믿음의 사람들—인류의 황폐한 희망을 일구는 야훼의 성스런 정원사들—은 약해질 수도 있고 그 손발이 더뎌질 수도 있겠지만, 그러나 그들은 좀처럼 자신의 신성한 사명을 배반하지 않는다.

빈정거리는 사람이 되기는 아주 쉬운 일이다. 그분의 존재를 부인하는 것은 자살하는 것만큼 쉽다. 그러나 어느 누구에게서도 성스러움에 이끌리는 마음을 송두리째 빼앗을 수는 없다. 가장 빈약한 영혼이라 해도, 절망의 천장 위로 날아오르게 하는 날개를 지니고 있다.

12

신성(神性)이란 말의 의미

언설(言說, speech)의 위태로움

위대한 비밀은 어떤 종류의 '원리' 또는 주의(主義)와도 비슷하지 않은 듯하다. 아무것과도 비교될 수 없는 어떤 것을 하나의 상징으로 표현할 때, 그 상징이 오히려 그 상징되는 주체를 흐리게 하거나 손상을 입히지 않는 경우는 거의 없다. 갖가지 견해들은 직관의 길을 가로막고 어지럽힌다. 개관(概觀)과 정의(定義)들은 하느님의 이름을 헛되이 부른다. 우리에게는 하느님의 이미지도 없고 그분에 대한 정의도 없다. 있는 것은 다만 그분의 이름뿐이다. 그리고 그 이름은 말로 표현할 수가 없다.

그러므로 신앙심이 깊은 사람은 자기가 아는 바를 말로 표현하되 지금 그 말을 쓰지 않으면 다시는 기억나지 않을는지도 모른다고 생각하여 아주 열심히 표현하는, 그런 사람이 아니다. 인간은 자기가 충분히 갖추고 있는 것을 말로 표현함으로써 남에게 넘겨 준다. 신앙심 깊은 사람은 그것을 남에게 넘겨주기보다 그것을 살기를 갈망한다. 성인(聖人)으로서 유창한 웅변술을 선물로 받은 이들은 드물다. 가장 심원한 것에 대한 언설(言說)은 삼차원적

이어야 하는데, 언어라고 하는 것은 겨우 그 표면을 그려 보여 줄 수 있기 때문이다.

만일 시인과 신앙심 깊은 사람이 서로 만나 의견을 교환해 보았다면 시인은 이렇게 말할 것이다. "그가 사는 모든 것을 나는 말한다." 그러면 신앙심 깊은 사람은 이렇게 말하리라. "그가 말하는 모든 것을 나는 산다."

이론가는 신비 자체와 얼굴을 마주 대하고 서기보다는, 자신의 지적인 거울을 신비 앞에 내밀고 신비의 신화들을 만들며, 불가사의한 수수께끼의 교리를 산정(算定)해 내고 그 거울에 비친 상(像)들을 숭배하는 사람이다. 그는 관념들의 우상화가 표현 불가능한 것에 대한 직관을 퇴화시킨다는 사실을 미처 모르고 있는 듯하다. 그는 하느님이 우리의 신조 속에서, 우리의 예배 속에서, 우리의 교리 속에서, 상실될 수도 있음을 모른다.

우리의 사유가 어떻게, 일상의 거죽에 끼어 있는 성스러움의 이끼를 발견해내는지를 말하는 것은 평생을 바쳐 할 만한 가치가 있는 일이다. 그러나 그와 같은 발견을 해낼 수 있는 사유라는 것이 거의 불가능한 일이며, 가장 싱싱하게 살아 있는 말도 입 밖에 나오는 순간 죽어 버린다. 말이 끝나는 곳에서 하느님이 당신의 일을 시작하신 까닭이 바로 여기에 있다.

그러나 한편 아무도 신비 위에서만 살아갈 수는 없다. 표현 불가능한 것에 대한 깨달음은 하나의 질문을, 하나의 명령을 듣는 것과 같다. 우리에 대하여 무엇인가가 요청되고 있다. 그것이 무엇인가? 우리는 하느님의 길을 따르기 위하여 그분을 알아야 한다. 그러나 그분을 알려면 우리는 거의 불가능한 일, 곧 표현 불가능한 것을 인간의 적극적인 술어로 바꾸어 말해야 한다. 여기에 질문이 생긴다. 만일 표현 불가능한 것이 알려지기 위하여 표현되어야 한다면, 그것은 결국 우리가 알고 있는 것이 본디의 그것이 아니라 엉뚱한 것이라는 말 아닌가?

종교적인 깨달음은 밖으로 표현되기까지 아주 먼 거리를 운반되어야 하며, 가슴에서 입술까지 가는 동안에 이울어 버리거나 아니면 아주 사라져 버릴 수도 있다. 우리의 깨달음은 즉각적인데 우리의 해석은 산만하고 광범위하다. 우리의 산만한 해석이라는 것이 흔히 번잡한 영혼의 네거리에서 교통사고를 당한 피해자일 수가 있다. 특히 우리의 가슴이 알아들을 수 있는 것보다 더 많은 것을 이해해야 한다는 강요에 짓눌릴 때, 우리는 우리를 그 자리에서 벗어나게 하는 언어와 타협한다.

하느님에 대한 직관은 보편적이다. 그러나 그것을 표현하는 보편적인 형식—극히 소수의 가능한 예외가 있긴 하지만—은 없다. 실제로 신성에 대한 개념들은 저마다 서로 다르고 서로 대치한다. 무성한 잡초들처럼 우거지고 피차 가시로 찌르며 사이가 좋지 않다. 만일 서로 똑같고 흠이 없어야 그 순수함이 입증되는 것이라고 한다면, 그와 같은 다양하고 서로 맞지도 않는 신성에 대한 개념들은 신비가 실재한다는 우리의 가설을 무색하게 하고도 남을 것이다. 그러나 사실인즉, 역사를 통하여 하느님에 대한 인간의 견해들은 이 세계의 본질에 대한 견해들보다 결코 더 다양하지 못했음을 보여 주고 있다.

표현의 기준

우리는 성스러움을 모독하는 일이 없도록, 우리의 도그마로 신비스러움을 지레짐작하는 일이 없도록, 우리의 찬양으로 그것을 사라지게 하는 일이 없도록 하기 위하여 조심해야 한다. "하느님 보는 것을 두려워하여" 얼굴을 가리는 사람, 환상이 그에게 임할 때에 "나는 이제 망했구나… 이 눈으로 왕을 뵈었으니!"라고 말하는 사람에게만 해석의 권리가 부여된다. 우리는 그들의 언어로 된 바위에서 흘러내리는 사상을 마실 수 있을 따름이다. 죽어가는 사람 앞에서도 퇴색하지 아니하고, 떠오르는 태양을 마주보는 자리에서나 무서운 지진(地震) 한복판에서도 스러지지 아니하는 유일한 말, "하느님은 한 분이시다" 혹은 "만군의 주님은 거룩, 거룩, 거룩하시다"는 말만이 하느님에 대하여 말할 때 메타포로서 사용될 수 있을 것이다.

기다리던 순간이 시간의 오솔길 속으로 들어오는 식으로, 다른 때가 전혀 없게 될 때 비로소, 표현 불가능한 것은 말 속에 담겨진다. 모든 말들 가운데 단 한 마디 말이 가치를 지니게 될 때, 그것은 말을 할 것이다. 신비스러움이 언제나 애매모호하지는 않기 때문이다. 그것은 아주 드문 순간에 선택받은 사람들에게 자신을 털어놓는다. 우리는 하느님을 표현할 수가 없다. 그러나 하느님은 당신의 뜻을 우리에게 표현하신다. 하느님이 선과 악 너머에 있지 않다는 사실을 우리가 아는 것은 그분의 말씀을 통해서다. 만일 그 안내자가 우리에게 없었다면, 우리의 감정은 우리를 난처한 궁지에 몰아넣고 말았을 것이다.

신성이란 말의 의미

우리는 신성(神性, the divine)을 어떻게 식별하는가? 그것이 무엇인지를 인식하기 위하여 우리는 그것을 알아야만 한다. 그러나 만일 우리의 지식이 신의 자기전달 행위에 근거하여 생긴 우연한 결실이라면 우리는 결코 그와 같은 자기전달을 신적인 것으로 식별해 낼 수가 없었을 것이다.

나아가서, 어떤 관념이 가치 있고 타당한 관념이 되는 것은 그것이 어떤 상황에서 우리의 머리에 자리잡게 되었는지에 따라 결정되는 게 아니다. 우리는 어떤 진리를 그것이 태어날 때 통과해야 했던 진통의 이름으로 옹호할 수 없다. 스스로 신적인 것임을 주장하는 메시지는 제 발로 서야만 하고 자신의 신성함을 식별시켜 주는 특수한 의미로 충일(充溢)되어 있어야 한다. 만일 어떤 사람이 우리 앞에 나타나서 어떤 생각이 기적적인 방법으로 자신에게 전달되었다고 주장하고 우리의 판단에 과연 그의 경험이 기적적인 방법으로 이루어졌다고 인정된다면, 그런 이유로 그의 생각을 가치 있고 진실한 것으로 받아들여야 할 것인가?

우리의 내면적 경험이라는 것들도 신통한 게 못된다. 우리는 신성에 대한 선험적(*a priori*)인 관념을 지니고 있어야 한다. 우리에게 궁극적인 것을 드러내 보여주는 어떤 질(質) 또는 관계에 대한 선험적 관념을 지니고 있다가 그것으로, 그와 같은 행위를 통해 우리에게 주어졌을 때 그것을 식별할 수 있어야 한다.

우리를 꼼짝 못하게 강제하는 것이 곧 지고자의 표(標)는 아니며, 우리가 절대적으로 의지할 수밖에 없는 상황에 처한 것 혹은 그런 느낌이 곧 그분의 현존의 지표가 되는 것도 아니다. 물리적인 힘이나 어떤 강박 관념도 우리를 꼼짝 못하게 억누를 수 있으며, 자주 언급되는 얘기지만, 난파선에서 살아남은 자가 물 위에 떠 있는 나무 조작을 의지할 때에는 그 나무 조각을 절대적으로 의지할 수밖에 없는 것이다.

어떤 전제 혹은 관점을 출발점으로 삼지 않고는 탐구가 진행될 수 없다. 어떤 문제를 절도 있게 설명코자 하는 과학자는 어느 정도라도 그가 목적하고 있는 해답의 내용을 미리 예견하고 있어야 한다. 그러지 아니하면 그는 자기가 무엇을 묻고 있는지도 모르고 자기가 찾아내려는 해답이 과연 문제에 적합한 것인지를 판단할 수도 없기 때문이다. 철학은 최소한의 전제를 지닌 과학으로 정의되어 왔다. 아무런 관점도 없이, 아무런 가설도 없이 우리의 사상을 전개시켜 나갈 방도는 없기 때문이다.

그와 같은 가설은 하느님에 대한 모든 사변의 첫 머리에 놓여져 있다. 사변적인 사람에게는 하느님이 가장 완전한 존재며 하느님의 존재와 본성에 관한 탐구를 시작하게 하는 것이 바로 그 완전함이라는 속성과 그것이 함축하는 지혜라는 속성이다.

완전함이라는 속성

하느님을 완전한 존재로 보는 관념은 성경적인 것이 아니다. 그것은 예언자적 종교의 산물이 아니라 그리스 철학의 산물이다. 그분의 실재에 대한 인간의 직접적이고 불가피한 응답이라기보다는 이성의 작용으로 인한 공리다. 십계명에서 하느님은 당신의 완전하심을 말하지 아니하고 인간을 노예 상태에서 해방시키신 당신을 말씀하신다. 흠이나 결핍이 없는 존재의 상태를 의미하는 완전함이라는 술어는 하느님께 대한 우리의 감정을 나타내는 찬양의 말은 될 수 있겠지만, 그러나 인간으로서 그분의 본질을 이름하여 그렇게 말하는 것은 오히려 그분을 평가하고 보증하는 셈이 된다. 성경의 언어는 결코 그와 같은 오만 무례함을 저지르지 않는다. 성경은 다만 "그 분의 하신 일"(신명기 32:4), "그 분의 길"(사무엘하 22:31), 혹은 "토라[율법]"(시편 19:7)를 완전하다(*tamim*)고 말할 따름이다. 우리는 성경에서 "오, 이스라엘아, 들어라. 하느님은 완전하시다!"는 구절을 찾아 볼 수가 없다(여기서 말하는 '성경'은 구약성경을 말하는 것임―역주). 온전함이라는 속성은 성경이나 라삐들의 문헌에서 찾아볼 수가 없는 것이다.

우리가 뭔데 감히 그분을 찬양하고 나아가 이름까지 지어 부른단 말인가? 우리는 결코 '표현 불가능한 이름'(야훼―유다인들은 이 이름을 부르지 않는다―역주)을 발음하지 않는다. 대신에 다른 호칭―주님(Lord)―을 사용한다. 그 이유는 라삐 코레츠의 핀하스(Rabbi Pinchas of Korez)에 따르면, 그분의 위엄이 한정되어 있기 때문이 아니라 우리의 세계가 그분보다 덜 중요하기 때문이다. 어느 위대한 황제가 그의 많은 명칭들 가운데 어떤 섬의 '통치자'라는 명칭을 취한다면 그 호칭은 좀 못한 호칭이다. 그 이유는 섬의 크기가 작기 때문이다(*Nofet Zufim*, 22).

그러나 우리의 생각을 우리의 섬(島)의 지평선 너머로까지 옮겨다 주는, 모든 인간에게 통하며 학문에서는 자명한 공리고 유일신교에서는 교리로 암암리에 받아들이는 관념이 있다. '하나'(一者)라는 관념이 그것이다. 모든 지식과 이해가 그 '하나'라는 관념의 타당성에 뿌리를 두고 있다. 그 서술하고 의미하는 바가 여러 가지로 다양함에도 불구하고 공통적인 부분도 크며 서로 보충하고 있는 부분도 대단히 많다.

하나의 우주라는 관념

과학이나 철학을 할 때 우리가 의존하고 있는 관점은, 그 자세한 부분을 연구하기 위해 여러 가지로 전문화되고 세분화되지만 그럼에도 불구하고, 전체를 보는 관점이다. 전체를 보는 관점이 없으면 우리의 지식이, 미소(微少)한 것들로만 채워져 있는 책과 같을 것이다. 그러므로 모든 과학과 철학은 공통적으로 하나의 공리를 가지고 있다. 존재하고 존재하였고 존재할 모든 것이 일원(一元, unity)이라는 공리가 그것이다. 그들은 모든 사물이 서로 떨어져 있거나 서로에게 무관심하다고 보지 않는다. 오히려 모든 것이 우주의 보편 질서에 순응하며 서로 얽혀 함께 작용함으로써, 로쩨(Lotze)가 말한 대로, 그들의 "교감하는 관계"(sympathetic rapport)로 말미암아 하나의 우주를 형성한다. 세계는 하나로서 밖에는 존재할 수가 없다. 단일성(unity)을 잃게 될 때 세계는 우주(cosmos)가 아니라 혼돈(chaos)이 되고 무수한 가능성들의 무의미한 집적(集積)이 될 것이다.

전형적인 다원론자들은 "실재는 저마다, 어느 정도까지는 그 나름대로 존재하는 여러 개의 비교적 독립된 존재들로 만들어져 있다"고 주장함으로써, 우주의 근본적인 단일성과 전체성을 부정하는 듯이 보인다. 그러나 한편으로는 과연 그 단일성이라는 것이 절대적이어서 우연과 불확정성까지 배제할 만큼 모든 것에 적용되는가를 질문하면서도, 그들은 어쩔 수 없이, 독립된 존재들의 상호관계 작용을 설명하고 실재를 이 세계와 같은 것으로 만드는 것에 대하여 서술하기 위하여, 일원의 원리로 다원론적 가설을 보충하게 되는 것이다.2)

상대성 이론도 자연의 연속과 일치의 원리에 모순되지 않는다. 두 과정의 동시 작용이 상대적으로 이루어지는 것과, 부피는 그것들이 측량되는 관련 체계에 따라 결정된다는 사실을 보여 주고 있는 상대성 이론의 목적은 관련 체계의 선택과 상관없는 방식으로 실재를 서술함으로써 새로운 불변식(不變式)을 발견하려는 것이다. 그것은 일원성의 원리를 버리지 않고, 오히려 "일원성에 대한 새롭고 더욱 정밀한 요구를 만족시키려고" 노력한다.3)

모든 것을 담고 있는 일원의 그 엄청난 신비가 어떻게 우리에게까지 미쳤는지 그 과정을 되밟아 보는 것은 불가능한 일이나, 오랜 과정을 통하여 이전의 것들에게 논리적으로 의존되어 발전한 인간의 갖가지 사상을 단순히 감각적 지각으로 파악할 수도 없는 일이다. 우주라는 관념이 가리켜 말하고 있는 바는, 지각의 폭을 능가하고 모든 가능한 전제의 범위를 넘어서며 알려진 것들과 알려지지 않은 것들, 처음과 나중, 사실들과 가능성들, 역사 이전의 시대와 까마득한 미래, 뉴턴이 설명한 현상들과 이제로부터 수천 년 뒤에쯤 관찰될 현상들을 모두 품고 있다. 우주라는 관념은 하나의 형이상학적 통찰이다.

우주적 형제 관계

모든 것에 침투되어 있는 일원에 대한 직관은 인간으로 하여금 모든 존재물들과 우주적 형제 관계 안에서 살아가도록 부추긴다.

---

2) C. A. Richardson, *Spiritual Realism and Recent Philosophy*, p 82f.
3) Ernst Cassirer, *Substance and Function and Einstein's Theory of Relativity*, Chicago, 1923, p. 373f.

자연이 하나라는 깨달음으로부터 흔히 자연과 자기가 하나라는
느낌이 솟아난다.

> 나는 눈이다, 우주가 자신을
> 바라보고 자신의 신성함을 알아보는,
> 나는 눈이다(셸리, '아폴로의 찬앙' vi, 1f.).

이런 우주적 경건심에는 매우 깊은 철학적 의미가 담겨 있다.
도대체 지식이 가능한 것은 아는 자와 알려지는 것 사이의 인척
관계가 있기 때문이다. 인간의 지능(知能)이 세계의 이해가능성과
어울릴 수 있기 때문이다. 그러나 이것들보다 더 높은 곳에 다른
인척 관계가 있다. 존재의 인척 관계가 그것이다. 우리들―인간,
별무리, 꽃, 새들―모두가 설명할 수 없는 동일한 연극의 배역을
나누어 맡고 있다. 우리 모두가 하나의 신비를 공유하고 있는 바,
존재라는 신비가 그것이다.

그러나 우리 모두는 그 목적에서도 하나인가? 우리 모두 존재
하며 살아가기 위하여 함께 싸우고 고통을 겪는 것은 사실이다.
그러나 우리는 모두 같은 목적으로 투쟁하고 자신을 내어 맡기고
있는가? 인간에게 주어진 사명이 자연의 길에 순응하며 자연의
본질과 하나가 되는 데 있다는 관념을 정당화시키기에는, 자연 속
에 위치한 인간의 자리는 너무나도 특이하다.

존재의 영역과 가치의 영역

일원(一元)이라는 관념은, 그것으로부터 우주적 경건의 영감이

솟아나는 것이긴 하지만, 반쪽만의 진리다. 왜냐하면 자연의 사물들은 하나를 이루지만, 가치의 영역은 선과 악으로, 그리고 다른 수많은 갈래로 나뉘어 있는 듯하기 때문이다. 자연 못지 않게 역사 또한 우리의 거처다. 그리고 역사 속에서 일어나는 갈등은 조화의 장을 이루기보다는 적대하는 두 원리들 사이의 끊임없는 전쟁처럼 보인다.

실제로, 모든 존재물의 우주적 친교(the cosmic fellowship)를 묵상하며 그 전체의 정신 앞에 굴복하고 마는 것은 누구나 받게 되는 유혹이다. 다른 모든 사람들, 야만인, 문둥이, 노예와 자기가 하나임을 느끼는 것보다는 자연과 자기가 하나임을 느끼는 것이 더 쉽다. 전체와 하나가 된다는 것이 그 전체의 모든 부분과 하나가 되는 것임을 아는 사람들은 인류를 사랑할 뿐만 아니라, 개인을 사랑하고 모든 사람을 대하듯이 모든 개인을 대하고자 할 것이다. 일단 지금 여기서 인간을 섬기기로 결심하면, 추상적인 일원성은 번갯불처럼 우리 시야에서 사라져버리고, 남는 것은 부슬비 내리는 밤의 어둠이다. 거기서 우리는 눈물을 흘리며 어둠을 쳐서 섬광을 내고 횃불을 밝히기 위해 애써야만 한다.

다신론자들(polytheists)은 다원적 세계를 초월하는 일원을 보지 못하고 일원론자들(monists)은 세계의 다원성을, 우리가 머리를 돌리는 곳마다에서 부딪치게 되는 불일치와 다양함을 간과한다. 일원론은 하나의 환상을 짜는 베틀이다. 삶은 어지럽게 얽혀 있고 변덕스러우며 격렬한 것이다. 우리는 모든 목표들에 평안히 동의할 수는 없다. 우리는 끊임없이 선택하지 않으면 안 되고 하나의 목표를 선택한다는 것은 다른 것들을 포기하는 것을 의미한다.

자연의 보편적 조화라든가 부분과 전체가 일치를 이루고 있다는 관념은 비록 그 타당성을 인정한다 해도, 직접 부딪치며 살아가는 일에서는 별다른 의미를 주지 못한다. 아무리 자연이 복잡하고 슬기로우며 아름다움으로 가득 차 있더라도, 우리는 인간의 혼미함에 빠져 그 자연의 일반 법칙을 개인적 결단의 언어로 옮기지를 못한다. 결단이란 자연의 법을 그대로 따르는 것이라기보다 그것을 뛰어넘는 것이기 때문이다. 정신적인 삶의 규범들은 자연의 한 부분이 아니라 자연에 대한 도전이다. 존재와 정신, 사실과 규범, 지금 있는 대로의 것과 마땅히 그렇게 되어야 하는 바로서의 것 사이에는 불일치가 있다. 자연은 정신적 규범에 대하여 거의 상관하지 않으며, 우리의 도덕적 행실에 대하여, 그것을 혐오하지는 않는다 하더라도, 대체로 무감각하다.

인간은 이성 이상이다. 인간은 삶이다. 모든 것을 내포하는 질문에 당면하여 인간은 하나의 원리보다 더한 것, 하나의 이론적 문제보다 더한 것을 마주본다. 하나의 원리는 그가 인식하든지 아니면 사색의 대상으로 바꾸든지 할 수 있는 무엇이다. 그러나 그 궁극적인 질문 앞에 설 때, 인간은 언어를 초월하여 그의 실존의 깊은 데서 소환을 당하고 도전을 당하는 자신을 발견다. 그것은 그가 머리로 이해할 수 있는 질문이 아니다. 오히려 그를 이해하는 누군가에게 벌거벗기우고 노출되었다는 사실이다. 그렇다면 그 수학적 원리들을 아는 것이 무슨 쓸모가 있을 것인가?

하나가 하느님은 아니다

하느님은 한 분이시다. 그러나 하나가 하느님은 아니다(God in one, but one is not God). 어떤 사람들은, 원시인들이 별무리를 신성시(神聖視)했던 것과 같은 방식으로, 자연의 모든 현상을 통제하는 법칙 또는 지고한 힘을 신성시하려는 경향이 있다. 그러나 자연의 지고한 힘을 하느님으로 여기거나, 세계가 그 자체의 에너지로 말미암아 생겨났다고 말하는 것은 논점 자체를 가정하는 행위다.

문제가 되는 것은 우주의 모든 현상이 서로 맞물려 돌아가는 것이 어떤 법에 의해서냐가 아니라, 도대체 그 법이 왜 있고 우주가 왜 있느냐 하는 것이기 때문이다. 우주 법칙의 내용과 기능은 인식될 수도 있고 파악될 수도 있을 것이다. 그러나 거기 그런 법칙이 있다는 사실은 그 법칙이 어떻게 작용되는지를 우리가 안다 해도 여전히 말로 표현될 수 없는 무엇이다.

표현 불가능한 것의 성스런 두려움에 사로잡혀 있는 영혼 속에 자연에 대한 과학적 설명을 주입하려는 것은 꽃이 만발한 정원에다 조화를 심으려는 것과 비슷하다. 우리가 감각하는 것을 모두 모른다 하고, 지적인 자기도취에 함몰되지 않고서야, 어떻게 우리가 아는 것을 궁극적인 것으로 생각할 수 있겠는가?

위에서 말한 대로, 우리를 궁극적인 질문에 눈뜨게 이끈 것은 시간과 공간 속에서 드러나 보이는 자연의 질서와 지혜가 아니다. 그것은 모든 질서와 지혜 속에서 그것들을 넘어서는 것, 시간과 공간을 초월한 것을 가리키는 표지들이다. 세계는 그런 표지들로 가득 차 있다. 가는 곳마다에서 우리는 표현 불가능한 것과 마주친다. 우리의 감각은 너무나도 미약하고 하찮은지라 그것을 잡을 수가 없다. 만일 우주가 하나의 광대한 암시요 우리의 내면 생활이 익명의 인용이라면, 우리가 경험하는 실재를 통제하는 우주 법칙을 발견했다 해도 그것이 우리의 본질적 질문에 해답이 되지는 못할 것이다. 궁극적인 질문은 문장 구조론의 문제가 아니다. 어떻게 자연의 여러 부분들이 배열되어 있으며 서로 연관되어 있는지를 알아보려는 것이 아니다. 문제는 이것이다. 곧 실재는 무엇을 나타내고 있는가? 일원은 무엇을 나타내고 있는가? 우리는 우주의 법칙을 우리에게 주어진 것, 알려진 것들의 상호 연관으로 설명하려고 한다. 그러나 우리의 궁극적 질문 앞에 설 때 우리는 알고 있는 것을 넘어 신성의 현존 앞으로 이끌림을 받는 것이다.

사실과 가치의 다원성을 경험하는 우리로서는 사실의 영역과 규범의 영역, 자연과 역사 모두를 함께 다스리는 하나의 경륜을 추론할 수가 없다. 다만 우리는 신적인 일원성(a divine unity)의 거울 속에서, 모든 것의 하나 됨을, 필연과 자유, 법과 사랑의 하나 됨을 볼 수 있는 것이다. 그것만이 우리로 하여금 모든 갈등들을 뛰어넘는 하나 됨을, 희망과 슬픔, 기쁨과 두려움, 탑과 무덤, 선과 악의 한 형제 됨을 꿰뚫어 보게 한다. 학문적 개념으로서의 일원성은 시간과 공간뿐만 아니라 존재와 가치, 아는 것과 신비, 이곳과 저 너머를 함께 품는 초월적인 관념의 반영(反映)일 뿐이다.

하느님은 하나의 잘 다듬어진 관념으로, 증류하여 뽑아낼 수가 없다. 그분의 본질 앞에 설 때에는 모든 개념이 빛을 잃는다. 신앙심이 깊은 사람에게는 하느님을 안다는 것이 그의 머리로 파악하는 어떤 지식이 아니다. 오히려 그는 하느님에 대한 앎을 사고방식으로 삼아 그것으로 모든 실재를 이해하려고 한다. 그것은, 그 속에서 모든 지식이 감각의 씨앗이 되는 토양의 비밀이며, 그것으로 우리가 살면서도 끝내 밝히 알지 못하는 비밀이다. 그것은, 그것으로부터 모든 가치의 뿌리들이 부단하게 타당성을 획득하는 토양이다. 인간과 자연, 자아와 사상, 시간과 무한 사이의 간격을 극복하여, 신앙심 깊은 사람은 모든 것이 포함되어 있고 함께 짜

여겨 있는 무엇을 감각할 수 있으며, 친절한 행위들 위를 덮고 있는 사랑의 날개와 장엄한 영광으로 빛나는 산맥과 꽃들을 감지할 수가 있다.

우리는 어떻게 신성(神性)을 식별하는가?

신성은 우리가 다양함을 보는 곳에서 하나됨을 드러내 보여주는 메시지다. 우리가 서로 불화(不和)할 때 평화를 보여주는 메시지다. 하느님은 변덕스럽게 자주 바뀌는 우리의 인생을 한결같게 잡아주시는 분이며, 우리의 경험으로는 그 빛깔과 관심사와 신조에서―인종, 계급, 민족들에서―각양각색인 것이 당신의 눈에는, 그리고 본질에서는 하나임을 우리에게 보여주시는 분이다.

하느님은 의미한다. 곧 사람은 그 누구도 혼자가 아님을, 일시적인 것의 본질은 영원한 것임을, 순간은 무한한 모자이크 안에 있는 영원의 상(像)임을. 하느님은 의미한다. 곧 거룩한 타자성 속에 모든 것이 어우러져 있음을(Togetherness of all beings in holy otherness).

하느님은 의미한다. 곧 우리의 영혼 뒤에(behind our soul) 있는 것이 우리의 정신을 넘어섬을(beyond our spirit), 우리의 자아의 원천에 있는 것이 우리의 길의 목표에 있음을. 그분은 간절히 주고자 하고 간절히 받고자 하는, 모든 것의 중심이다.

하느님이 우리의 사고 양식이 될 때 우리는 비로소 한 사람 안에서 인류를 보고, 모래 한 알에서 온 세계를 보며, 순간에서 영원을 느낄 수 있게 된다. 세속의 윤리로 보면, 한 사람은 두 사람보다 못하다. 종교의 마음으로 보면, 한 사람이 다른 한 사람을 파멸시켰다면 온 세계를 파멸시킨 것이고, 만일 그가 한 영혼을 건졌다면 온 세계를 건진 것이다(미쉬나 산헤드린, 4, 5).

만일 내가 종교적 깨달음의 황혼에 서서 나의 흩어진 인생을 한데 모으고, 다툼으로 갈려진 것들을 하나로 묶는 길을 볼 수 있다면, 나에게 좋듯이 다른 모든 사람에게도 좋은 길을 볼 수 있다면, 나는 그것이 바로 그분의 길임을 알리라.

13

한 분 하느님

다원론의 매력

　현대의 종교학도들이 다신론(polytheism)에 대하여 끊임없이 항거하지 않으면 안 된다는 사실을 제대로 깨닫지 못하고 있음은 이상한 일이다. 일원(一元, unity)이라는 관념은 철학적, 윤리적 보편주의를 정당화시켜주는 바탕일 뿐만 아니라 여전히 대부분의 사람들이 파악할 수 없는 무엇으로 남아 있다. 오늘에 이르러 일신론(monotheism)은 대중들에 의하여 여러 가지로 다르게 생각되고 있다. 일반인들의 본능은 여전히 일신론을 배척하고 있다. 타협을 모르는 일신론보다는 다신론이 그들의 감정이나 생각에 더 잘 부합되는 것 같고, 간혹 위대한 시인들이 이교(異敎)의 신들에게 이끌려 들어가는 것을 보게도 된다. 세계 도처에서 다신론은 거의 최면술적인 매력을 발산하여 사람들로 하여금 이교도들의 의식을 그리워하게 한다. 평범한 사람에게는 일신론보다는 다신론을 품고 숭배하는 것이 더 쉽기 때문이다.

　그러나 비록 대중의 마음이나 시인의 상상력이 다신론의 환상에 매력을 느낀다고 하더라도 학문적 성찰이나 형이상학적 사색은 역시 일원의 개념 쪽으로 기울게 마련이다.

목적으로서의 일원

인간의 사유와 경험이 순조롭게 발전함에 따라 이윽고 인간이 도달하게된 것이 일원의 개념이라는 분명한 사실을 부인할 수는 없는 일이다. 인간이 그것을 의도적으로 원했든 원하지 않았든, 사실은 사실이다. 오늘 우리는 인간관계의 관점에서 볼 때, 앞으로는 하나의 세계가 있거나 아니면 세계가 없거나 할 것이라는 현실을 인정하지 않을 수 없는 시대를 살고 있다. 그러나 목표로서의 정치-도덕적인 하나됨은 근본으로서의 하나됨을 전제한다. 하느님의 아버지됨 없이는 인간들의 형제됨이 하나의 공허한 꿈이 되고 말 것이다.

영원이란 일원성의 다른 말이다. 그 안에서는 과거와 미래가 서로 떨어져 있지 않고, 여기는 모든 곳이며 지금은 영원히 계속된다. 영원의 반대는 시간이 아니라 흩어짐이다. 영원은 시간이 끝날 때 시작되는 것이 아니다. 시간은 영원이 공간 안에서 부러진 것이다. 물 속에서 굴절된 빛줄기와 같다.

수면 위의 굴절되지 않은 빛줄기를 내다보는 것, 하나됨과 통일을 그리워하는 것은 성숙한 인간의 두드러진 모습이다. 모든 과학, 모든 철학, 모든 예술이 그것에 대한 추구다. 그러나 하나됨은 사명이지 조건이 아니다. 세계는 다툼, 불화, 분열 속에 놓여 있다. 하나됨은 실재 안에 있는 것이 아니라 실재를 초월하여 있다.[4]

---

[4] "당신은 그들을 묶고 그들을 하나 되게 하시는 바로 그분이십니다. 당신을 떠나서는 위에도 아래에도 하나됨이 없습니다"(*Tikkune Zohar*의 제2 서문).

우리 모두가 그것을 갈망하고 있다. 우리 모두 지속하려는 간절한 뜻에 의하여 생명을 간직하고 있다. 지속한다는 것은 하나가 되는 것을 뜻한다.

세계는 하느님과 하나가 아니다. 이것이 바로, 존재의 모든 구석구석에서 그분의 힘이 훼방받는 일 없이 소용돌이치지 아니하는 까닭이다. 피조물은 창조주로부터 떨어져 있다. 그리고 우주는 정신적인 혼돈에 빠져 있다. 그럼에도, 하느님은 이 세계로부터 완전히 철수하지 않으셨다. 이 일원성의 정신이 모든 다원성(多元性) 위에 맴돌고 있으며, 우리의 모든 생각과 노력은 그 하나됨의 강력한 암시를 향하여 흐르고 있다. 그 모든 노력의 목적은 하느님과 세계의 하나됨을 되찾기 위한 것이다. 그 하나됨의 회복은 끊임없이 이루어지고 있는 중이며, 그것의 성취야말로 메시아의 구원의 본질이다.

다원성의 부정은 아니다

제노포네스(Xenophones)는 우주를 보면서 "모든 것은 하나다"라고 말했다. 파르메니데스(Parmenides)는 그 하나를 진지하게 다루어 마침내 다른 모든 것의 실재를 부정하기에 이르렀다. 그러나 모세는 "모든 것이 하나다"라고 말하지 않았다. 그는 "하나님은 하나다"라고 말했다. 세계 안에는 없앨 수 없는 다원성과 분열과 갈등이 사실로서 존재한다. "보라. 내가 오늘 네 앞에 생명과 죽음, 선과 악을 내놓는다"(신명기 30:15). 그러나 하느님은 모든 것의 근원이시다.

> 내가 야훼다. 누가 또 있느냐?
> 나밖에 다른 신은 없다…
> 내가 야훼다. 누가 또 있느냐?
> 빛을 만든 것도 나요, 어둠을 지은 것도 나.
> 행복을 주는 것도 나요, 불행을 조장하는 것도 나.
> 이 모든 일을 나 야훼가 하였다(이사야 45:5~7)

내가 어디로 가리이까

우리가 마지막 희망을 걸고 매달려야 할 그 한 분의 모습은 자연이나 역사에 관한 깊은 사색에서 발견되지 않는다. 그분은 어디에나 있으면서도 자연이나 역사의 차원을 넘어서 있고, 우리에게 마지막 하나됨을 이루는 데 도울 수 있도록 힘을 주시는 분의 모습이기 때문이다.

> 당신 생각을 벗어나 어디로 가리이까?
> 당신 앞을 떠나 어디로 도망치리이까?
> 하늘에 올라가도 거기에 계시고
> 지하에 가서 자리 깔고 누워도 거기에도 계시며
> 새벽의 날개 붙잡고 동녘에 가도
> 바다 끝 서쪽으로 가서 자리를 잡아보아도
> 거기에서도 당신 손은 나를 인도하시고…
> 어둠 보고 이 몸 가려달라고 해보아도
> 빛보고 밤이 되어 이 몸 감춰 달라 해보아도
> 당신 앞에서는 어둠도 어둠이 아니고
> 밤도 대낮처럼 환합니다.
> 당신에게는 빛도 어둠도 구별이 없습니다(시편 139:7~12)

신화적(神話的)인 발상에 젖어 있는 사람은, 설레이는 리듬으로 한 치의 오차도 없이 밀려오는 파도의 아름다움에 끌리게 마련이다. 그는 파편 조각들 속에 머물러, 도구일 뿐인 것을 목적으로 받아들이고, 자신의 경험에 부합하는 표현을 이미지로 그려낼 따름이다. 반면에 표현 불가능한 것을 진지하게 다루는 사람은 그런 작은 부분에 미혹되지 않는다. 그의 생각에는 이 세상에, 신성(神性)의 미풍을 품을 만한 힘이 없기 때문이다.

우리가 헤아릴 수 있고 나누거나 능가할 수 있는 그 어떤 것도 —한 작은 부분이거나 다수거나 간에—궁극자로 대할 수는 없다. 둘 너머에 하나가 있다. 아무리 많은 다수라 해도 표현 불가능한 것을 느끼는 순간 사라지고 만다. 우리는 신성에 대하여, "어느 것?"(which one?)이라고 물을 수 없다. 하느님과 동의어는 하나뿐이다. "한 분"(One)이 그것이다.

사변적인 사람에게 하느님의 유일성은 하느님의 완전함이라는 관념에서 추론되는 관념이다. 그러나 표현 불가능한 것을 감지한 사람에게 하느님의 유일성은 자명(自明)한 것이다.

들어라, 이스라엘이여

유다인의 생활에서, "들어라, 오 이스라엘아, 야훼께서 우리의 하느님이시다. 야훼께서는 한 분이시다"라는 셰마(Shema)보다 더 성스럽게 여겨지는 것은 없다. 온 세계에 흩어져서 "유다 민족은 하루에 두 번, 아침저녁으로 그분의 유일하심을 선포하고 지극한 애정으로 셰마를 암송한다"(Kedusha of Musaf on the Shabbath). "들어라, 그분은 한 분이시다"라고 외치는 음성이 거듭거듭 들려온다. 속죄의 날(the Day of Atonement)이 마감되는 순간 그 소리는 경건의 극치를 이룬다. 그 한 마디는 임종하는 유다인의 입술과 그 자리에 있는 다른 유다인들의 입술에서 나오는 마지막 말이다.

그러나 보통 유다인에게, 당신이 말하는 '한'(one)이라는 형용사가 무엇을 의미하는지 물어본다면, 그는 그 말의 부정적인 의미를 말해 줄 것이다. 그것은 다른 많은 신들의 존재를 부인하는 뜻이라고. 그러나 과연 그런 부정을 위하여 이스라엘 사람들이 그토록 빈번하게 자기 목숨을 내어놓아 순교의 길을 갔던 것일까? 그것이 그토록 중요한 가치가 있는 일일까? 하느님이 한 분이라는 생각이 유다의 역사 속에서 획득한 어떤 넘지 못할 위엄을 정당화시켜주는 적극적인 내용이 그 안에 담겨져 있지 않을까? 나아가서, 도대체 '하나'라는 단어가 하느님께 적용될 때 의미를 지닐 것인가 하는 의문도 생긴다. 어떻게 우리가 그분을 숫자로 지시할 수 있단 말인가? 숫자는 물량을 헤아릴 때 편리하게 사용하는 일련의 상징들이다. 하느님은 시간이나 공간 안에 있는 분도 아니며 일련의 상징들 가운데 하나도 아니다. 그런즉 "하느님에 대하여 '하나'라는 말을 쓰는 것을 '여럿'이라는 말을 쓰는 것과 마찬가지로, 있을 수 없는 일이다. 왜냐하면 일(一)이든 다(多)든 양(量)의 범주에 들어가는 것이므로 그런 말을 하느님에게 적용하는 것은 단맛을 일컬어 곧다거나 굽었다고 할 수 없고, 소리를 일컬어 짜거나 시다고 할 수 없는 것처럼, 있을 수 없는 일이기 때문이다"(Maimonides, *The Guide of the Perplexed*, I, 57).

모든 신들에 반대하고 모든 민족의 신성함을 반대하는 그 담대함의 뒤에는 단순히 '여럿이 아니라 하나'라는 추상적인 관념만이 있는 게 아니었다. "뭇 민족의 신들은 모두 허상이다"는 혁명적인 선언 뒤에는 신과 자연 사이의 관계에 대한 새로운 깨달음이 있었다. 곧, "그분이 하늘을 만드셨다"(시편 96:5)는 깨달음이 그것이다. 이교(異敎)에서는 신이 자연의 한 부분이었고, 예배는 인간이 자연과 맺는 관계의 한 요소였다. 인간과 그의 신들이 모두 자연의 주체들이었다. 하느님은 창조주시며 인간과 자연이 모두 하느님의 피조물이라고 가르치는 일신교(一神敎)는 인간을 자연 숭배의 굴레에서 해방시켰다. 땅은 우리의 어머니가 아니라 누이다.

> 사자들은 하느님께 먹이를 달라고
> 소리를 지르며 사냥을 하고…
> 크고 작은 물고기가…
> 이 모든 것들은 당신을 쳐다보다가
> 먹이를 주시면 그것을 받아먹으니…(시편 104:21, 25, 27).

하늘은 하느님이 아니다. 하늘은 하느님의 영광을 밝히는 증인이다. 하늘은 그의 영광을 선포한다.

하나는 독특함을 뜻한다

"여럿이 아니라 하나"라는 말이 뜻하는 하나는, 일련의 의미들 가운데 시작일 뿐이다. 하느님이라는 영적 관념과 부합되지 않는 말이긴 하지만, 그 '하나'라는 말은, 인간의 마음을 황폐하게 할 위험을 언제나 안고 있는 다신론적 망념(妄念)의 홍수를 막는 둑의 구실을 한다. 그럼에도, 한 분 하느님이란 말의 참 뜻은 그분의 존재가 다른 존재들 가운데 있는 하나라는 말이 아니다. 일신론은 신들의 수효를 가장 작은 숫자로 줄여나간 끝에 만들어진 것이 아니다.5) 하나는 독특함(unique)을 뜻한다.

하느님의 독특하심에 대하여 우리는 그분이 독특하시다는 사실 외에 아무것도 모른다. 그분의 독특하심은 그분이 표현 불가능하다는, 바로 그 사실이다.

그 분이 우주보다 크시다고 말하는 것은 영원이 하루보다 크다고 하는 것과 같다.

이 점에서 나는 분명히 말할 수 있다. 그분의 본질은 내가 알 수 있고 말할 수 있는 모든 것과도 다르다. 그분은 가장 높으실 뿐 아니라 다른 높이와 비교를 할 수 없는 분이다. 그 신성에는 버금갈 만한 것이 없다. 그분은 "자연의 한 국면"이 아니다. 이 세상과 더불어 존재하는 하나의 덧붙여진 실재도 아니다. 그분은 우주를 넘어 그 위에 계신 실재다.

> 그 분은 유일하시다. 그분과
> 견줄 만한 것도 없고
> 그 분 앞에 나란히 설 만한 것도 없다.(Yigdal)

---

5) 히브리어로 '에하드'(*ehad*)는 하나와 독특함을 함께 의미한다. 사무엘하 7:23에 나타난 안식일 저녁 기도의 한 구절에는 독특함을 의미하는 '에하드'가 사용되고 있다. "당신은 한 분이시요 당신의 이름 또한 하나십니다. 그 누가 당신의 백성 이스라엘처럼 이 땅에서 독특하리이까(*ehad*)." 이것은 라삐들의 해석이기도 하다(Bechorot 6b. 참조). 타르굼(the Targum)은 창세기 26:10의 '에하드'를 '독특한'으로 번역하였다. 메길라(Megillah) 28a에서도 '에하드'를 다른 것과 달리 독특하다는 뜻인 '메유하드'(*meyuhad*)로 읽고 있다. 라삐들의 문헌에서는 하느님이 때때로 우주의 독특하신 분이란 뜻인 '예히도 셸 올람'(*Yehido shel olam*) 또는 '예히드 베-올라모'(*Yehid be-olamo*)로 불린다(Tanhuma Buber, Ⅰ, 49a, 참조). "하느님은 우주의 독특하신 분이시므로(because God is unique in the universe) 모든 피조물들의 성품과 그 생각을 낱낱이 아신다!" Hullin 28a, 83b ; Bechorot 17a를 비교해 보라.

"내가 누구의 모습이라도 닮았단 말이냐?
내가 누구와 같다는 말이냐?"
거룩하신 이께서 말씀하신다.(이사야 40:25)

창조자는 당신이 창조한 것과 같을 수가 없다.

눈을 들어 하늘을 쳐다보아라
누가 저 별들을 창조하였느냐?(이사야 40:26)

하나는 유일을 뜻한다

하느님이 한 분이라는 말은 그분만이 참이시라는 뜻이다. '하나'는 더 하나도 아니요 다른 하나도 아니다. 그것만 유일하다(only)는 뜻이다. 다른 성경 구절에도 그렇지만 열왕기상 4장 19절의 '에하드'(*ehad*) 역시 '오로지 하나'라는 뜻이다(여기서 영어의 오로지 하나[only]라는 말이 one에 ly가 보태어져 만들어진 것임을 살펴봄직하다).

"우리가 무엇입니까? 우리의 생명이란 무엇입니까? 우리의 선함이란 무엇입니까? 우리의 의로움이란 무엇입니까? 우리의 쓸모 있음이란 무엇입니까? 우리의 힘이 무엇입니까? 우리의 능력이 무엇입니까? 우리의 하느님, 우리 아비들의 하느님이신 당신 앞에서 우리가 무슨 말을 할 수 있겠습니까? 진실로 당신 앞에서는 모든 영웅들이 아무것도 아니며, 유명한 자들은 존재하지도 않은 것 같고, 현명한 자들은 무식한 자들 같으며, 지식인들은 아무것도 이해하지 못하는 자들 같사옵니다. 이는 그들의 행실이 대개 가치가 없으며 그들의 하루하루가 당신 보시기에 헛된 것이기 때문입니다"(아침 예배 기도).

하느님은 한 분이시다. 그분 홀로 실재하신다. "민족들을 다 모아도 하느님 앞에서는 있으나마나. 허무하여 그 자취도 찾을 수 없다"(이사야 40:17).

"우리는 땅에 엎질러져서 다시는 담을 수 없는 물같이 죽은 몸들입니다"(사무엘하 14:14).

하나는 같음을 뜻한다

사변적인 사람은 동떨어진 질문들을 할 수밖에 없다. 한 때는, 모든 존재의 근원이 무엇인가 하고 묻고, 다른 때에는, 실존의 의미가 무엇인가 하고 묻는다. 표현 불가능한 것을 감지하는 사람은 다만 하나의 질문을 할 따름이다. 그 질문은 모든 표현의 범주들을 넘어서는 것으로서, 다음과 같은 질문들 속에서 부분적으로 반영된다. 곧 누가 이 세상을 지었는가? 누가 인간의 역사를 다스리는가? 이에 대한 이스라엘의 대답은, 한 분 하느님이다. 하나는 그 속이 한결같음을 의미한다. 그분의 법이 자비다. 그분의 자비가 법이다.

이런 뜻에서 볼 때, '하나'는 '같은'(the same)을 의미한다. 바로 이것이 "하느님은 한 분이시다"는 말의 뜻하는 바다. 그분은 여기와 저기에 있고 자연과 역사 속에 있으며, 사랑이자 힘이고 가까우면서 멀고, 알려져 있으면서 알려져 있지 않고 아버지이자 영원이시다. 창조주면서 구원자이신 한 분이 있음을 알 때, 비로소 하나됨의 진정한 개념은 파악될 수 있다. "바로 내가 너희를 이집트 땅 종살이하던 집에서 이끌어낸 하느님이다"(출애굽기 20:2). 십계

명은 바로 이, 같음의 선포로부터, 창조주와 구원자가 동일한 분임을 선포하는 것으로 시작된다.6)

> 그들은 헤아릴 수 없이 많은 환상으로 당신을 그렸습니다.
> 아무리 다른 것들과 견주려 해도
> 당신은 오직 한 분이시옵니다(영광송).

그 분은 하나뿐인 길(道)이시다. 그분의 힘은 그분의 사랑이요 그분의 정의는 그분의 자비다. 우리에게는 여럿인 것이 그분 안에서는 하나다. 이븐 가비롤(Ibn Gabirol)이 다음과 같이 말했을 때 속에 품은 생각이 이와 같은 것이었으리라.

> 당신은 한 분이십니다.
> 아무도 당신의 헤아릴 수 없는
> 하나됨의 신비를…
> 꿰뚫지 못하나이다…(Ibn Gabirol, *Keter Malhut*)

선과 악

도덕적 감성은 그런 이성에서 나오지 않는다. 아주 많이 배운 자가 사악할 수도 있고 일자 무식인 사람이 의로울 수도 있다. 도덕적 감성은 하나됨(unity)에 대한 감각에서, 모든 사람에게 공통

---

6) 십계명은, 몇몇 학자들이 말하는 것처럼, 이스라엘 종족이 다른 종족들의 신들을 부인하지 않는 가운데 그분만을 섬겨야 한다고 함으로써 하나의 단일신론(henotheism)을 표현하고 있는 것은 아니다. "하늘과 땅과 바다와 그 가운데 있는 모든 것을"(출애굽기 20:11) 지으신 하느님은, 그분에 대한 어떤 상(像)도 만들 수 없는 그런 하느님은, 다른 신들의 실재를 허용할 수가 없다.

된 것에 대한 인식에서 나온다. 아마도 윤리에 대한 가장 기본적인 선언이 이스라엘 최후의 예언자가 한 말 속에 들어 있다고 하겠다. 곧 "우리의 조상은 한 분이 아니시냐? 우리를 내신 하느님도 한 분이 아니시냐? 그런데 어찌하여 우리는 서로 배신하여, 우리 조상이 맺은 계약을 깨뜨리느냐?"(말라기 2:10). 윤리의 궁극적 원리는 지상 명령이 아니라 존재론적 사실에 있다. 꼭 그렇게 해야만 한다는 의무감이 도덕적 자세를 구별지어 주는 것은 사실이지만, 그러나 어떤 행실이 선한 것은 우리가 그 행실이 꼭 해야만 하는 것이라고 생각하기 때문이 아니다. 오히려 그것이 선하기에 우리는 반드시 해야 한다는 생각을 하는 것이다.

도덕적 행실의 가치는, 그것이 우리의 의지와 상관없이 값진 것이라는 사실에 있지도 않고 그것 자체를 위하여 마땅히 이루어져야 한다는 자기주장에 있지도 않다. 이런 특성들은 우리에게 그 행위의 본질이 아니라 가치만을 일러 주고 있다. 나아가서 그것들은 논리적 혹은 심미적 가치들을 똑같이 적용시키는 모습을 보여 준다.

하느님 쪽에서 보면, 선은 생명과 같은 것이며 이 세상에 유기적으로 연관되어 있다. 사악은 하나의 질병이고, 죽음과 같은 것이다. 왜냐하면, 악은 분리(divergence)요 혼란으로서 인간과 인간, 인간과 하느님을 서로 떨어지게 소외시키며, 반면에 선은 합일(convergence)이요 공생이며 결합이기 때문이다. 선과 악은 마음의 질이 아니라 실재 속에서의 관계들이다. 악은 분할, 다툼, 일치의 결핍이고, 모든 존재의 하나됨이 사물의 다원성보다 우선하는 것과 같이 선이 악보다 우선한다.

선과 악은 우리가 그것들을 눈여겨보든 보지 않든 상관없이 지속된다. 우리는 진공 속에 태어난 것이 아니라, 모든 인간들과의 관계 그리고 한 분 하느님과의 관계 속에 서 있다. 우리가 기하학의 도형을 그리기 위하여 공간이라는 차원을 만든 것이 아니듯, 도덕적 관계들을 우리가 만든 것은 아니다. 그것들은 실존과 더불어 주어진 것들이다. 우리가 하는 일이란 그것들 속에서 우리의 길을 찾고자 애쓰는 것이 전부다. 선은 인간의 의식 속에서 비롯되지 않는다. 그것은 모든 존재들의 자연스런 상호 협동 속에서, 서로가 서로를 위해 존재하는 그 속에서, 실현된다.

우주를 구성하는 것은 별들도, 돌멩이들도, 원자도, 물도 아니다. 그것들이 서로 속해 있음, 상호작용, 모든 존재하는 것들 서로 간의 관계가 우주를 구성한다. 그 어떤 세포도 혼자서는 존재하지 못한다. 서로 의지하고 영향을 끼치고 서로 섬김으로써 온몸의 세포가 함께 존재한다. 비유를 들어 말한다면, 땅 속의 바위들이 벽(壁)을 힘껏 떠받치고 있을 때, 그 바위들은 남이 알아주지도 않는 친절함으로 충만하며 그 바위들도 열매를 맺는 것이다.

그 분의 무소부재(無所不在)

한번은 라삐 코브린의 모세(Rabbi Moshe of Kobrin)가 제자들에게 물었다. "너희는 하느님이 어디 계신지 알고 싶으냐?" 그는 식탁에서 빵 한 조각을 들어 모두에게 보이고는 이렇게 말했다. "여기 하느님이 계시다."7)

하느님이 어디에나 계시다는 우리의 말은 그분이 마치 공기처럼 어디서나 발견될 수 있다는 말은 아니다. 형이상학적인 뜻으로

---

7) *Or Yesharim*, 87.

말하는 하나는 전체성, 불가분리성을 의미한다. 하느님의 일부분은 여기, 일부분은 저기에 계시지 않는다. 그분은 모든 여기에 그리고 모든 저기에 계신다.

>주님이시여, 내가 어디서 당신을 찾으리이까?
>당신의 처소는 높고 감추어져 있사옵니다.
>내가 또한 어디서 당신을 뵙지 않으리이까?
>세상이 당신의 영광으로 가득 찼사옵니다(Jehudah Halevi)

"사람이 제 아무리 숨어도 내 눈에서 벗어날 길은 없다. 똑똑히 들어라. 하늘과 땅 어디를 가나 내가 없는 곳은 없다. 똑똑히 들어라"(예레미야 23:24).

하느님은 비단 인간의 생명 속에만이 아니라 모든 사물들 속에도 계신다. 한 이교도가 어느 라삐에게, "하느님은 왜 모세에게 떨기나무로부터 말씀하셨는가?"고 물었다. 그의 생각에는 하느님이 높은 산꼭대기나 아니면 천둥 속에서 나타나시는 게 지당했던 것이다. 라삐의 대답은 이러했다. "이 땅에는 셰키나(Shechinah)가 계시지 않은 곳이 없다는 사실을, 비천한 떨기나무에도 그분이 계시다는 사실을 그대에게 가르쳐 주시기 위해서다." 영혼이 육신을 가득 채우듯이 하느님이 이 세상을 가득 채우신다. 영혼이 육신을 움직이듯이 하느님이 세상을 움직이신다.[8]

자연과 초자연은 하늘과 땅이 서로 떨어져 있듯이 그렇게 떨어져 있는 두 개의 다른 영역이 아니다. 하느님은 저 너머가 아니라 바로 여기에 계시며, 나의 생각뿐만 아니라 나의 몸에도 가까이

---

8) Leviticus Rabba 4, 8; Deuteronomy Rabba 2, 26; cf. Berachot 10b.

계신다. 사람에게 기도, 연구, 묵상을 통해서 뿐만 아니라 무엇을 어떻게 먹을 것인가에서부터 몸을 더럽히지 않는 육신생활을 통해서도 하느님의 임재를 깨닫는 것을 가르쳐야 하는 까닭이 여기에 있다.

"우상은 가깝고 멀다. 하느님은 멀고 가깝다"(Deuteronomy Rabba 2:6). "하느님은 멀다. 그러나 그분보다 더 가까운 것은 없다." "그분은 온갖 종류의 가까움으로 가까이 계시다"(Jerushalmi Berachot 13a).

우리로 하여금 그분의 먼 가까움을 느껴 알 수 있게 하는 것은 그분의 타자성(他者性), 숨을 쉬면서도 눈으로 보지 못하는 공기처럼 가깝고도 표현할 수 없는 타자성이다. "지극히 높으신 이, 보좌에 영원히 앉아 계시는 이, 거룩하신 분이라 불리는 이께서 말씀하신다. '나는 높고 거룩한 보좌에 앉아 있으면서도 얻어맞아 용기를 잃은 사람들과 함께 살며 잃은 용기를 되살려 주고 상한 마음을 아물게 한다'"(이사야 57:15.)

하나됨은 관심이다

하느님의 하나임(unity)은 하느님과 모든 사물을 하나이게 하는 힘이다. 그분은 스스로 하나면서 세상과 하나이고자 끊임없이 애쓰신다. 라삐 사무엘 벤 암미(Rabbi Samuel ben Ammi)는, 성경의 창조 이야기에 "한 날… 한 둘째날… 한 셋째날"(One day… a second day… a third day) 식으로 기록되어 있음을 주목하였다. 만일 그것이 시간을 계산하는 데 목적이 있었다면, "하루… 이틀… 사흘"(One… day two day… three day)이라고 했거나 아니면 "그 첫날…

둘째날…셋째날"(The first day… the second day… the third day)이라고 했을 것이다.

욤 에하드(*Yom ehad*), 즉 한 날(one day)이라는 말이 의미하는 것은 하느님이 인간과 하나(one)가 되시고자 하신 날이라는 뜻이다. "창조의 첫 시작부터 그 거룩하신 분은, 축복을 받으소서, 이 세상과 짝짓기(partnership)를 바라셨다."9) 하느님의 하나이심은 이 세상의 하나됨을 위한 간절한 관심이다.

---

9) Genesis Rabba ch. 3, 9.

14

하느님이 주체다

'나'는 하나의 '그것'

한 인간에게 이 세계는 그가 스스로 생각한 대로의 세계다. 그러나 과연 영원의 뒤늦은 때에 세계에 들어와 살기 시작한 인간이 정신적인 허공에 오솔길을 내고 무(無)로부터 관념을 창조해내며 혼돈에서 음악을 창조하는 일에 개척자라고 할 것인가? 인간의 마음이 영원의 광막함을 홀로 빛을 밝히려고 하는 어둠 속의 반디일까?

독단(獨斷)의 감옥에 갇혀 사는 자만이 인간은 혼자며 무엇을 알 수 있는 유일한 존재라고 주장할 것이다. 그 마음으로 표현 불가능한 것을 언제나 감지하는 사람은, 오로지 인간만이 생각할 수 있는 능력을 가지고 있어서 마치 이 세계의 의미가 인간의 마음에만 달린 것처럼 말할 수가 없다. 인간이 지능(知能)과 정신적 능력을 부여받은 유일한 존재라고 주장하는 것은 그렇게 생각할 수는 있으나, 터무니없는 주장이다.

인간은 결코 어떤 존재에 대하여 생각한, 한 사물을 사유의 대상으로 삼는 묘한 행동을 실천에 옮긴 첫 번째 존재가 아니다. 적어도, 그는 자기 자신을 그 첫 번째 사람이라고는 생각하지 않는다. 미지의 섬을 처음으로 발견한 탐험가는 눈앞에 펼쳐지는 그 모든 아름다움과 장엄함이 자신이 그 섬에 도달하기 전에 한번도 아무의 눈에도 띈 적이 없으며 생각된 적도 없고 평가된 적도 없는 것이라고 믿을 수는 없다. 일상생활 가운데 가볍게 생각하면 나 자신이 유일한 행위자요 유일한 힘이며, 이 세계는 다만 활용될 가치가 있는 재료처럼 보인다. 그리고 관념이라는 것들도, 뜻하는 바에 따라 소모되는 일용품처럼 보인다. 그러나 스스로 뽐내는 주인으로서, 자화자찬하는 주체자로서, 이 세상을 대하지 아니하는 독립되고 창조적인 사람들에게는 다르다. 그들은 잘 받아들이기 위하여, 세계를 밝히는 빛이 모이는 초점이 되기 위하여, 알고 있는 모든 것을 포기한다. 창조적인 통찰은 계산으로 이루어지지 않는다. 그것은, 사물들이 자기에게 어떤 의미를 던지는 것을 경험할 때, 그 경험 속에서 하나의 반응으로 일어난다.

  표현 불가능한 것을 감각할 때 이 세계는 처녀지가 아니다. 세계는 있고 그리고 생각의 대상이 된다. 영원은 하느님의 추억이다. 세계는 우리 앞에 서 있고 그 동안 하느님은 우리 뒤에서 걷는다.

  그 안에 모든 사물들이 파묻히는 실체에 대하여, 우리가 모든 사물들과 더불어 나누는 존재의 신비에 대하여, 깊게 살펴보면 살펴볼수록 우리는 그만큼 더 절실하게 자신이 본질상 객체(客體)라는 사실을 깨닫게 된다. 우리는 우리 생각에 '나'인 것이 하느님께는 하나의 '그것'임을 이해하기 시작한다. 그분에 대한 우리의 사유(思惟)의 출발점이 자의식(self-consciousness)이 아니라 객체의식(object-consciousness)이어야 하는 까닭이 여기에 있다. 이 객체의식에 눈을 뜰 때 비로소 우리는 하느님이 신성(神性)보다 더한 분이심을 이해할 수 있게 된다.

하느님에 대한 생각은 전면(前面)이 따로 없다

공간의 범주 안에서 모든 것을 생각하는 게 습관이 된 우리는 하느님을 우리와 마주보는 존재로 생각하여, 우리가 여기 있으면 그분은 저기 있는 것처럼 여긴다. 우리는 그분을 사물들과 비슷한 존재로 생각한다. 마치 그분이 여러 사물들 가운데 한 사물이거나 여러 존재들 가운데 한 존재인 것처럼.

궁극자에 대한 묵상에 들어가려면 우리는 우선 실재를 생각의 대상으로 객관화시키는 습관부터 없애야 한다. 하느님을 생각하는 것은 다른 모든 사물들을 생각하는 것과 전적으로 다르다. 흔히 쓰는 논리적 방법들은 적용해서 하느님을 생각하려는 것은 숨 한번 불어 태풍을 날려버리려는 것과 같다. 우리가 흔히 하느님을 이해하려다가 실패하는 까닭은 우리의 개념을 끝없이 넓게 펼칠 줄을 몰라서가 아니라 우리의 생각을 충분히 닫을 줄을 몰라서다. 하느님을 생각한다는 것은 그분을 우리 마음 속의 어떤 대상으로 발견하는 것이 아니라 그분 안에 있는 우리 자신을 발견하는 것이다. 종교는 경험이 끝나는 곳에서 시작된다. 그리고 경험의 끝은, 우리 자신이 지각(知覺)되는 존재임을 지각하는 것이다.

한 사물에 대한 지식을 가진다는 것은 생각에 의하여 그것에 대한 개념을 소유하는 것이다. 개념과 사물, 정의(定義)와 본질은 각기 다른 영역에 속해 있으므로, 이를테면 우리가 성좌(星座)에 대한 지식을 얻을 경우처럼, 사물 자체가 우리로부터 떨어져 있어도 우리는 이론적으로 그 사물을 정복하고 소유할 수가 있다.

하느님은 사물도 아니고 관념도 아니다. 그분은 모든 사물과 모든 관념 속에 있으며 그것들을 또한 벗어나 있다. 하느님에 대한 사유는 그분을 벗어나 있는 게 아니라 그분 안에 있다. 하느님에 대한 생각은, 만일 하느님이 그 뒤에 계시지 않는다면, 우리 앞에 나타나지도 못할 것이다.

하느님에 대한 생각은 전면(前面)이 따로 없다. 그 모든 생각이 우리 안에서 싹트는 것과 동시에 우리 모두 그 생각 속에 있다. 그 생각을 품는 것은 현재가 과거 속에 결코 죽지 않는 과거 속에, 삼키우듯이 그 생각에 삼키우는 것이다.

그분에 대한 우리의 앎과 그분의 실재는 서로 떨어져 있지 않다. 그분을 생각하는 것은 우리의 마음을, 모든 것에 침투되어 있는 그분의 현존을 향하여, 그분의 현존으로 가득 차 있는 우리의 존재를 향하여, 열어 놓는 것이다. 사물을 생각하는 것은 마음 속에 하나의 개념을 품는 것을 의미한다. 그러나 하느님을 생각하는 것은 마치 생각이라는 둥근 천장 아래를 걷는 것과 같고 생각에 빙 둘러 싸여 있는 것과 같다. 우리의 뻗는 손끝이 그분 안에 있음을 알게 되기까지는, 그분이 아는 장본인이요 우리는 알려지는 대상임을 알게 되기까지는, 존재한다는 것은 그분에 의하여 생각되어지는 것임을 알게 되기까지는, 그분은 우리의 뻗는 손끝이 닿지 않는 곳에 있다.

하느님에 대한 사유는 그분이 주체(subject)가 되고 우리가 객체(object)가 됨으로써 가능하다. 하느님을 생각한다는 것은 우리를 그분께 노출시키는 것이요, 우리 자신을 그분의 실재의 반영(反映)으로서 인식하는 것이다. 그분은 한 사상의 울타리에 갇힐 수가 없는 분이다. 생각한다는 것은 하나의 대상(객체)을 생각하는 주체로부터 떨어뜨려 놓는 것 또는 분리시키는 것을 의미한다. 그러나 그분을 떨어뜨려 놓을 때 우리는 하나의 관념을 얻고 그분을 잃는다. 그분은 우리에게서 떠나 있지 아니하고 우리 또한 그분을 넘어서 존재하지 아니하므로, 그분은 결코 우리의 사유의 단순한 대상물일 수가 없다. 우리가 자신을 생각할 때에도 객체인 우리가 주체인 우리로부터 떨어질 수가 없듯이, 하느님을 생각할 때도 주체를 객체로부터 떨어뜨려 놓을 수가 없는 것이다. 그분을 생각할 때에 우리는 우리가 그분을 생각하는 것이 그분을 통해서임을 깨닫는다. 그런즉, 우리는 그분을 모든 것의 주체로, 우리 생명의 생명으로, 우리 마음의 마음으로 생각해야만 한다.

이 순간에 나는 자기 자신을 생각하고 초월할 수 있는 생각에 대하여 생각하고 있다. 종교인은 자기 자신이 하느님에게 알려지는 존재며 그분의 사유의 대상임을 깨닫는 사람이다.

철학자에게 하느님은 하나의 객체(an object)다. 기도하는 사람에게 하느님은 주체(the subject)다. 그의 목적은 하느님을 하나의 지식으로 파악하고, 마치 그분이 다른 여러 사실들 가운데 한 사실인 듯이 그분을 자세하게 알아보는 것이 아니다. 그가 간절히 바라는 일은 그분에게 전적으로 사로잡히고, 그분의 대상이 되어 그분에게 알려지고 감각되는 것이다. 그의 사명은, 알 수 없는 것을 아는 게 아니라 거기에 침투되는 것, 그분을 아는 것이 아니라 그분에게 알려지는 것, 그분을 우리에게가 아니라 우리를 그분에게 노출시키는 것, 판단하고 단언하는 것이 아니라 그분에게 판단당하고 귀를 기울이는 것이다.

인간에 대한 그분의 앎이 그분에 대한 인간의 앎을 앞선다. 그분에 대한 인간의 앎이란 하느님이 인간에게 묻는 것을 이해하는 것일 뿐이다. 이것이 예언자적 계시의 알맹이다.

하느님이 인간을 봄

성경은 근본적으로 인간이 하느님을 봄(vision)이 아니라, 하느님이 인간을 봄이다. 성경은 인간의 신학(theology)이 아니라, 하느님의 인간학(anthropology)이다. 성경은 하느님의 본질보다 인간을, 인간에게 그분이 묻는 바를, 다룬다. 하느님은 예언자들에게 영원한 신비가 아닌, 인간에 대한 당신의 사랑과 앎을 계시하셨다. 이스라엘이 크게 바란 것은 절대자를 아는 것이 아니라 그분이 인간에게 묻는 것을 확인하는 일이었고, 그분의 본질을 파악하기보다는 그분의 뜻과 상통하는 것이었다.

깊은 전율 가운데 우리가 말할 수 있는 것은, 우리가 하느님에게 알려졌음을 깨달았노라는 것뿐이다. 인간은 하느님을 볼 수 없으나, 하느님의 눈에 보일 수가 있다. 그분은 발견될 대상이 아니라 계시의 주체다.

우리에게는 그분의 크심을 다 표현할 만한 언어가 없고 또 그분을 우리의 마음에 설명해 줄 개념도 없다. 그분은 하나의 존재가 아니다. 우리의 생각으로는 그분의 존재를 확인할 수도, 서술할 수도 없다. 그분은, 그것 앞에서 그것의 의미를 깨달을 때, 우리가 스스로 무한히 보잘것없는 자임을 느끼지 않을 수 없게 되는 그런 하나의 실재(reality)다.

하느님은 알 수 없는가

신비에 대한 감각이 지극히 빈곤한 현대인은 모든 신학적, 형이상학적 문제들을 풀어주는 만병통치약으로 불가지론(不可知論)이라는 것을 받아들이고 있다. 불가지론자는, 만일 최고의 존재가 있다면, 그와 인간의 차이는 의식이 없는 물체와 의식이 있는 인간 사이의 차이보다도 더 크므로 따라서 인간이 그를 안다면 그것은 물방울 하나가 상대성 원리를 아는 것만큼 밖에는 안 될 것이고, 하느님은 이 비참한 지구에서 아무 할 일이 없으며, 그는 우리가 알고 있는 존재의 형식보다 까마득히 높이 있으므로 그가 거하는 곳은 오직 무(無)가 있을 뿐이라고 쉽게 생각한다. 한때 나무나 바위에 영이 있다는 생각이 그럴싸했듯이 오늘날에는 그분을 모든 너머들 너머로(beyond all beyonds) 옮겨 놓는 것이 그럴싸해 보인다. 그러나 어떤 방식으로든 하느님은 알 수가 없다고 주장하는 사람은, 자기가 말하는 내용이 알 수 없는 것임을 알고 있다고 주장하는 것이다. 그는 자신이, 하느님은 무한이라는 울타리 저 너머의 불가사의한 무관심의 감옥 안에 있음을 알고 있다고 주장하는 것이다.

우리가 보통 사물에 대하여 안다고 말할 때의 '앎'이란 단어를 하느님에 대하여 똑같이 써서는 안 된다. 그분에 대한 우리의 앎 속에는, 그분이 확실히 존재한다는 확신과 함께 다른 것이 더 포함되어 있다. 만일 생각에 잠기는 것이 우리의 머리 위에 새의 깃털을 꽂듯 몇 가지 견해들로 장식하는 것이라면, 우리는 우둔한 자들이 아닐 수 없다. 그러나 만일 생각이 우리 몸 속을 도는 피와 같다면, 우리는 매우 민감한 영혼의 손가락 끝에서 발견될 것이다. 우리는 자기도 모르게 그분을 알고, 또 안다고 주장함으로써 끝내 모르고 말기도 한다.

인간이 신성에 가까운 것은 인간이기 때문에 그런 것이지 그가 무슨 일을 성취하기 때문이 아니다. 표현 불가능한 것 너머에 있으며 가끔 세상에 군림하는 그분과 씨름하는 그의 영혼의 본질도 실은 하느님의 것이다. 만일 그의 영혼이 그분에게 닿도록 높이 올라간다면, 그를 끌어올린 것은 그의 속에 있는 신성이다. "사람의 영혼은 주님의 등불이라 사람의 깊은 속을 살피느니라"(잠언 20:27).

만일 우리가 그분을 우리의 지성으로 피워 올린 횃불의 빛으로 찾고자 한다면, 하느님은 우리가 미칠 수 없는 곳에 계실 것이다. 그러나 우리는 "먼지와 재"다. 이 땅의 티끌이며 그분의 불의 재다. 우리의 영혼을 달아오르게 하는 우리의 마음은, 아직도 빨갛게 남아 있는 그분의 숯불에 부채질을 할 수 있을 것이다. 그러기에 왜 믿느냐는 물음은 왜 지각하느냐고 묻는 것과 같다. 우리의 하느님 믿음이 하느님이다(Our trust in God is God, 신명기 라빠 I, 10).

그 신비와 통화하는 데는 언어가 필요 없다. 우리 안에 있는 표현 불가능한 무엇이 우리 너머에 있는 표현 불가능한 것과 통화를 한다. 우리가 스스로 그분의 것이 되는 동안, 그분의 표현의 메아리가 되는 동안, 하느님을 표현해야 할 필요가 없다.

우리 안에 머물러 있는 신성(神性)과 자주 만남으로써 우리는 그분의 해변이 까마득하게 먼 것을 슬퍼할 이유가 없다. 그분의 명령을 진실하게 따를 때 그분과 우리 사이의 거리는 사라진다. 저 너머를 여기가 되게 하는 것은 우리의 힘으로 할 수가 없다. 그러나 우리는 여기를 저 너머로 운반할 수가 있다.

우리의 지식이란 조심스런 표현이다.

인생은, 우리가 보듯이, 온통 어리석음만이 굴러다니는 황야가 아니다. 거기에는 옥토와 불모지, 의미와 부조리가 함께 있다. 지혜, 음악, 사랑, 질서, 아름다움, 성결함이 어지러운 어둠으로부터, 당신이나 나보다 못한 어떤 것으로부터, 생명도 없는 무엇으로부터 나오는 것이라고 한다면 납득이 가는 말일까? 헤아릴 수 없을 만큼 심오하고 놀라운 정신의 풍요로움이 우연의 산물일까? 우리 안에서 법과 이념과 교향곡과 성결함을 창출해내는 힘이 우리 안에만 있고 다른 어디에도 없는 것이라고 주장한다면 그것이야말로 터무니없는 주장일 것이다.

불로소득을 경멸하고 뇌물을 뿌리치는 사람들이 있다는 사실을 부인할 사람은 없으리라. 그들의 동기가 무엇이든 우리는 그들의 행동을 우러른다. 비록 완벽한 의로움을 이룰 수는 없다 해도 우리는 적어도 그것을 이상으로서 소중히 여기며 가장 훌륭한 규범으로 간직하고 어느 만큼은 실천할 수도 있다. 그 이상과 실행이 지고자와는 상관없고 오직 인간의 전유물이라고 주장한다면, 인간만이 지능과 도덕적 성품을 지니고 태어난 유일한 존재며 인간이 지고자보다 더 위에 있는 존재라고 주장한다면, 그런 주장은 터무니없으면서 반역적인 것이요, 인간이 자기 자신과 자신의 곁으로 그럴싸한 영광에만 눈을 돌리고 자기가 처한 상황을 외면할 때에만 할 수 있는 어리석은 짓이다. 표현 불가능한 것의 무한한 우월성을 단 한번이라도 감지한 적이 있는 사람은 하느님이 다른 어떤 존재보다도 낮을 수 없는 분이며, 선을 이루려는 힘조차 만일 그것이 하느님께 없다면 우리가 소유할 수 없음을 인정하지 않을 수 없다. 만일 우리 안에 도덕성이 있다면 그것은 하느님 안에 그것이 있기 때문이다. 만일 우리에게 정의에 대한 꿈이 있다면 그것은 하느님 안에 그것이 있기 때문이다. 만일 우리에게 정의가 없다!—는 절망스런 부르짖음조차도 정의의 이름으로, 우리에게서는 나올 수가 없는 정의의 이름으로, 부르짖는 것이다. 표현 불가능한 것과 살아 있는 관계를 맺는 사람은 이른바 제1원인이라고들 부르는 것으로 지고자를 표현하려고는 하지 않으리라. 그는 지고자가 영과 함께 부여되었다고 말하는 것이 참으로 어렵게 조심스레 표현해 본 말일 따름인 것을 안다. 그것을 설명하려고 하느니 차라리 그는 침묵 속에 숨을 곳을 찾으리라….

지식이냐, 이해냐

표현 불가능한 것과의 씨름에서 우리가 얻어낸 생각들을 하느님에 대한 이해(understanding)라고 보는 것이 더 적절하다. 그분이 추상적인 원리나 사물이 아니라 살아 있는 독특한 존재라고 한다면, 그분에 대한 우리의 접근은 지식의 과정이 아니라 이해의 과정을 통해서만 이루어질 수 있겠기 때문이다. 우리는 귀납적 방법이나 추론을 통하여 안다(know). 그리고 직관을 통하여 이해한다(understand). 우리는 사물을 안다. 인격을 이해한다. 우리는 사실을 안다. 조짐은 이해한다. 지식은 어떤 사물에 대하여 익숙하고 혹은 그것에 정통하는 것을 의미한다. 이해는 어떤 것이 스스로 자기를 표현함으로써 겨우 알게 된, 그리고 그것과의 내면적인 동의(同意)를 통하여 알게 된, 해석을 설명하는 행위다. 서로 교감(交感)하는 지식은 없다. 그러나 교감하는 이해는 있다. 이해란 동의와 같은 말이다. 동의를 통하여 우리는 이해의 길을 찾아나간다.

우리는 표현 불가능한 것을 알거나 인식할 수 있을 것이다. 그러나 과연 그 표현 불가능한 것과 철저히 동의하며 살아가는 방법을 터득한 사람은 거의 찾아볼 수 없다. 사람들이 그토록 빈번하게, 그들을 이끌어 표현 불가능한 것으로부터 그분께로 가게 하는 길을 잃어버리는 까닭이 바로 이것이다. 예언자들에게는 표현 불가능한 것이 하나의 음성이었다. 고대인들이 믿었듯이 하느님은 우리로부터 떨어져 저기에 있는 분이 아님을 밝히고, 그분은 수수께끼가 아니라 정의요 자비며 우리의 몸으로 발휘할 수 있는 힘일 뿐 아니라, 우리의 삶의 방법이기도 하다는 사실을 밝히는 음성이었다. 그분은 알지 못할 분(the Unknown)이 아니라 아버지다. 아브라함의 하느님이다. 끝없는 세월의 정적(靜寂)으로부터 함께 아파하심(compassion)과 인도하심(guidance)이 나왔다.

15

하느님의 관심

존재의 문제

우리는 그분이 누군지 알 수 없다. 우리가 아는 것은 그분이 있다는 사실뿐이다. 무슨 말이냐 하면, 우리는 그분의 속성에 대하여 아무것도 모르며 다만 그분에 대해 생각할 수 있는 것은 존재다. 대개 이것이 사색과 사색, 논쟁과 논쟁 끝에 철학자들이 내리게 되는 결론이다. 그러나 의심할 나위 없이, 존재는 정의 내릴 수 없는 개념이다. 존재 그 자체는 어떤 모양도 없으며 스스로 형질을 갖추고 있지도 않다. 우리가 파악하는 것은 언제나 부분적이며 특수한 존재 혹은 존재의 양태, 속성을 입고 있는 존재다. 그러므로 하느님에 대한 그와 같은 사변(思辨)이 가져오는 것은 표현 불가능한 범주다. 무엇보다도, 존재는 하느님에 대한 모든 사유의 끝일뿐만 아니라 출발점이다. 그분이 존재하신다는 그 가능성을 확실히 해두지 않은 채로는 그분에 대한 생각에 착수하지도 못할 것이겠기 때문이다.

하느님을 신인동형(神人同形)의 모습으로 서술할 가능성을 피하려는 열심히 인하여, 철학자들은 전통적으로 일반 존재론에 의존하여 생각했다. 일반 존재론에서는 분석의 대상이 되는 존재에 대한 개념이 생생한 인격적 체험의 영역에서가 아니라 생명이 없는 영역에서 추출되었다. 그 뒤를 이어, 존재론적 조개껍질을 정신적 혹은 도덕적 내용으로 채우려는 노력들은 감당 못할 어려움과 만나야 했으니 무엇보다 무생물과 생물의 상이(相異)함 때문이었다.

연필과 비둘기와 시인은 모두가 존재다. 그러나 그들의 본질뿐만 아니라 그들의 존재까지도 동일하지는 않다. 사람의 존재와 연필의 존재 사이의 다름은 연필의 존재와 유령선의 비(非)존재 사이의 다름만큼 철저하고 본래적이다. 살아 있는 사람과 시체를 비교해 보면 이 사실이 분명해 진다. 그들은 둘 다 거의 같은 위치에 같은 기관(器官)을 지니고 있다. 적어도 죽은 직후에는 그렇다. 그러나 숨이 진 사람은 이제 더 이상 사람으로서, 사회적 존재로서, 존재하지 않는다. 하나의 시체로서 존재하는 것은 여전하지만.

생명은 관계다

일시성(一時性, temporality)과 연속성(uninterruptedness)은, 뒤에 다시 살펴보겠지만, 존재가 시간에 대한 수동적인 관계를 표현하고 있다. 유기적 존재를 무기적 존재와 다르게 만들어 주는 것은, 식물이나 동물이 일시성과 능동적이며 방어적인 관계를 맺고 있다는 사실이다. 유한한 존재는, 돌멩이든 개든, 언제든지 비존재의 가장자리에 서 있다. 즉 어느 순간이든 그것들은 존재하기를 그칠 수가 있다. 그러나 돌멩이와는 달리 개는 생명을 위협하는 질병과 어느 정도 싸우거나 피해갈 능력을 지니고 있다.

생명은, 생물학에서 배웠듯이, 무관심과 타성으로 이루어진 수동적인 것이 아니다. 생명의 본질은 강렬한 관심과 보살핌이다. 예컨대, 세포의 생명은 그것이 살아남기 위하여 반드시 있어야 하는 어떤 물질을 생산하고 유지하는 능력에 달려 있다. 이 물질들은 뿔뿔이 흩어져 떨어질 수가 없다. 세포의 외피가 흩어지는 것을 막기 때문이다. 동시에 이 외피는 세포질을 선택적으로 받아들일 수가 있어서, 어떤 물질은 밖으로부터 세포 속으로 들어오게 하고 어떤 것은 들어오지 못하게 막는다. 모든 세포는 손풍금처럼 작용을 하여 어떤 파괴적인 것과 부딪치게 되면 오그라든다. 이와 같은 관찰을 바탕으로 하여, 모든 살아 있는 유기체는 자신의 파멸을 싫어한다는 생물학적 원리를 세울 수 있을 것이다.

그런즉 우리는, 무기물의 존재가 필연성과 타성의 의한 것임과 마찬가지로 유기물의 혹은 생명의 특수한 조건은 관계(concern)라고 말할 수 있겠다. 생명은 관계다.

그와 같은 관계는 자성적(自省的, reflexive)인 것이다. 그것은 자기 자신에게 관계하면서, 자기의 미래에 대한 염려에 뿌리를 박고 있다. 만일 사람이 자기의 미래에 대하여 아무 관심이 없다면, 장차 일어날 일이나 일어나지 않을 일에 대하여 상관하지 않는다면, 그는 아무것도 염려하지 않을 것이다. 과거는 지나가 버렸고 현재에 그는 살고 있다. 그가 염려할 것은 다가오고 있는 때에 대해서일 뿐이다.

옮겨지는 관계

자기 자신에 대하여 전혀 관계하지 않는 사람은 죽은 사람이다. 자기 자신에게만 관심을 기울이는 사람은 짐승이다. 사람을 짐승과 다르게 하는 것은 그의 관심이 3차원이라는 점인데, 이것이 또한 성숙한 인격의 내용이기도 하다. 어린아이는 사물들과 타인들이 포함되어 있는 환경을 발견함으로써가 아니라 타인의 관심을 알아보게 됨으로써 사람이 된다. 타자들에게 관심을 기울이는 사람, 그가 사람이다. 인간은 손으로 잡는 것만으로는 만족할 수 없다. 그는 내어 줄 수 있음으로써 자기 만족할 수 있는, 그런 존재다. 돌멩이는 자기 충족을 하지만 인간은 자기를 능가(self-surpassing) 한다. 그에게는 언제나 자신을 내주어야 할 누군가가 필요하며, 자기를 초월하는 무엇인가를 숭배하지 않는 한, 자신과 화합을 이룰 수도 없다. 홀로 있음으로써 얻을 수 있는 마음의 평화는, 자기가 아닌 것을 무시하거나 그것을 피할 수 있게 된 결과로서가 아니라 그것과 재결합됨으로써 얻는 것이다. 필요의 폭은 존재의 양태가 고등화(高等化) 될수록 넓어진다. 식물보다는 돌멩이가 더 많이 자기충족을 한다. 나무보다는 말(馬)이, 살아가는 데 더 많은 것을 요구하게 된다. 사람이 사람으로 살아가기 위하여 반드시 있어야 할 것은, 자신에 대한 본능적 관심인 자성적 관계 (reflexive concern)에 덧붙여 남들에 대하여 갖는, '옮겨지는 관계' (transitive concern)다.

처음에는 다른 사람들을, 자신의 요구를 충족시키기 위한 수단으로 생각한다. 그러다가 남들의 고통을 목격한다든가 사랑에 빠진다든가 도덕 교육을 받는다든가 하는 여러 가지 경험의 결과로, 다른 사람을 수단이 아닌 목적으로 보게 되고 자신의 득실(得失)을 따지는 일 없이 그들의 요구에 응할 줄 알게 됨으로써 그는 비로소 짐승의 차원에서 인간의 차원으로 옮겨가는 것이다. 그것은 다른 사람들을, 도리상(道理上, de jure) 혹은 사실상(de facto) 자신과 동등한 존재로 인식하는 것이며, 그 결과로, 다른 사람들의 관심에 관심을 갖게 되며 그들에게 중요한 것이 그에게도 중요한 것이 된다. 아우인 아벨이 어디 있느냐는 질문을 받고 카인은 이렇게 대답했다. "내가 내 아우를 지키는 자입니까?"(창세기 4:9). 아브라함은 따로 부탁 받은 일도 없는데 사악한 도시 소돔을 위하여 탄원했다. 아브라함은 왜 소돔의 구원에 관심을 가졌는가? 아브라함이 소돔을 위하여 하느님께 탄원할 수 있었던 것은 영원하고 무조건적인 정의(正義)가 있기 때문이었다. 그 정의의 이름으로 그는, "죄 없는 사람을 어찌 죄인과 똑같이… 죽이시려고 합니까? 온 세상을 다스리시는 이라면 공정하셔야 할 줄 압니다"(창세기 18:25)고 말할 수 있었다.

  남들에게 관심을 갖게 되는 것은 자신에 대한 관심이 기계적으로, 곧장 확장된 것이 아니다. 남들에 대한 관심은 흔히 자기부정이라는 대가를 요구한다. 자기부정 혹은 자기소멸을 어떻게 자기확장으로 볼 수 있겠는가? 결론적으로, 우리는 남들에 대한 관심이 자신에 대한 관심과 같은 차원이라고, 자기 자신의 자리에 남을 앉힌 것일 뿐이라고, 말해서는 안 된다. 우리가 옮겨지는 관심을 가지게 된 동기는 이기적인 것일 수 있다. 그러나 그 옮겨지는 관심 자체는 이기적인 것이 아니다.

세 차원

  남들에 대한 관심은 폭의 확장이 아니라 상승이다. 올라가는 것이다. 인간은 자기 유익을 뛰어넘어 성장할 때, 남들에게 유익한 것이 자기에게도 중요한 것이 될 때, 새로운 수직적 차원에, 거룩함의 차원에 이른다. 그리고 이 차원에 이르러 그 영원한 가치를 제대로 알게 되어야 비로소 남들에 대한 관심과 이상(理想)에 대한 헌신이 드디어 자기부정의 단계까지 도달하는 것이다. 심원한 목적, 종교적 도덕적 예술적 가치들이 음식물에 대한 관심만큼 절실해 진다. 자기 자신과 이웃 사람, 그리고 거룩함의 차원이 성숙한 인간이 지녀야 하는 관심의 세 가지 차원이다.

사람을 참으로 사랑하는 것은 은밀히 하느님을 사랑하는 것이다. 어째서 그런가? 한 인간에 대한 친절이나 사랑이 모든 신비들 가운데 있는 신비와 무슨 관계가 있단 말인가? 우리는 마땅히,

가난한 사람을 억누름은 그를 지으신 이를 모욕함이요
없는 사람을 동정함은 그를 지으신 이를 높임이다(잠언 14:31)

라는 격언을 하나의 과장으로 또는 망상으로 여겨, 지워버려야 하지 않을까? 하느님의 존재 안에는 뭔가 그와 같은 연결을 타당하게 하는 본질이 있는 것일까?

무엇보다도, 도대체 인간이 자기 자신을 뛰어넘을 수 있다고 말하는 것이 가당한 일인가? 정직한 자아 분석의 결과, 우리의 행동을 유발시키는 모든 동기들이 본능적 욕망들과 마구 엉겨 있으며 이기심이 우리의 도덕적 동기들뿐만 아니라 인식 행위 속에까지 깊숙하게 침투되어 있음이 밝히 드러나지 않았는가? 그러나, 그럼에도 불구하고, 우리의 남들에 대한 관심이 변장된 자기관심이라고 말하는 것은 잘못이다.

자기 자신을 잊으라는 강요

　인간이 인과율, 생존경쟁, 힘에의 의지, 성의 충동 그리고 명예욕 따위가 모든 행동의 유일한 동기가 되는 그런 세계에 갇혀서 살게끔 되어 있는 것은 아니다. 그는 그 세계를 넘어서는 관계들 속에서 살아가고 있다. 어느 정도만이라도 공평무사한 일에 한두 번 몰입해 보지 않은 사람은 없다. 자기에게 아무 이익도 주지 않는 어떤 일을 해보지 않은 사람은 없다. 모든 사람이 언제나 자기만을 사랑하며 그가 할 수 있는 일이란 오직 자기의 유익을 구하는 것이라고 말할 수는 없다. 정직과 이해관계가 충돌할 때 언제나 정직이 패배한다고도 할 수 없다. 모든 사람에게, 사랑하고 자신을 잊으며 목전의 이익을 돌보지 말라는 어떤 강요(強要)가 은밀히 숨쉬고 있다. 사람이 어떤 목적이나 의미 또는 삶의 가치에 대하여 깊이 생각하라는 강요에 굴복하는 것이 그의 이기적 관심에 반(反)하는 것일 수 있다. 자기 자신을 이기적이 아닌 기준으로 심판하고 스스로 충분히 납득하지도 못하는 일에 뛰어드는 일, 때로 부요와 권력과 인기의 유혹에 항거하며 도덕적, 종교적 원칙에 충실하기 위하여 경제, 정치, 학문의 세계를 장악하고 있는 자들의 인정이나 총애 따위를 우습게 여기는 일—모두가 그의 이기적 관심을 거역하는 것일 수 있다.

　인간의 제1 충동은 자기를 보존하려는 것이다. 그것은 모든 유기적 생명체의 본질이며, 생명을 경멸하는 자만이 그것을 사악하다고 비난할 것이다. 만일 우리가 믿는 대로 생명이 거룩한 것이라면 자기 사랑(self-regard)이야말로 그 거룩함을 지탱시켜 주는 것이다. 자기에 대한 사랑이 부도덕한 악이 되려면 반드시 다른 것과 섞여야 한다. 즉 그것이 완전히 혹은 부분적으로라도 타자(他者)에 대한 무시(無視, disregard)와 섞일 때 사악한 것이 된다. 그러므로 우리가 마땅히 해야 할 일은 자기 자신을 무시하는 것이 아니라, 다른 사람을 발견하고 그에게 깊은 관심을 기울이는 것이다.

자아는 악하지 않다. "네 이웃을 네 몸처럼 사랑하라"는 가르침 속에는 자신에 대한 돌봄을 의무로서 하라는 뜻이 포함되어 있다. 자신에 대한 책임과 하느님의 뜻이 상반된다고 생각하는 것은 둘이 같다고 생각하는 것과 똑같이 잘못이다. 섬긴다 함은 항복이 아니라 더불어 나눔을 뜻한다.

"네 이웃을 네 몸처럼 사랑하라"는 명령의 마지막에는 "나는 네 하느님이다"는 말이 들어 있다. 바로 이 한 마디에, 그와 같은 준엄한 명령을 내려야 하는 이유가 있다. 그 명령은 참되고 영원하다. 그러나 만일 하느님이 하느님이 아니라면, 진리도 없고 영원함도 없고 그와 같은 명령도 없을 것이다.

지적인 논쟁 따위로 아욕(我慾, ego)과 더불어 싸우는 일은 부질없는 짓이다. 왜냐하면 아욕이란 상처 입은 히드라[九頭蛇]처럼 머리 하나를 자르면 둘이 솟아나기 때문이다. 이성 하나만으로는 사람을 사랑하게 강제할 수 없으며, 아무런 보상도 없고 이익도 없는데 사랑하지 않으면 안 되는 까닭을 말해줄 수도 없다. 성실함을 얻기 위한 큰 싸움은 아욕의 바로 그 중심을 겨냥해야 하며, 자유롭고자 하는 영혼의 힘을 더욱 강화시킴으로써 그것과 싸워야만 한다.

자유는 영적인 무아지경

왜냐하면 성실함은 자유의 결실이기 때문이다. 노예는 언제나 이렇게 묻는다. 무엇이 나의 이익에 보탬이 될 것인가? 그러나 자유인은 유익과 행위 그리고 행동과 개인적 보상을 바라는 욕구의 인과율을 초월할 수 있는 사람이다. 자유인은 이렇게 묻는다. 왜 내가 나의 유익에 관심을 기울여야 하는가? 내가 섬길 필요가 있을 때 나는 어떤 가치를 느껴야만 하는가?

그러나 내면의 자유는 영적인 무아지경(ecstasy)이다. 그것은 모든 이익 추구와 이기심을 넘어서 있는 상태다. 내면의 자유는 영혼이 누리는 하나의 기적이다. 어떻게 그런 기적을 이룰 수 있을 것인가?

우리 자신이 하느님의 관심 가운데 있다는 사실에 몸과 마음을 내어 바치는 것, 우리 자신이 영원한 영적 운동의 한 부분임을 아는 것이, 우리가 곤비한 의식에서 벗어나 힘을 분출시키며, 자만심에서 벗어나 의식의 바닥을 침으로써, 이기심을 산산조각 내버리게 한다. 우리로 하여금 개인적 욕망의 지평선을 뛰어넘어, 아욕을 목적인 양 착각하는 부조리를 깨달을 수 있도록 도와주는 것은, 그 표현 불가능한 것에 대한 지각이다.

모든 사람과 자기가 하나라는 느낌은, 문둥이나 노예와 자기가 하나라는 느낌은, 더 높은 차원에서 그와 자기가 하나임을 느끼지 못하는 한, 모든 사람에 대한 하느님의 유일한 관심 속에서 그와 자기가 하나임을 느끼지 못하는 한, 불가능하다.

하느님의 관심

하느님의 존재—그것이 의미하는 바는 무엇일까? 그분은 영원하신 고로, 시간성은 그분에게 적용되지 않는다. 그분이 자신을 돌이켜 보는 자성적 관심을 가졌다고 말할 수 있을 것인가? 그분은 자신에 대하여 관심을 가질 이유가 없다. 그분의 존재를 위협할 그 어떤 위험도 있을 수 없기 때문이다. 그분이 가지는 유일한 관심은 타자에게로 옮겨가는 전이적(轉移的) 관심이다. 천지창조에서 그 관심이 잘 드러나고 있다. 만일 창조를 최고 존재의 자의적 행위로 파악한다면 그것은 창조된 것에 대한 관심을 함축하고 있기 때문이다. 하느님의 존재가 계속되는 것이므로 당신의 창조물에 대한 관심이나 보살핌 또한 지속되지 않을 수가 없다. 타자에 대한 인간의 관심이 간혹 자신에 대한 관심으로 퇴색하는 경우도 있고, 자만심의 결여로 혹은 자신의 존재가 지속되기를 바라는 갈망에서 파생된 행위로 성격 지워질 수도 있는 데 반하여, 당신의 창조물에 대한 하느님의 관심은 순수한 관심이다.

키케로(Cicero)에 따르면, "신들은 작은 것들은 무시하고 큰 것들만 관심을 갖는다"(*De Natura Deorum*, 2권 66, 167장). 그러나 모세로부터 말라기에 이르는 이스라엘의 예언자들에 따르면, 하느님은 작은 것들에 관심을 기울이신다. 예언자들이 인간에게 전달코자 한 것은 영원한 조화라든가 변함 없는 지혜의 리듬 같은 개념이 아니라, 구체적 상황들에 대한 하느님의 지속하는 관심이었다. 그 속에서 인간이 신성과 더불어 직조(織造)되고 있는 역사의 모습을 헤쳐 보임으로써 그들은 하늘의 진지한 숨결을 인간 세상에 불어넣었다.

신화에서는 신들이 자기를 추구하고 자기 자신에게만 관심을 갖는 존재로 묘사되어 있다. 영원불멸하며 인간보다 힘과 지혜에서 월등하면서도 그들은 가끔 도덕성에서 인간보다 못한 짓을 하기도 한다. "호메로스와 헤시오드는 도둑질, 간음, 서로 속고 속이는 등 인간들의 모든 수치스럽고 추한 행위들을 신들의 탓으로 돌리고 있다"(제노포네스).

성경은 우리에게 하느님 자신에 관해서는 아무 말도 하지 않는다. 성경이 말해 주고 있는 것은 인간과 맺는 그분의 관계에 관해서 일 뿐이다. 그분 자신의 삶이나 본질은 언급되지도 않았고 밝혀지지도 않았다. 우리는 하느님의 자성적인 관심에 대하여, 그분의 정념(情念, passion)에 대하여, 정의를 향한 정념을 제외하고는, 아무 말도 듣지 못한다. 하느님의 삶에서 발생한 사건들에 관하여 성경이 알고 있는 것이란 인간을 위한 그분의 행위 즉 창조 행위, 구원 행위(우르로부터, 이집트로부터, 바빌론으로부터) 혹은 계시 행위뿐이다.

제우스는 아름다운 여신들을 정열적으로 사랑하며 그의 질투심을 유발시키는 상대방에게는 무자비한 진노를 터뜨린다. 이스라엘의 하느님은 고아와 과부들을 열정적으로 사랑하신다.

신의 관심은, 그분이 인간의 운명에 깊은 관심을 쏟고 있음을 뜻한다. 인간의 도덕적, 영적 상태가 그분의 관심을 모으고 있음을 뜻한다. 그분의 관심이라는 것이, 우리들 대부분에게 가장 이해 못할 신비들 가운데 하나임은 사실이다. 그러나 자기의 삶을 하느님께 열어 놓는 자들이 끊임없이 그분의 보살핌과 사랑을 경험한다는 것 또한 틀림없는 사실이다.

계속되는 나타냄

타자를 향한 전이적 관심이 하느님에게서 기인하는 것이라고 말할 때 우리는 신인동형설적(anthropomorphic) 개념이나 신인동감설적(anthropo-pathic) 개념을 채택하는 것이 아니라 신인동령설(神人同靈說, anthropopneumaism, anthropo + pneuma)이라고나 부를 수 있을 관념을 택한다. 우리는 심리적 성품이 아니라 심령적 성품이, 감정적 태도가 아니라 도덕적 태도가 그분에게서 기인한다고 보는 것이다. 전이적 관심이 하느님에게서 기인되는 것임을 부정하는 사람들은 자기도 모르는 가운데 그분의 존재를, 만일 그것이 무엇인가를 의미한다면, 물질적 존재의 아날로기로 파악하고자 하여 그분을 '물질 형태론'(physiomorphism)의 술어로 생각하도록 강요받고 있는 것이다.

성경의 언어로 읽을 때 창조는 하나의 나타냄(expression)의 행위다. 하느님이 '있어라!'고 말하였고, 그것은 있었다. 그리고 창조는 한번 발생한 사건이 아니라 계속되는 과정이다. '예히'(Yehi, '있어라')라는 한 마디는 우주에 언제까지나 살아 있다. 만일 지금 그 말이 존재하지 않는다면, 세계는 없을 것이고 모든 것이 끝장나고 말 것이다(Buber 편집, Midrash Tehilim, p. 498 참조).

우리가 그분이 모든 존재물들 속에 현존하신다고 말할 때 그 말이 뜻하는 바는 그분이 그것들 속에 한 구성분자로서 혹은 그 물질적 구조의 한 요소로서 내재한다는 것은 아니다. 우주 속의 하느님은 생명에 관심을 기울이는 하나의 영이다. 우리에게는 하나의 사물인 것이 하느님께는 하나의 관심이다. 물질세계의 한 부분인 것이 신적인 의미 세계의 한 부분이기도 하다. 존재하는 것은 나타냄이다(To be is to stand for). 신의 관심을 나타내는 것이다.

하느님은 당신의 지속적인 나타냄 속에 현존하신다. 사람이 터뜨리는 부르짖음 속에 그의 인격이 내포되어 있는 것과 같은 방식으로 그분은 모든 존재물들 속에 내재하신다. 그분은 당신이 말씀하시는 것을 타나내신다. 그분은 당신이 말씀하시는 것에 관심을 기울이신다. 모든 존재물은, 우리의 사악함이 그분의 말없고 고요한 현존을 더럽히거나 질식시킬 때에 떠나고 마는, 신의 말씀으로 충만해 있다.

하느님을 내쫓는 일은 피를 흘리는 일 만큼 쉽다. 그러나 비록 그분이 숨어 계실 때나 우리의 영혼이 그분의 발자취를 잃어버릴 때라도, 우리는 여전히 깊은 데서, 모든 사물의 깊은 데서, 그분을 부를 수가 있다. 왜냐하면 하느님은 오만 무례함을 제외한 모든 곳에 계시기 때문이다.

우리는 그분이 어떤 분이신지(What He is)는 알 수 없지만, 그분이 어디 계신지(Where He is)는 안다. 그 어떤 필설로도 그분의 본질을 서술할 수는 없다. 그러나 모든 영혼이 그분의 현존을 더불어 나누고 동시에 그분의 무서운 부재에서 오는 불안을 느낄 수가 있다.

우리는 건방진 자기중심에 갇혀서 흔히 그분이 어디 계신지 잊어버리고, 우리의 자기 관심이라는 것이 신의 관심의 영(靈)으로부터 쏟아지는 한 컵의 물과 같다는 사실을 망각한다. 그러나 우리 자신을 그 영의 현존을 향하여 늘 열어 놓을 수 있는 길은 있다. 우리는 가끔 우리의 의지의 소산도 아니며 우리의 의지로 끌어들인 것도 아닌 어떤 힘이 우리에게 도전을 하여, 우리의 행위가 옳은지 그른지를 심판하며 그 지시에 우리가 반발할 때 우리의 가슴을 아프게 찌름으로써 우리의 독립을 강탈해 가는 것을 느끼는 순간들이 있다. 마치 우리의 내부에는 은밀한 개인의 영역이란 게 없는 것 같고, 물러서거나 도망칠 가능성도 없으며 남아 있는 죄의식을 묻어 둘 장소도 없는 것 같다. 모든 곳에 가 닿고, 자비를 모르며 자비로운 망각의 무덤을 끝내 파헤치고 마는, 하나의 목소리가 있다.

풍전등화인 문명

인간의 삶이 움직여 나가는 코스는 천체의 궤도처럼, 원이 아니라 타원이다. 우리는 두 개의 중심에 결부되어 있다. 우리 자신이라는 초점과 하느님이라는 초점이 그것이다. 그 두 개의 힘에 이끌려 움직이는 우리는 획득하고 즐기고 소유하려는 충동과, 응답하고 굴복하고 내어주려는 욕망을 아울러 지니고 있다.

지금 우리는 마침내 인류 역사상 신의 일식(日蝕, a divine eclipse)이 이루어지는 시대에 도달한 것처럼 보인다. 우리는 바다를 항해하고 별을 헤아리며 원자를 쪼갠다. 그러나 그 누구도, 결국 죽은 우주와 우리의 지칠 줄 모르는 호기심 밖에는 아무것도 없는 것인가?—를 묻지 않는다.

인간의 능력이 드디어 이 지구상의 생명체를 괴멸시키기에 이르렀다는 사실을 발견하고 두려움에 사로잡혀 우리는 이제 비로소 성(聖)에 대한 감각이 태양 빛만큼 우리의 생명을 지탱하는 데 없어서는 안 되는 것임을 인식하기 시작하였다. 우리는 이제 막 문명사회의 아름다움과 풍요로움과 안전함을 즐기는 일이 생명의 성스러움을 감각하는 데 달려 있으며, 이기심의 어둠 속에 갇혀 있는 이 불꽃을 우러르는 데 달려 있다는 사실, 그리고 일단 이 불꽃이 꺼지게 내버려둔다면 우리 머리 위의 어둠이 천둥처럼 무너져 내리라는 사실을 알게 되었다.

우리는 뉴욕의 하늘을 찌를 듯한 고층 건물들을 보고 감탄한다. 그러나 그것들을 받치고 있는 궁극적인 바탕은 맨하탄의 바위도 아니고 피츠버그의 강철도 아니다. 시나이(Sinai)에서 내려온 율법이 그것들의 기초다. 우리의 모든 도시들이 터를 잡고 서 있는 기초는 한 줌의 영적 관념들이다. 우리의 모든 목숨은 풍전등화 격이다. 그것은 하느님의 관심에 대한 인간의 성실한 응답 여부에 달려 있기 때문이다.

인간의 성실성이 이토록 불안하고 나약하며 모호하고 혼돈되어 있는 마당에 무엇을 희망할 것인가? 인류가 오래도록 신뢰해왔던 세계는 우리의 손으로 폭파당하였고, 범죄와 비극의 홍수는 바야흐로 인간의 성실함을 불구로 만들어 버렸다. 그런데도 인간은 이런 파국들에 대하여 오히려 무감각하다. 우리의 양심과 하느님 사이를 가로막은 담벼락과도 같은 이 무감각을 그냥 두고 무엇을 희망할 것인가?

연민

하느님이 나를 질흙으로 빚어 만드실 때 나의 몸이 감당 못할 만큼 큰 연민(compassion)으로 숨을 불어넣지 않으셨다면, 이 요란스런 도시의 불빛과 별들의 빛이 있다 해도 나에게 세계는 어둠일 뿐이다. 나는 나의 몸 속에 오직 하느님의 연민을 간직하고 있을 따름이다. 하느님이 아니라면 나의 몸은 나에게 어둠일 뿐이요 그 불안과 비참을 누가 견뎌낼 수 있겠는가?

모세는, "당신의 길을 알게 하소서"라고 기도했다. 히브리 노예들이 이집트에서 빠져 나온 지 겨우 몇 주간이 지나서, "너희는 나 외에 다른 신들을 두지 말라. 어떤 우상도 만들면 안 된다"는 하느님의 음성을 들은 지 겨우 40일 만에, 그들은 금송아지를 만들었다. 모세는 화가 치밀어 올라, 계명을 새긴 돌판을 내던져 버렸다. 그러나 그 쓰라린 사건이 일단락 되자 모세는 다시 두 번째 돌판을 들고 산꼭대기에 올랐다. 그 때에 하느님은 구름 속에서 내려와 그에게 말씀하셨다. "하느님은 인간에게 측은한 마음을 품으시며 인자하시다. 화는 더디 내시고 사랑과 진실로 충만하시다. 인간의 범죄와 죄악을 용서하신다. 그러나 범죄 사실을 결코 그냥 넘겨버리지는 아니하시어 아비의 죄악을 그 자손에게, 자손의 자손에게 삼사 대의 후손에 이르기까지 벌하시는 분이다." 그분의 불쌍히 여기는 마음은 단순한 감상(感傷)이 아니다. 그것은 그분만이 일으킬 수 있는 힘의 불꽃을 타오르게 하는 것이다.

너에게 있어서 하느님은 어떤 분인가? 이 질문에 대하여 우리가 무덤에까지 가지고 갈 유일한 대답은, 그분은 연민으로 가득 찬 분이다―라는 한 마디다. 우리는 위대한 이름인 네 글자(YHWH)를 발음할 수는 없지만 그 것이 '연민'을 나타내는 말이라는 사실은 배워서 알고 있다.[10]

성경에서 그분을 일컬을 때 사용하는 도덕적, 영적 형용사인 짜딕(*zaddik*), 하싯(*hasid*), 네에만(*ne'eman*) 등은 선행을 하는 인간

---

[10] 발음할 수 없는 네 글자(YHWH)가 흔히 하느님의 사랑을 나타내고, 엘로힘이란 이름은 하느님의 심판을 나타낸다는 것이 오래된 라삐 전통의 가르침이다 (Sifre Deuteronomy § 27; Pesikta, ed. Buber, pp. 162a, 164a).

들을 일컬을 때에도 사용되고 있다. 오직 하나의 형용사가 하느님에게만 적용된다. 성경은 하느님에게만 라훔(*rahum*)11)이라는 형용사를 붙여 "자비로우신 분"이라고 부르고 있다.

하느님은 모든 것 속의 모든 것이 아니다. 그분은 모든 존재들 속에 계시지만 모든 존재물이 아니다. 그분은 어둠 속에 계시지만 어둠이 아니시다. 그분의 하나인 관심이 모든 존재들을 꿰뚫고 있다. 그분은 거기 있는 모든 것들이다. 그러나 신의 부재 또한 거기 있다. 그분의 목적은 자연의 차가운 사실들 속에 감추어져 있다. 그분의 관심은, 너무나도 정교하게 짜여져 있어서 가끔 수선을 할 필요성을 전혀 느끼지 않을 만큼 움직이는 우주의 독자성 속에 감싸여 있다. 그러므로 우리의 지각이라는 것은 외국어를 듣는 것과 같아서, 소리는 듣지만 그 뜻은 놓치고 만다. 인간에게는, 그 자신이 창조의 연설에서 튀어나온 한 마디 외침이건만, 사물들이 저 스스로 움직이고 행동하여 하느님은 꼭 있어야 하는 존재도 아닌 것 같이 느껴진다. 어떤 사람은 오만하게 서둘러 하느님을 무시한다. "하느님을 믿지 않는 자들은 자신의 탐욕을 자랑하고 약탈자는 하느님을 부인하며 업신여기고 스스로 거만하여 '하느님은 벌을 내리지 않는다'고 생각한다. 그들은 하느님이란 있지도 않다고 생각할 뿐이다"(시편 10:3, 4 참조). 그런가 하면, 우리의 모든 희망을 얼어죽게 하는, 수정처럼 정확하고 냉혹한 필연성의 안개 속에서 절망하는 사람들도 있다.

---

11) 유일한 예외인 시편 112:4는 *imitatio Dei*의 명백한 보기다, cf. 111:4. 그 단어는 자궁인 *rehem*에 연관된 것으로서 모성애를 뜻하는 말일 것이다. 바빌로니아 탈무드에는 *Rahmana* 즉 자비로우신 분이라는 단어가 하느님과 경전, 율법 또는 하느님의 말씀을 가리킬 때 함께 사용되고 있다. 율법은 자비다.

진열과 위장

하느님을 안다는 것은, 앞을 내다볼 수 없는 안개 속에서 배회하는 세계를 예시(例示)하듯이, 어둠 속에서 휘파람을 부는 것이 아니다. 우리가 살고 있는 곳이 어둠인 것은 사실이다. 그러나 비록 그 어둠이 깊고 두텁기는 하나 더럽고 무시무시하기만 한 곳은 아니다. 이 세계가 옷 입고 있는 짙은 안개는 하느님의 위장(僞裝)이다. 하느님을 아는 것은 그분의 위장 속에서 진열을 지각하는 것이며, 그분의 가장 장엄한 진열 속에서 그 위장을 깨달아 아는 것이다.

하느님은 이 세계 안에 있으며 사물들의 본질 속에 현재하고 감추어져 있다. 그분이 현재하지 않는다면 본질이 없을 것이다. 그분이 숨어 있지 않다면 드러남 또한 없을 것이다.

자연이 부르는 노래는 자연의 것이 아니다. 자연은 제가 꾸밈 없이 간직하고 있는 불꽃으로 타오르고 있는 것이다. 자연의 독자성, 하나됨, 아름다움은, 모두 빌려 온 온전함이다. 자기네의 지식이라는 것이 더 큰 무지의 평계일 따름이라는 것을 제대로 알지 못하는 자들만이 자연이 보여주는 꿋꿋한 인내력과 소모되어 사라지지 아니함의 기적 같은 놀라움을 알아보지 못한다. 그들은 떨기나무도 보지 못하고 음성도 듣지 못한다.

만일 이 우주가 로봇처럼 설명할 수 있는 것이라면, 우리는 하느님이 우주로부터 떨어져 있으며 하느님과 우주의 관계가 시계 제조자와 시계의 관계와 같다고 말할 수 있을 것이다. 그러나 모든 사물들 속에서 표현 불가능한 것이 울부짖고 있다. 자연에 대한 우리의 과학적 견해와 표현 불가능한 것에 대한 우리의 지각을 아울러 병행시킬 수 있는 길은 자연의 합리적 질서 속에 신성(神性)이 현재한다고 생각하는 것밖에 없다.

혼은 내재한다. 그러나 영은 실재 위에서 언제나 맴돌고 있다. 하느님의 무한한 관심은 세계 속에 현재하고 그분의 본질은 초월적이다. 그분은 우주를 포함하신다. 그러나 한편, 솔로몬의 성전 헌당 기도에서처럼, 하늘과 그 위의 하늘도 그분을 모실 수가 없다(열왕기상 8:27). 하느님을 우주가 거하는 장소로 아는 깨달음은 성경 이후 시대에 대단히 강렬했다. 심지어 '마콤'(*Makom*, '장소')이 하느님과 동의어로 사용되기도 했다.

혼(the soul)은 안에 있으며 수동적이고 숨어 있다. 영(the spirit)은 너머에 있으며 능동적이고 무한하다.

16

숨으시는 하느님

　인류 역사상 가장 무서운 공포를 겪고 살아남은 우리로서는, 하느님이 어디 있는가?—를 묻지 않고서 하느님의 연민에 대하여 생각하는 일이 불가능하다.
　우리가 지금 살고 있는 이 세계의 문(門)에 그려져 있는 문장(紋章)은 악마들의 방패 모양을 하고 있다. 인간의 이마에 새겨진 카인의 표시가12) 하느님의 형상을 덮어 버렸다. 유사이래 이보다 더한 비참, 고뇌, 공포가 없었다. 때로는 태양이 눈부시게 빛나는 것도 죄가 된다. 땅 위에 이처럼 피가 흥건하게 괸 적이 없었다. 이웃 사람이 악마, 괴물, 도깨비가 되었다. 바야흐로 역사는 권력과 악이 손잡고 춤을 추는 무대처럼 보이지 않는가? 인간의 재주로는 그 둘 사이를 떨어뜨려 놓을 수가 없고, 하느님 또한 오히려 그 연극 마당을 연출하시든가 아니면 적어도 상관하지 않는 것 같이 보인다.

---

12) *Genesis Rabba* 22, 12, ed. Theodor, p. 219f; L. Ginzberg, *Legends of the Jews*, vol. V. p. 141을 보라.

183

이런 관점의 어리석음은 인간이 곤경에 처한 책임을 인간에게서 하느님에게로 전가시킨 데 있는 듯하다. 비행을 저지른 것이 인간이면서, 보이지 않는 분을 탓하는 것이다. 우리는 아담이 그랬듯이, 자신의 범죄를 시인하는 대신 오히려 다른 누군가에게 탓을 돌리려고 한다. 여러 세대에 걸쳐 우리는 온갖 추한 것으로 삶을 덮어 씌웠다. 이제 와서 우리는 어째서 우리가 성공하지 못했는가를 의아하게 생각하고 있다. 하느님은 우리로 하여금 총알을 장전한 총을 사용하지 못하도록 지키는 파수꾼으로 간주되었다. 이 일에 실패하자 이제 그분을 최후의 희생양으로 생각하고 있다.

우리는 지금 도덕적 금지사항들이 무너져 내리는 것을 더 이상 충격으로 받아들이지 않는 세대에 살고 있다. 양심의 몰락은 매캐한 냄새로 공중을 가득 채우고 있다. 한때 낮과 밤처럼 선명하게 구별되던 선과 악은 이제 몽롱한 안개가 되었다. 그러나 그 안개는 인간이 만든 것이다. 하느님은 침묵하시지 않는다. 그분은 침묵하신 적이 없다.

하느님의 직접적인 명령에 대해, 그분의 뜻을 향해 열려진 양심으로 응답하는 것을 배우는 대신, 인간은 신화의 달콤한 맛에 입맛을 들이고 구원과 영원불멸의 약속들을 지상의 유쾌한 식사의 후식으로 즐기고 있다. 믿는 자들이 소중히 품고 있는 신앙은 중고품(second hand)이다. 즉 그것은 과거의 기적들에 대한 신앙이며 상징과 의식행위(儀式行爲)에 참여하는 것이다. 하느님을 교리에 의하여 만들어진 풍문으로 알고, 심지어 교리적이 아닌 사람조차도 장엄함의 경이로운 광경을 소리쳐 말하는 일 없이 진부하고 딱딱한 개념들을 나열하고 있다.

우리는 하느님의 이름을 가지고 실없이 농을 한다. 우리는 이상을 헛된 것으로 삼고, 그분을 설교하면서 묘하게 피하며, 찬양하면서 모독한다. 이제 우리는 실패의 열매를 거두고 있다. 오랜 세월 그분은 광야에서 소리치셨다. 얼마나 교묘하게 그 음성이 덫에 걸려 성전의 감옥에 갇혔던가! 얼마나 철저하게 왜곡되었던가! 이제 우리는 그 음성이 어떻게 차츰차츰 발을 빼고 있는지, 사람을 하나씩 둘씩 포기하고 있는지, 그들의 영혼을 떠나고 그들의 지혜를 경멸하고 있는지 보게 되었다. 선(善)을 알아보는 입맛은 이제 지상에서 사라지고 말았다.

우리는 역사를 통하여 얼마나 빈번하게 한 인간이, 한 단체나 혹은 민족이 하느님의 눈 밖에 나서, 행동하고 성공하고 애쓰고 달성하지만 그러나 그분에게 버림을 받는지를 보아왔다. 그들은 한 승리에 이어 또 다른 승리를 구가하겠지만, 그러나 그들의 일은 끝나게 되어 있고 그 모든 승리가 버림을 받으며 쓸모없는 것이 되고 만다. 그들은 온갖 영화와 권세를 누리기도 하겠지만, 그러나 그들의 인생은 결국 암울해질 것이다. 하느님이 그들의 삶으로부터 발을 빼셨건만 그런데도 그들은 잔인함 위에 사악함을, 악 위에 원한을 쌓는다. 이처럼 인간의 퇴임, 섭리의 철폐는 결국 재앙을 초래한다.

그들은 외톨이로 남는다. 도와주겠다는 언질을 받아 새 힘을 얻는 일도 없고 벌을 받아 괴로움을 겪는 일 또한 없다. 하늘은 그들의 행동을 간섭하지도 않고 그들의 양심을 건드리지도 않는다. 하느님의 축복만 빼놓고는 모든 것을 충분하게 소유함으로써 그들은 그들의 풍요가 무자비한 저주를 담고 있는 조개껍질임을 발견하기에 이른다.

인간은 금단의 열매를 따먹은 다음 하느님으로부터 자기를 숨긴 최초의 존재였으며(창세기 3:8), 지금도 여전히 숨고 있다(욥기 13:20-24). 하느님의 뜻은 바로 여기에 분명하건만 그러나 이 세계의 문들이 그분을 향하여 굳게 닫힐 때, 그분의 진리가 배척받고 그분의 뜻이 거절당할 때, 그분은 인간을 홀로 버려 두고 떠나가신다. 하느님은 자신의 의지로 인간을 떠나지 않으셨다. 그분은 추방을 당했다. 하느님은 지금 유배당했다.

아담이 금단의 열매를 따먹은 것보다 하느님으로부터 숨은 것이 더 중대한 문제였다. "너는 어디 있느냐?" 인간은 어디 있는가?—이것이 성경에 기록된 첫 번째 물음이다. 인간의 부재 증명, 이것이 우리의 문제다. 숨은 자, 도망친 자, 알리바이를 가진 자는 인간이다. 하느님은 우리가 생각하는 것만큼 그렇게 까마득히 먼 분이 아니다. 우리가 그분을 간절히 바랄 때 그분과 우리 사이의 거리는 사라진다.

예언자들은 숨어 있는 하느님(the hidden God)이 아니라 숨으시는 하느님(the hiding God)을 말하고 있다. 그분의 숨으심은 그분의 본질이 아니라 기능이다. 영속적인 상태가 아니라 하나의 행위다. 인간들이 그분을 등지고 그분과 맺은 계약을 파기할 때에 그분은 인간들을 포기하고 당신의 얼굴을 그들로부터 감추시는 것이다(신명기 31:16-17). 모호한 쪽은 하느님이 아니다. 인간이 그분을 감추는 것이다. 그분이 우리로부터 숨으시는 것은 그분의 본질이 그런 것이 아니다. "진실로 당신은 스스로 숨으시는 하느님이십니다. 오 이스라엘의 하느님, 구세주시여!"(이사야 45:15, 사역). 숨어 있는 하느님이 아니라 숨으시는 하느님이다. 그분은 발각되기를 기다리고 계시다. 우리의 삶 속에 들어오게 되기를 기다리고 계시다.

그분이 숨으심으로써 당장 오는 결과는 인간의 양심이 굳어지는 것이다. 들어도 알아듣지 못하고 보아도 알아보지 못한다. 그의 마음은 둔하고 귀는 어둡다(이사야 6장). 우리가 마땅히 할 일이란 우리의 영혼을 그분을 향하여 열고, 그분으로 하여금 우리의 행실에 들어오시도록 하는 것이다. 우리는 하느님과 맺어지는 방법을 배워서 알고 있다. 바알 셈(Baal Shem)은 우리에게, 그분이 멀리 떨어져 있는 듯한 느낌은 신앙으로 깨끗이 씻어 버릴 수 있는 환상이라고 가르쳐 주었다. 그분의 궁(宮)으로 들어갈 수 있는 문은 여럿이 있고, 그 중 어느 것도 잠겨져 있지 않다.

인간이 숨어도 하느님이 알고 그를 찾아낼 수 있듯이, 하느님의 숨으심 또한 발각될 수 있다. 그분이 숨어 계시다는 사실을 지각하는 가운데 우리는 이미 그분을 찾은 것이다. 우리의 삶이 하느님의 숨으시는 장소다. 우리는 우리를 요구하시는 그분으로부터 결코 떨어져 있을 수가 없다. 나라들이 요동하고 민족들이 방랑하지만, 그러나 이 모든 것이 깊고 신비한 고요의 표면에서 출렁거리는 물결일 따름이다.

라삐 바룩(Rabbi Baruch)의 손자가 다른 아이와 함께 숨바꼭질 놀이를 하고 있었다. 그는 몸을 숨기고는 친구가 자기를 찾을 것으로 생각하여 오랫동안 그 자리에 숨어 있었다. 한참만에 그는 밖으로 나와서 친구가 자기를 찾는 대신 집으로 가버린 것을 알게 되었다. 결국 그는 헛되이 숨어 있은 셈이 되었다. 그는 서재에 있는 할아버지에게 달려가 울면서 자기 친구를 비난했다. 이야기를 듣고 나서 라삐 바룩은 눈물을 흘리며 이렇게 말했다. "하느님께서도, '내가 숨어 있는데 아무도 나를 찾지 않는구나' 하고 말씀하신다."

우리가 마주치는 것은 패배뿐이며 우리의 신앙이 견뎌야 할 것은 오직 공포뿐인, 그런 때가 있다. 그러나 그 불안 속에서도, 그 공포 속에서도, 우리는 결코 최후의 절망에 정복당하지 않는다. "그리하여 나를 산산이 부수시고 손을 들어 나를 죽여주신다면, 차라리 그것으로 나는 위로를 받고 견딜 수 없이 괴롭지만 오히려 기뻐 뛰리라. 거룩하신 하느님의 말씀을 나 아직 어긴 일이 없네"(욥기 6:9, 10). 절망의 사막에서 샘물이 솟아난다. 이것이 신앙의 안내다. "먼지 속에 누워 신앙을 배불리 먹는다."13)

> 하느님, 우리는 두 귀로 들었습니다.
> 우리 선조들이 하는 이야기를 들었습니다.
> 선조들이 살던 시대, 그 옛날에
> 당신께서 하신 일들을 전해 들었습니다.
> 손수 여러 민족을 몰아내시어 선조들을 뿌리박게 하시고
> 여러 부족을 짓부수시어 그들을 번성하게 하셨습니다.
> 선조들이 땅을 차지한 것은 제 칼로가 아니었고
> 승리한 것은 제 힘으로가 아니었습니다.
> 당신의 오른손, 오른팔 그리고 당신 얼굴의 빛 덕분이었으니
> 당신께서 그들을 사랑하신 까닭입니다.
> 당신은 나의 왕, 나의 하느님,
> 그 명령 한 마디로 야곱이 승리하였습니다.
> 당신의 힘으로 우리는 원수를 쳐부술 수 있었으며
> 당신 이름으로 적군을 짓밟을 수 있었습니다.
> 내가 믿은 것은 나의 활이 아니었고
> 승리를 안겨 준 것도 나의 칼이 아니었습니다.

---

13) 코츠크의 라삐 멘들(Rabbi Mendel of Kotzk)이 풀어 쓴 시편 37:3.

우리가 원수를 이겨 낸 것은
우리의 반대자들이 수치를 당한 것은
그것은 바로 당신 덕분이었습니다.
그러므로 우리의 자랑은 언제나 하느님이었고
우리는 당신의 이름을 항상 찬양하였습니다.
그러나 이제 당신은 우리를 뿌리치고 비웃으시며
우리 군대와 동행하지 아니하시므로
우리가 마침내 적군에게 쫓기고
원수들은 좋아라 우리를 약탈하였습니다.
푸줏간의 양처럼 우리를 넘기시고
이 나라 저 나라에 우리를 흩으시고
돈벌이도 안 되는 일인데
헐값으로 당신 백성을 파셨습니다.
이웃 백성들에게 욕을 당하게 하시고
조소와 조롱거리로 만드셨습니다.
우리를 이방인들의 이야깃감으로 만드시니
뭇 백성이 우리를 가리켜 손가락질합니다.
모욕당하지 않는 날이 하루도 없고
부끄러움으로 얼굴을 들 수도 없습니다.
욕설과 폭언 소리에 귀가 따갑고
미움과 보복의 눈길이 무섭습니다.
우리는 당신을 잊은 일도 없으며
당신과 맺은 계약을 깨뜨린 일도 없건만
마침내 이런 일을 당하였습니다.
우리는 당신을 배반한 일도 없고
일러 주신 길을 벗어나지도 않았건만,
당신께서는 여우의 소굴에서 우리를 부수시었고
죽음의 그늘로 덮으셨습니다.

아무려니,
우리 하느님의 이름을 부르지 아니하였겠으며
다른 신에게 머리를 조아렸으리이까?
마음의 비밀을 다 아시는 하느님께서
어찌 그걸 알아차리지 못하셨으리이까?
당신 때문에, 우리가 날마다 죽임을 당하며
도수장의 양처럼 찢기우는 신세가 되었습니다.
나의 주여, 일어나소서.
어찌하여 잠들어 계십니까?
깨어나소서, 우리를 영원히 버리시렵니까?
어찌하여 외면하십니까?
억눌려 고생하는 이 몸을 잊으시렵니까?
우리의 마음은 먼지 속에 파묻혔고
우리의 배는 땅바닥에 붙었습니다.
일어나소서, 도와 주소서.
당신의 사랑으로 우리를 구해 주소서(시편 44)

| 17 |

신앙을 넘어서

신앙의 위험

신앙을 갖지 않는 것은 목석이 되는 것이며, 분별 없는 신앙을 갖는 것은 미신 행위다. "어리숙한 사람은 무슨 말이나 다 믿는다"(잠언 14:15).14) 그리하여 탐구될 수 있으면서도 아직 탐구되지 않은 온갖 것들에 그의 신앙을 낭비한다. 무지를 신앙과 혼동함으로써 그는, 신앙이란 이해가 끝나는 데서 시작되는 것이거나 한 듯이, 증거도 없이 확신하며 믿을 마음의 준비 태세를 갖추는 것이 무슨 굉장한 신앙이거나 한 듯이, 자기가 이해하지 못하는 것

---

14) "진리의 종교의 후예이며 진리의 사람, 야곱의 자손인 이스라엘에게는… 무엇을 철저하게 거듭하여 따져 보기 전에 믿는 것보다는 차라리 유배를 당하는 것이 더 쉽다. 그들은 그것이 표적으로 나타나든 기적으로 나타나든 좌우간 모든 쇠똥을 걸러낸 다음에야 믿는다. 이스라엘이 얼마나 진실을 사랑하고 의심스러운 것은 그것이 무엇이든 배척한다는 부정 못할 사실은 이스라엘 백성과 모세의 관계에서 잘 드러나 있다. 그들이 노예 생활의 고역에서 신음하고 있었음에도 불구하고 그들에게 구원의 기쁜 소식을 전하라는 명령을 들었을 때 모세는 이렇게 말했다. '그들이 저를 믿지 않으면 어떻게 합니까? 제 말을 듣지 않고서 야훼께서 저에게 나타나셨다는 말을 헛소리라고 하면 어떻게 합니까?'"(출애굽기 4:1). Solomon ibn Adret of Barcelona(1235-1310), Responsa no. 548.

에 의하여 한층 더 위로 올라간다고 생각하는 경향이 있다.

자신의 지혜 위로 오르려고 하는 영혼의 갈망인 신앙은, 식물처럼, 토양보다 조금 더 높은 것이어서, 억누를 수 없고 때로 미친 듯하고 고집스럽기도 하며 맹목적이라서 위험에 노출되어 있다. 영혼이 거룩한 것을 사모하는 힘은 무엇으로 막거나 방향을 돌릴 수 없을 만큼 강하다. 그러나 동시에 천박한 것이 되려는 경향을 지워버릴 수 없는 것도 사실이다. 자신의 신앙에 확고하게 서 있던 자들이 가끔 제 무게에 못 견뎌 쓰러지고, 그리하여 쓰러진 다음에는 무릎을 꿇고 꽃들이 피어나는 바닥에서 기어다니는 뱀을 신격화하며 숭배하곤 한다. 얼마나 많은 헌신과 영웅주의와 자기 금욕주의가 악마들에게로 바쳐졌던가? 얼마나 자주 인간은 사탄을 신격화하고, 음울하지만 장려한 악마의 위엄을 섬겼던가? 참으로, 신앙은 안전하지 못하다.

우리가 자주 하느님을 오해하여 하느님 아닌 것을 믿어 가짜 이상과 꿈, 우주 질서의 힘, 자신의 아버지 또는 자기 자신을 믿는 것은 비극적이지만 사실이다. 우리는 끊임없이 자신의 신앙에 질문을 던지고, 하느님이 우리에게 무엇을 의미하는지 물어야 한다. 그분은 우리의 무지에 대한 알리바이인가? 모르는 것에 대한 항복의 흰 깃발인가? 위로와 위안을 위한 그럴듯한 구실인가? 낙심과 불안 혹은 절망을 속이기 위한 핑계거리인가?

만일 종교조차 사기(詐欺)가 될 수 있고, 우리가 자기 희생을 빌미로 살인을 신성화한다면, 도대체 어디에다 우리의 신앙을 뿌리내릴 것인가? 그토록 빈번하게 우리를 배반하는 우리의 생각인가? 그토록 쉽사리 무너지고 실패하는 우리의 양심인가? 우리의 중심? 우리의 선한 의도(意圖)? "제 생각만 믿는 사람은 미련한 사람"(잠언 28:26)이다.

> 사람의 마음은 천길 물 속이라
> 아무도 알 수 없다(예레미야 17:9).

개인적인 신앙은 스스로 충분치 못하다. 잊혀질 수 없는 안내자의 지시에 의하여 승인을 받아야 한다.

유다 신앙의 중심적 고백인 셰마(Shema)가 일인칭을 사용하여 "나는 믿습니다"로 시작되지 않는다는 사실은 매우 중요한 의미를 지니고 있다. 셰마가 하는 일이란, "들어라, 이스라엘아!" 하고 외치는 그분의 음성을 상기시키는 것이다.

믿는 것은 기억하는 것

그 어느 개인도, 그 어느 세대도 자신의 능력만으로 하느님에게 이르는 다리를 놓지는 못한다. 신앙은 오랜 세월과 함께 많은 사람의 노력으로 이루어진 것이다. 신앙을 표현하는 많은 관념들이란 것이 수백 년 전에 출발한 별의 빛과도 같다. 오늘에는 잘 이해되지 않는 많은 노래들도 지나간 세월에 울리던 목소리의 메아리다. 인간의 영혼 속에는 하느님에 대한 공동의 기억이 있으며 우리는 이 기억에 의하여 신앙에 입문한다.

인간이 획득한 특성들에 대한 집단적 기억이 인간의 발전에서 중요한 역할을 감당했다는 설(說)이 있다. 우리가 지니고 있는 선험적이 범주들 가운데 어떤 것들은 성격상 집합적이며 개인적인 내용이 결여되어 있다. 그것들이 개인적인 성격을 지니는 것도 경험된 사실들과의 만남을 통해서다. "어떤 점에서 그것들은 조상들의 경험으로부터 퇴적(堆積)된 것들임에 틀림없다."15)

인간의 기질뿐 아니라 생각까지도, "전통이나 이민(移民)과 관계없이 모든 세대에 모든 나라에서 새로이 솟아날 수 있는 동기나 이미지들도"16) 인류의 유산에 포함된다. "인간 심성의 진정한 이야기는 유식한 자들의 책이 아니라, 모든 인간의 살아 있는 정신적 구조 속에 보관되어 있다." 우리의 집단적 기억 속에 보물 창고가 있는 것이다. "우리는 이 보물 창고의 열쇠를 분실했을 뿐이며, 그래도 간혹 그 열쇠를 찾아낼 때가 있다."

한 영혼의 풍요로움은 그의 기억 속에 저장되어 있다. 어떤 인간이 매일의 유행을 따르고 있는지 여부가 아니라 그의 현재 속에 과거가 살아 있는지의 여부를 살펴보는 것이 그의 성품을 알아보는 길이다. 우리는 자신을 알아보고 싶을 때, 무엇이 우리의 인생에서 가장 값진 것인지를 찾아보고 싶을 때, 기억을 더듬어 볼 일이다. 기억이야말로 우리의 변덕스런 생각에 대한 영혼의 증언이다.

영적으로 흉내만 내는 사람, 고마워하기를 겁내는 사람, 너무나도 약해서 성실할 수가 없는 사람, 이런 사람들만이 오직 현재의 순간만을 소유한다. 고결한 인간에게는 과거를 기억하는 일이 거룩한 일이며 감사함으로써 온몸을 떨게 된다. 반면에 그의 성품이 풍요롭거나 강하지 못한 사람에게는 감사한다는 것이 매우 고통스런 일이 된다. 지혜의 비결이란 순간의 기분이나 열정에 빠져버리는 것이 결코 아니다. 그것은 순간의 불평 때문에 우정을 망

---

15) C. G. Jung, *Two Essays on Analytical Psychology*, London, 1928.
16) C. G. Jung, *Psychological Types*, New York, 1926, p. 616.

각하는 것도 아니며, 일시적인 사건 때문에 영속하는 가치를 놓쳐 버리는 것도 아니다. 우리가 일상생활 속에서 만나게 되는 일들은, 그것들이 우리 내부의 저장 탱크를 더 채워 주고 있는지 아닌지에 따라 가치 평가를 내려야 한다. 우리의 기억 속에 남겨둘 만한 일이란 우리가 값진 것으로 경험한 것들이다. 기억이야말로 모든 행동의 시금석이다.

기억은 신앙의 근원이다. 신앙한다는 것은 기억하는 것이다. 유다인의 신앙은 과거 이스라엘에 일어난 일들을 회상하는 것이다. 하느님의 영이 실재가 되었던 사건들은 지금 우리의 눈앞에 결코 바래지 않는 색으로 칠해져 놓여 있다. 성경이 명령하는 것들을 기억하라는 한 마디로 압축시킬 수 있을 것이다. "정신차려 스스로 삼가고 조심하여라. 너희가 두 눈으로 본 것들을 명심하여 잊지 않도록 하여라. 평생토록 그것들이 너희의 마음에서 사라지지 않게 하여라. 그리고 그것을 자자손손 깨우쳐 주어라"(신명기 4:9).

유다인은 고대의 기념물을 보관하지 않았다. 그들은 옛적의 순간들을 기억했다. 그들의 역사 속에 켜진 촛불은 결코 꺼지지 않았다. 그들의 과거는 솟구치는 생명력을 지니고 그들의 생각과 가슴과 의식 속에 살아 있다. 회상은 거룩한 행위다. 우리는 과거를 기억함으로써 현재를 거룩하게 만든다.

이 때문에 우리는 유다의 기도서에서 두 가지로 요약된 유다인 신조를 찾아볼 수 있다. 그 하나는 마이모니데스(Maimonides)의 가르침에 기초한 것으로서 유명한 13개 원리를 포함하고 있으며, 나머지 하나는 과거에 대한 일련의 추억들이다.17) 그것은 마치 유다이즘의 핵심적 요소가 추상적인 관념이 아니라 구체적 사건들

---

17) Rabbi E. Azkari, *Haredim*, Venice, 1601, pp. 18b와 23b 참조.

인 듯이 보이게 한다. 이집트에서 탈출한 사건, 시나이 산에서 율법을 받은 일, 예루살렘 성전이 파괴된 사건은 유다인의 머리에서 한순간도 떠나지를 않고 있다. 무려 천 팔백 년이나 더 유다 민족은 성지(聖地)로부터 떨어져 있었다. 아직도 이스라엘 본토에 완전히 정착하지 못한 상태다. 일찍이 이스라엘의 혼은 이렇게 맹세를 했다. "예루살렘아, 내가 너를 잊는다면 내 오른손이 말라 버릴 것이다"(시편 137:5).

우리의 의식으로부터 멀지 않은 곳에 말없이 천천히 흐르는 개울이 있다. 그것은 망각의 개울이 아니라 추억의 개울이다. 그 개울에서 우리의 혼은 신앙의 세계에 들어가기 전에 끊임없이 추억을 마셔야만 한다. 그 물을 마실 때 우리는 신앙의 차원에 닿기 위하여 도약을 할 필요가 없다. 우리가 할 일이란 메아리를 울리기 위하여, 과거를 회상하기 위하여 그 개울을 향해 우리 자신을 열어 놓는 것뿐이다.

인류 역사의 모든 기슭에는 말없이 천천히 흐르는 개울이 있다. 하늘은 하느님의 것이다. 그러나 개울은 모든 인간에게 열려져 있다. 신앙으로 사는 자는 자기 자신이 모든 시대, 모든 민족의 헤아릴 수 없는 사람들 속에서, 하느님과 함께 있는 한 사람이 모든 악의를 품은 자들에 맞서는 다수자이며 자비로운 사랑이 권력보다 강함을 깨달아 안 그 모든 사람들의 공동체에 속해 있음을 발견하게 된다. 신조들은 그것을 쪼개고 광신자들은 그것을 부정할 수 있겠지만, 그러나 신앙의 공동체는 영원히 견뎌낸다. 전쟁이 그것을 파멸시키지 못하고 적수들이 그것을 무너뜨리지 못한다. 악마가 우리에게 그것을 등지는 조건으로 모든 풍요한 세계를 주겠다고 제안해도, 그것은 참으로 가소로운 제안이 아닐 수 없다.

"나의 이름은 해뜨는 데서 해지는 데까지 뭇 민족 사이에 크게 떨쳐, 사람들은 내 이름을 부르며 향기롭게 제물을 살라 바치고 깨끗한 곡식 예물을 바치고 있다. 만군의 야훼가 말한다. 내 이름은 뭇 민족 사이에서 크게 떨치고 있다"(말라기 1:11). 이 선언은 그 예언자와 동시대인들에게 전달된 것이다. 그러나 한 분 하느님을 예배한 자들은 누구였던가? 말라기 시대에는 개종자들이 많지 않았다. 그런데도 선언은 분명하다—모르면서 자기네 신(神)들을 예배하는 자들은 모두가 실은 나를 예배하고 있는 것이다!18)

개인의 추억인 신앙

그러나 신앙을 지니는 것은 예언자들과 현자들이 생각한 낡은 관념의 그늘에 거하는 것을 뜻하지는 않는다. 또한 유물로 내려온 교리에 따라 살아가는 것도 아니다. 영의 세계에서는 개척자가 될 수 있는 자만이 상속자가 될 수 있다.19) 영적인 표절의 대가는 자신의 정직성을 상실하는 것이다. 자기 확대는 자기 배신이다.

순수한 신앙은 전통의 반향(反響) 이상이다. 그것은 창조하는 상황이며 사건이다. 왜냐하면 하느님이 언제나 침묵하시지는 않고 인간도 언제나 소경은 아니기 때문이다. 모든 사람은 살아가다

---

18) R. Nissim Gerondi, *Derashoth* IX, Constantinople, 1530(?), p. 170a를 보라.
19) 「18 축도」는 이렇게 시작된다. "우리의 하느님이며 우리 조상들의 하느님, 아브라함의 하느님, 이사악의 하느님, 야곱의 하느님이신 야훼여." 한 번 "우리 조상들의 하느님"이라고 했으면 됐지 왜 구태여 세 사람의 이름을 다시 열거하며 그들의 하느님이라고 하는가? 이 질문에 대한 답은 다음과 같다. 즉, 이 반복은 야곱이나 이삭이 그들의 조상의 하느님에만 전적으로 의지하지 아니하고 그들 자신의 하느님을 찾았다는 사실을 보여 준다는 것이다. 우리는 바로 이런 이유로, 아브라함의 하느님, 이사악의 하느님, 야곱의 하느님을 말하고 있는 것이다. Rabbi Meir Eisenstadt, *Panim Me'iroth*, no. 39, Amsterdam 1715.

가 지식의 지평선에 베일이 걷히고 영원을 보는 시각이 열리는 순간들을 맞는다. 우리 모두가 적어도 한번쯤은 하느님의 순간적인 실재를 경험한다. 우리 모두 한번쯤은, 그분께 자신을 바친 사람들의 영혼으로부터 솟구쳐 나오는 아름다움과 평화와 힘을 언뜻 바라본 적이 있다. 그러나 그런 경험들은 매우 드물게 일어난다. 어떤 사람에게는 그것들이 유성(遊星)처럼 지나가 버리고 다시는 기억나지도 않는다. 그러나 어떤 사람에게는 그것들이 결코 꺼지지 않는 등불로 타오른다. 그런 경험들을 기억하고 그 순간에 충실하게 응답하는 것이 신앙을 지탱시켜 주는 힘이다. 이런 뜻에서, 신앙은 성실함이다(faith is faithfulness). 한 사건에 대하여 충실함이요 우리의 응답에 충실함이다.

신앙과 믿음

믿음과 단순한 이해는 구별해야 한다. 우리는 머리로 이해한다고 해서 모든 관념을 진실한 것으로 받아들이지는 않는다. 우리는 날아다니는 코끼리를 상상할 수는 있지만, 실제로 그런 코끼리가 있다고 믿을 수는 없다. 믿음이란 어떤 진술이나 사실을 그에 대한 권위나 증명에 근거하여 진실로서 받아들이는 것이다. 그것은 제시된 진술이나 사실의 진실성을 확인하는 것이다.

이런 뜻에서 믿음은 신학의 언어가 아니라 모든 종류의 지식에 적용될 수 있는 인식론의 언어다. 이 믿음을 신앙과 일치시키는 사람은 하나의 판단을 받아들이는 것과 신앙의 관념을 받아들이는 것이 서로 다름을 간과하고 있는 것이다. 신앙이란 생각으로 하는 하나의 태도에 불과한가? 우리는 신앙으로 하느님의 존재를 받아들이는 것을 피사의 탑이 존재하는 것을 받아들이듯이, 그렇게 하고 있는가? 신앙은 하나의 관념에 동의하는 것이 아니라, 하느님에게 동의하는 것이다.

신앙은 하느님과 맺는 관계며, 믿음은 하나의 관념 혹은 교리와 맺는 관계다. 믿음(우리가 알고 있는 것에 대한 동의며, 지식 또는 이해의 부수물인)과는 달리 신앙은 지식과 이해를 넘어 나간다. 신앙은 우리가 알 수 있는 것이 아니라 우리의 지식을 초월하는 것을 가리킨다. 무엇보다도, 믿음은 필연적으로 자의식적인 행위다. "나는 믿는다"고 말하는 가운데 이미, 무엇이 진실이라고 받아들이는 자아가 전제되어 있다. 믿음은 인격적인 확신이다. 그러나 신앙을 태어나게 하는 외경과 수줍음 속에는 자의식이 있을 자리가 없다. 인간이 자신의 익숙한 의견을 제시하고 하느님에 대하여 인정하는 행위를 신앙으로 본다는 것은 참으로 터무니없는 짓이 아닐 수 없다.

길을 떠난 어느 하시드 라삐(a hasidic rabbi)가 하필이면 하시디즘(Hasidism)의 적대자 집에서 하룻밤 신세를 지게 되었다. 집주인은 이른 새벽에 습관대로 일어나서 탈무드를 공부하기 시작했다. 시간이 흘렀지만 라삐는 자리에서 일어나지 않았다. "새벽에 토라를 공부하지도 않으면서 성자 행세를 하다니, 얼마나 창피한 일인가." 마침내 라삐가 일어나자 주인은 너무 늦게까지 잠을 자고 있음을 나무랐다. 그러자 라삐는 이렇게 대답했다. "몇 시간 전부터 깨어 있었소." "그렇다면 왜 일어나서 성경을 공부하지 않았소?" "눈을 뜨고서 '내가 당신께 감사하나이다…'고 기도하기 전에 나는 생각하기 시작했지요. '나'는 누구고 '당신'은 누군가? 내가 그분께 감사를 드린다는 것이 얼마나 무가치한 일인가? 내가 대답을 찾고 일어나서 기도를 하고…한다는 것이 나의 힘으로는 할 수 없는 일이었소."

신앙이 없는 믿음이란 하나의 형식적인 행위일 뿐이다. 그것은, 영적인 의미에서, 계산기로 하느님의 존재를 증명하는 것과 마찬가지로 빈약한 행위다. 반면에 신앙은 하나의 진술에 대한 동의일 뿐 아니라 보이지 않는 실재의 진실에 자신을 몽땅 내맡기는 것이다. 사랑과 마찬가지로, 그것은 하나의 동의로 환원시킬 수 없는 것이며, 그것을 제대로 표현하는 방법은 조리 있는 확인이 아니라 외침일 수밖에 없다.

신앙과 신조

앞에서 말했듯이, 우리는 신앙의 과정을 신앙의 표현과 동일하게 여겨서는 안 된다. 따라서 신앙을, 혹은 믿는 행위를 우리가 믿는 내용 또는 신조(creed)와 구별해야 한다. 우리가 받는 영감과 마찬가지로 합리적이지 못한 신앙은, 그것이 하나의 견해로 응축될 때 도그마(dogma) 또는 교리가 된다. 다른 말로 하면, 신조로 표현되고 가르쳐지는 것은 비상한 영을 범상한 정신에 적합하도록 각색한 것이다. 우리의 신조란 음악처럼, 표현 불가능한 무엇을 표현의 일정한 형식으로 옮겨 놓은 것이다. 원본은 오직 하느님만 아신다.

신앙은 무모한 영적 행위(spiritual audacity)다. 그것을 언어로 표현할 때 우리는 지적인 안정감과 평온을 갈망하여 그에 적절한 언어를 찾지 않을 수 없는 것이다.

사고와 행위의 궁극적 원리는 그것이 좀처럼 분석되지 않는 데 있다. 모든 특수한 학문은 설명되지 않는 여러 가지 전제들을 당연한 것으로 받아들이도록 강요당하고 있다. 이 전제들은 직관적인 확신에 서 있는 것이거나, 아니면 어떤 경험으로도 부정되지 않는다는 이유로 받아들여진 것들이다. 그 누구도 어째서 그가 선을 위하여 자신의 목숨과 행복을 희생시켜야 하는지를 합리적으로 설명할 수가 없다. 우리가 윤리적인 명령에 복종해야 한다는 것은 논리적인 토론의 결과로 얻는 확신이 아니다. 그것은 직관적인 확신 속에, 신앙의 확신 속에 뿌리를 내리고 있다. 모든 종교가 어느 정도 상대적인 기초(fundamentals) 위에 서 있다. 원리들은, 도그마와 마찬가지로, 은유로써만 표현될 수 있다. (에너지 보존의 원리가 그 한 보기다). 왜냐하면 그것들이 가리키고 있는 것은 우리의 경험을 넘어서는 무엇이며, 우리의 표현 수단은 경험에서 나오기 때문이다.

도그마의 타당성은 그것이 공식화를 고집하느냐 아니면 암시하는 것으로 그치느냐에 달려 있다. 전자의 경우 그 도그마는 깃발처럼 나부끼면서 마침내 떨어지고 말 것이며, 후자의 경우에는 가리키면서 밝혀 줄 것이다. 도그마는 타당성을 유지하기 위하여 그것이 가리키는 주제와의 관계에서 망원경의 위치를 지켜야 한다. 즉 그것은 하느님의 신비를 사진 찍는 것이 아니라 가리키는 것이어야 한다. 도그마가 할 수 있는 일이란, 사유의 종점이 아니라 사유로 가는 길을 가리키는 것이다. 그 길의 겸허한 이정표가 되지 않을 때 도그마들은 장애물일 뿐이다. 도그마는 지식을 제공하거나 설명하는 역할이 아니라 가리키는 역할을 맡고 있다. 도그마의 문자가 고집될 때 그 도그마는 지루하고 편협하며 천박해진다. 아니면 복화술(腹話術)하는 자의 신화가 되고 만다. 예를 들면, 창조의 교리는 자주 하나의 이야기로 전락되어, 그 본디의 의미를 빼앗겼다. 그것이 궁극적인 사실을 가리키는 하나의 암시로 받아들여질 때에는 무진장한 의미를 지닐 수 있는 것인데도.

우리가 이름지어 부를 수 없는 경험들이 많이 있고, 그 어떤 교리로도 담지 못한 신앙의 층(層)도 많이 있다. 인간은 표현 불가능한 것을 남에게 전달시킬 매체를 찾다가 빈번하게 어느 방향으로든 달리는 차에 올라타게 되는데, 나중에는 그 차에서 내리지를 못하게 된다.

한 젊은이가 뉴욕에 가고 싶은 마음이 간절했다. 그는 길에서 지나가는 차를 세우고 운전하는 사람에게 물어보았다. "이 차, 뉴욕으로 갑니까?" "아니, 나는 지금 시카고로 가는 중이요." "좋습니다. 그럼 나도 시카고로 가겠어요."

교리라는 우상숭배

인간은 흔히 교리로 신을 만든다. 자기가 예배하고 기도하는 대상을 새겨 만든다. 그는 하느님을 믿는 게 아니라 교리들을 믿는다. 하늘을 위해서가 아니라 하나의 신조를 위해서, 신앙의 극히 작은 한 부분을 위해서, 그 교리들을 숭배한다.

교리는 인간의 보잘것없는 생각이 하느님의 신성을 나누어 갖는 것이다. 하나의 신조는 보잘것없는 인간이 소유하는 거의 전부다. 피부에는 피부로, 그는 자기가 가진 모든 것을 위하여 목숨을 바칠 것이다. 그렇다. 그는 만일 남들이 자기의 교리를 받아들이지 않는다면, 그들의 생명까지 희생시킬 준비가 되어 있을 것이다.

교리는 필요 없는가

　교리들은 필요 없는가? 우리는 아주 드물고도 덧없이 사라지는 순간들 말고는 신(神)의 실재와 일치할 수가 없다. 어떻게 하면 그 순간들이 여전히 살아 제 기능을 다하도록 오래 보존할 수 있을까? 불가사의한 그분의 꽃에서 꿀을 따는 벌들처럼, 우리를 먹여 주던 생각들이 어느덧 우리를 떠나가고 그리하여 우리가 보지도 못하고 앞으로 달려가지도 못하는 그런 때에, 어떻게 그 순간들을 보존할 수 있을까? 교리란 한때 살아 있던 벌들을, 우리의 마음이 표현 불가능한 것의 힘 앞에 노출될 때 감전(感電)될 수 있도록 방부처리하여 집어넣는 호박(琥珀)과도 같다. 왜냐하면 우리가 늘 더불어 씨름해야 하는 문제들이란, 다음과 같은 것들이기 때문이다. 우리는 어떻게 그 드문 깨우침의 순간들을 우리의 삶의 모든 영역에 연결시킬 것인가? 어떻게 우리는 그 표현 불가능한 것을 언어로, 직관을 개념으로, 합일을 논리적 이해로 바꿀 것인가? 어떻게 우리의 깨달음을 남들에게 전달하며 그들과 신앙의 교제 속에서 하나가 될 것인가? 이런 문제들에 대한 대답으로서 시도되는 것이 바로 신조다.

　"아들아, 아비의 훈계를 귀담아 듣고 어미의 가르침을 물리치지 말아라"(잠언 1:8). 우리의 신조는 우리의 어리석음이나 실수를 끝까지 참고 견뎌 주는 어머니, 우리의 신앙이 망각 속으로 사라져 버리는 때에도 결코 우리를 잊지 않는 어머니와 같다.

　신조는 여럿이 있다. 그러나 보편적인 신앙은 하나뿐이다. 신조들은 변하고 발전하고 시들어서 이울 수 있다. 그러나 신앙의 본체(내용)는 어느 시대에나 동일하다. 신조가 지나치게 커지면 신앙을 깨뜨리고 결정적으로 파멸시킬 수도 있다. 최소한의 신조와 최대한의 신앙이야말로 이상적인 종합이다.

신앙과 이성

지혜의 고지를 떠나 높이 솟아오르는 신앙에 이끌려 살다보면 신앙인은 가끔, 신앙이란 이성에 견주어 보면 무슨 요새처럼 단단하고 난공불락인 공중누각이 아닌가?―하는 의혹에 사로잡힐 때가 있다. 신앙인은 자주 아무것과도 비교될 수 없고 양도할 수 없는 깨달음을, 대중에 의해 생산된 일반 개념과 바꾸고자 하는 경향이 있다.[20] 그러나 그런 깨달음에는 환율이 없다. 왜냐하면 신앙을 이성의 술어로 평가하는 것은 사랑을 삼단논법으로 이해하고 아름다움을 대수 방정식으로 이해하려는 것과 같기 때문이다.

우리의 회의론이 바라는 것은 무엇인가? 그분을 텔레비전에서 보는 것인가? 신앙을 지식이라는 지폐 속에 응축시키는 것인가?

우리는 삼단논법의 기초 위에다가 신앙의 고지에까지 닿을 만한 탑을 쌓고자 하지는 않는다. 사실상, 신앙의 비전을 사변의 술어로 표현하려는 시도는 거대한 바위로 된 비행기를 만들려는 것과 같다.

우리는 자신의 믿음이 정당함을 변호하려고 할 때, 신앙이 아니라 신조를 다루고 있는 것임을 잊어서는 안 된다. 신앙의 내용은 너무나도 고와서 논리의 체로는 걸러지지 않는다.

---

[20] "신학자들은 작은 자선에도 감사하도록 길들여졌다. 그리하여 그들은 학문을 하는 자가 단 하나라도 줄 수 있는 한, 그가 어떤 하느님을 그들에게 주던 거기에는 크게 관심하지 않는다"(B. Russell, *The Scientific Outlook*, p. 115).

이성은 모든 것의 척도도 아니며, 인생의 모든 것을 좌우하는 힘도 아니고, 모든 확신의 아버지 또한 아니다. 상처 입은 인간의 울부짖음은 논리 정연한 사색의 산물이 아니다. 과학은 예술의 언어로 이루어질 수 없으며, 예술 또한 과학의 언어로 이루어질 수 없다. 그렇거늘 어째서 신앙의 타당성이 과학의 정당화에 근거해야 하겠는가?

앞에서 말했듯이 하느님에 대한 깨달음은 삼단논법에 의하여 이루어지는 것이 아니며, 신앙의 확실성 또한 사변(思辨)의 은쟁반 위에 얹혀질 수 있는 것이 아니다. 논리적인 그럴듯함이 신앙을 창조하는 것도 아니며, 논리적으로 그럴듯하지 못함이 신앙을 그릇된 것으로 못 박을 수도 없다.

이성은 아는 것으로 모르는 것을 통합하고자 하며, 신앙은 신성으로 모르는 것을 통합코자 한다. 신앙의 성숙한 열매는 냉엄한 판단이 아니라, 그분께 접근하는 것이며 행동이고 노래며 그분께로 연결됨이다. 역사가들이 이스라엘의 고난을 팔레스타인의 지정학적 술어로 설명하여, 세 대륙의 교차 지점에 위치한 때문에 제국들의 야욕에 시달려왔다고 보는 반면, 예언자들은 이스라엘로 하여금 자신의 죄악뿐만 아니라 이방인의 죄악에 대한 속죄를 위해 고난을 당하게 하는 하느님의 계획을 말하고 있다.

신앙은 신조로 변형될 때 이성의 인습적인 술어로 표현된다. 그런 술어들은 파생되고 시들고 하는 터라 오늘에는 싱싱하다가도 내일에는 진부한 것이 될 수도 있다. 이성은 신앙이 아니라 믿음과 더불어 갈등한다.

우리에게 앎을 주소서

"인간에게 발생하는 악 가운데 이성 작용을 증오하는 것보다 더 큰 것은 없다. 그러나 이성 작용에 대한 증오와 인류에 대한 증오는 둘 다 같은 근원에서 나온다… 소크라테스에게는 주의를 기울이지 않아도 좋다. 그러나 더 많은 주의를 진리에 기울여라. 그리고 만일 내가 뭔가 진리인 것을 당신들에게 말해 주고 있는 듯이 보이거든 동의하라. 그러나 만일 그렇지 않거든, 당신들의 힘을 모두 동원하여 나를 반대하라"(*Phaedo* 87, 91).

유다의 전통에서는 이성이 언제나 하느님이 인간에게 주신 가장 좋은 선물들 가운데 하나로 귀중하게 여겨졌다. 유다 사상사에서 이성의 결론을 배척하거나 무시하려는 경향을 찾기란 어려운 일이리라. 유다인들이 하루에 세 번씩 하는 기도의 첫 구절은 빵을 달라는 것도 아니요 죄를 용서해 달라는 것도 아니다. 그것은 앎을 구하는 말이다. "오, 우리에게 앎을 주소서, 이해와 깨달음을 주소서…"

만일 어느 신조가 맹목적인 믿음의 방벽 뒤에 숨음으로써 안전할 수 있다면, 그 신조 뒤에 있는 것은 믿음이 아니라 두려움이요 신뢰가 아니라 의혹이리라. 진리는 이성을 두려워할 아무 까닭이 없다. 우리가 혐오하는 것은 흔히 초합리주의와 손을 잡는 주제넘음이며 자만심으로 제한된 이성, 열정에 아첨하는 이성이다.

계시에 의하여 우리에게 전해진 가르침과 이성으로 획득된 관념 사이에는 진정한 갈등이 없다는 것이 중세기 위대한 유다 사상가들의 보편적인 생각이었다. 이 사상가들이 본질적으로 동의하는 것은 유일신론이라는 교리의 함축된 의미였다. 신의 메시지 속에 내포되어 있는 것은 잘못 진술된 실재도 아니며 학문으로 배운 바 진리에 배치되는 것일 수도 없다. 이성과 계시가 둘 다, 모든 실재를 창조하시고 모든 진리를 아시는 하느님의 지혜에서 나오는 것이기 때문이다. 이성과 계시 사이의 본질적인 불일치는 두 개의 신적인 존재를 전제하는 것이겠고, 그 둘은 서로 다른 지식의 원천을 대표할 것이다. 그러므로 신앙은 부조리한 것을 받아들이기 위하여 이성을 강제할 수가 없다.

이성도 신앙도, 모든 것을 포함하거나 스스로 충족되는 것은 아니다. 신앙의 깨달음은 막연하고 모호하며, 다른 사람의 생각과 통하고 일관성을 띠기 위하여 개념화가 될 필요가 있다. 이성은 불가피하게 신앙과 공동작용을 하여, 흔히 상상에 의하여 과장되고 맹목적이 되며 폭력적인 것이 되는 것에 형식을 제공한다. 이성 없는 신앙은 벙어리요 신앙 없는 이성은 귀머거리다.

그러나 우리는 진정으로 믿는가? 어느 하시드가 한번은 마이모니데스의 13원리를 암송하기 시작했다. "나는 창조주가, 그분의 이름에 축복을, 모든 창조된 것들을 지으시고 다스리심을 굳게 믿나이다." …갑자기 그는 중단했다. "나는 과연 굳게 믿는다고 말할 수가 있나? 만일 그렇다면 이토록 조바심을 하고 이토록 불경스러울 수가 없을 텐데, 이렇게 반쪽 마음으로 기도할 리도 없을 텐데… 그러나 만일 믿지 않는다면 내가 어찌 감히 거짓말을 아뢸 수야 있겠는가… 그렇지 않다. 나는 차라리 말하지 않을 것이다. 거짓말은 믿지 않는 것보다 더 나쁜 일이니… 그렇지만 이렇게 망설여지는 건 내가 믿지 않는다는 뜻 아닌가? 그러나 나는 믿는다!…" 다시 그는 입을 다물었다. 그러다가 마침내 빠져나갈 길을 찾아냈다. "오, 나는 굳게 믿을 수도 있나이다…"

유다이즘의 위대한 개혁자인 율법 학자 에즈라는 라삐들로부터, 만일 모세가 이미 토라를 받지 못했다면 에즈라가 토라를 받을 만한 자격이 있는 사람으로 평가받았으나(Sanhedrin 21b), 자기에게 완전한 신앙이 결여되어 있다고 고백하였다. 그는 아르닥사쓰 황제로부터, 포로들을 데리고 바빌론을 떠나 고향으로 돌아가라는 칙령을 받은 다음의 일을 이렇게 들려 주고 있다. "거기 아하와 강가에서 나는 선포하였다. '우리 가족을 거느리고 가산을 끌고 무사히 돌아가게 하여 주십사고 음식을 끊고 우리 하느님 앞에 엎드려 기도합시다.' 우리의 황제에게 이렇게 장담했던 것이다. '우리 하느님은 당신을 저버리면 노여우시어 호되게 벌하시지만, 당신을 찾기만 하면 잘 보살펴 주십니다.' 그래 놓고 도중에 원수들이 달려들까 무서우니 보병과 기병을 풀어서 도와달라고 청하는 것은 부끄러워서도 할 수 없는 일이었다. 우리는 단식하며 우리 하느님께 도와주십사고 빌 수밖에 없었다"(에즈라 8:21-23).

신앙은 상호 작용이다

신앙은 사원에 눌러 붙어 있는 것이 아니라 끝없이 이어지는 마음의 순례이기 때문이다. 담대한 동경, 불타는 노래, 과감한 사색, 심장을 사로잡는 충동, 마음을 강탈당함―이것들 모두가 하나의 종(鐘)처럼, 우리의 가슴을 울리는 그분을 섬기고자 우리를 몰아가는 것이다. 그것은 마치 그분이 우리의 텅 비고 사라져 가는 삶 속에 들어오려고 기다리고 있는 것 같다.

우리 자신의 신앙에 의지하는 것은 우상숭배가 될 것이다. 우리에게는 오직 하느님께 의지할 권리만 있다. 신앙은 보험이 아니라 끊임없는 노력이며, 그 영원한 음성을 끊임없이 듣는 것이다.

따라서 신앙이란 인간의 정신이 그 모습을 밖으로 나타낸 것이 아니다. 곧 신앙이란 호기심의 자기 소멸도 아니며, 이성의 고행도 아니고, 인간만이 지니고 있는 어떤 심령적 속성도 아니다. 신앙의 본질은 우리가 그것을 표현하는 가운데 밝혀지지는 않는다. 오히려 그것은, 우리의 영혼이 하느님에 직결되는 것과 하나가 되는 가운데, 우리의 사랑이 하느님이 인정하실 만큼 신장되는 가운데, 우리의 존재가 그분의 생각의 조류를 타고 흘러가며 인간의 절망의 황폐한 시야를 벗어나 치솟는 가운데 밝혀진다. 신앙은 일방적이 아니라 상호 작용일 때에만 진짜다. 즉 사람이 하느님을 믿고 의지할 수 있는 것은 하느님이 사람을 믿고 의지할 수 있기 때문이다. 우리는 그분이 우리를 신뢰하기 때문에 그분을 신뢰할 수 있다(신명기 32:4에는 신앙이 하느님에게서 비롯된 것으로 고백된다). 신앙을 지닌다는 것은 인간에 대한 하느님의 신앙을 정당화시켜 드리는 것이다. 사람이 하느님을 믿어야 하는 것과 마찬가지로 하느님이 사람을 믿으시는 것 또한 본질적인 속성이다. 그런즉 신앙이란 하느님이 우리에 대해 갖고 계신 상호 관계와 사귐을 깨달아 앎이요, 하느님과 인간 사이의 교제(交際)의 한 형태다.

종교는 내향성 이상이다

우리는 흔히 종교의 본질을 하나의 영혼의 상태, 내향성(inwardness), 절대 감정으로 정의하여, 종교인에게 보통 행위의 표면까지 올라올 수 없을 만큼 깊은 감성에 사로잡혀 있기를 기대하는 경향을 지니고 있다. 마치 종교란 오직 대양의 바닥에서만 무성한 식물이거나 한 듯이 말이다. 그러나 앞에서 보았듯이 종교는 존재하는 무엇에 대한 느낌이 아니라, 우리에게 특정한 방법으로 살 것을 요구하시는 그분께 대한 응답이다. 종교는 그 기원에서 더 높은 목적에 쓰임을 받아야 한다는 하나의 책임 의식이며, 인생이 인간의 것일 뿐만 아니라 하느님이 관심을 쏟고 계시는 영역이기도 함을 체득하는 것이다.

그분의 존재에 대한 확신에 도달한다고 해서 신앙이 끝나는 것은 아니다. 신앙은 신비를 넘어서 있는 그분과 합일하려는 격렬한 갈망의 시작이며, 우리 안에 있는 모든 힘과 영적으로 우리를 넘어서 있는 모든 힘을 하나 되게 하려는 열망의 시작이다. 성실함을 얻고자 하는 우리의 갈망 밑바닥에는, 우리 안에 있는 표현 불가능한 것이 우리를 넘어서 있는 표현 불가능한 것과 교제하고자 하는 움직임이 깔려 있다. 그러나 그 교제에 쓰이는 언어는 무엇인가? 그것 없이는 우리의 충동이 아무에게도 전달될 수 없는, 그 언어는 무엇인가?

우리는 하느님이 인간에게 요구하시는 것이 내면의 자세보다 더한 것임을 알고 있다. 그분은 인간에게 생명뿐만 아니라 법도 주셨으며, 그분의 뜻을 인간은 기릴 뿐만 아니라 섬겨야 하고 예배할 뿐만 아니라 복종해야 함을 배워서 알고 있다 신앙은 우리에게 행위를 강요하는 힘처럼 온다. 그 강요하는 힘에 우리는 자신을 끊임없이 헌신하겠다는 서약을 하는 것으로 응답하며 자신을 하느님의 현존에 내어 맡기는 것으로 응답한다. 그리고 신앙은 생명을 위한 결속으로, 자제, 복종, 자기 제어, 용기를 내포한 충성으로 남는다.

유다이즘은 신앙과 신조, 경건과 할라카(Halacha), 헌신과 행동의 일치를 이룰 것을 역설한다. 신앙은 하나의 씨앗일 뿐이요 행위는 그 씨앗의 성장 또는 시듦이다. 육체로부터 이탈된 신앙, 우아한 고립 속에서 성숙코자 하는 신앙은 유령일 뿐이다. 우리의 정신-물질적 세계에는 그런 것이 있을 자리가 없다.

 신조와 신앙의 관계는 할라카와 경건의 관계와 같다. 신앙이 신조 없이 존재하지 못하듯이 경건은 어떤 행동 양식 없이 존재할 수가 없다. 지성(知性)이 훈련과 떨어질 수 없듯이 종교는 행실과 분리될 수 없다. 유다이즘은 사색 뿐만 아니라 행위 속에 살아 있다.

 인간의 위엄에 부합되는 하나의 생활양식—인간의 가장 절박한 질문의 대상—은 자연을 개발하고 그 모습의 아름다움을 찬양하는 인간의 능력뿐만 아니라, 표현 불가능한 것에 대한 인간의 특수한 감각까지도 고려의 대상에 넣어야 한다. 그 생활양식은 필요한 것들의 충족뿐만 아니라 목적들의 성취를 위한 계획이어야 한다.

제2부

삶의 문제

18

요구의 문제

놀람에서 신심(信心)으로

　인간은 그 존재의 뿌리에서는 궁극적인 것과 연결되어 있으면서도, 생각과 행동에서는 떨어져 있고 고삐 매어져 있지 아니하여 행위하고 억제하는 것을 자유로이 한다. 순종하지 않을 수가 있는 것이다. 그러나 나무는 그 뿌리가 아니라 열매를 보아 알 수 있다. 추한 나무는 없지만 벌레 먹은 열매는 있다. 그러므로 붙들고 씨름해야 할 유일한 문제는, 온갖 거짓으로 시달리는 이 세상에 살면서 어떻게 오염되지 않을 것인가, 어떻게 절망에 빠지지 않을 것인가, 어떻게 도망치지 않고 맞서 싸워서 그 영혼을 더럽히지 않으며 나아가 이 세계를 순화시키는 일에 도움이 될 것인가 하는 문제다.

　그런 힘과 그런 안내는 하늘의 별들로부터 억지로 얻어낼 수가 없다. 자연이란 너무나도 멀리 떨어져 있어서, 혹은 너무나도 늙어서 혼란에 빠진 인간에게 옳고 그른 것을 분간하는 방법을 가르쳐 주지 못한다. 표현 불가능한 것에 대한 감각은 반드시 필요하지만, 그러나 놀람에서 예배로, 의지에서 실현으로, 외경에서 행동으로 가는 길을 찾아 주는 데는 미흡하다.

서양 철학은 그 위대한 스승들이 인식의 문제를 너무 좋아한 결과 심각한 좌절을 겪게 되었다. 소크라테스 이래 서양 철학은 생각할 줄 아는 자는 살아낼 줄 안다는 가설의 안내를 받아 기본적으로 바르게 생각하는 것을 추구해 왔다. 특히 데카르트 시대 이후로는 인식의 문제에 주목하여 삶의 문제에는 갈수록 관심이 멀어져 갔다. 실제로 철학자들은 삶의 문제에 등한하면 하는 만큼 훌륭하고 가치 있는 탐구에 몰두할 수 있다고들 보았다.

그러나 궁극적인 문제를 생각하는 것은 어떤 특수한 기술 이상인 무엇이다. 그것은 전인격으로 하는 행위며, 마음과 혼의 모든 기능을 쏟아 부어야 하는 일이다. 그것은 그것이 통과해야 하는 인격적 풍토와 기후에 필연적으로 영향을 받게 마련이다. 우리는 우리가 사는 바에 따라 생각한다. 우리가 감각하는 것을 생각하기 위하여, 우리는 우리가 생각하는 것을 살지 않으면 안 된다. 만일 문화라는 것이 어느 온실에서 자라나는 것 이상인 무엇이라면, 그것은 일상생활의 토양에서 자라야만 할 터이요, 돌이켜 인간의 내면적 성채(城砦)를 더 튼튼하게 만들어 주어야 할 것이다. 문화는 안에서 밖으로 향하여, 구체적 실존과 인간의 행실, 조건을 토양 삼아 자라나야 한다.

중성적(中性的)인 것을 다루는 문제

삶의 문제란, 우리가 불량배들을 어떻게 다룰 것인가, 혹은 우리가 다른 사람들에게 얼마나 실수를 하고 있는가에 대한 깨달음과 함께 생겨나는 것은 아니다. 그것은 우리 자신의 자아와의 관계에서, 우리의 심리적, 감정적 기능들을 다루는 일에서 비롯된다. 사람의 살아감에서 첫 번째로 문제가 되는 것은 범죄도 아니고 잘못을 저지르는 것도 아니다. 그것은 자연스런 행위인 요구들(needs)이다. 우리가 처음부터 지니고 있는 것들은 우리의 정념 못지 않게 문제를 제기하고 있다. 그러므로 우리가 일차적으로 해야 할 사명은 악(惡)을 어떻게 다룰 것이냐가 아니라, 그 중성적인 것을 어떻게 다룰 것이냐, 그 요구들을 어떻게 다룰 것이냐다.

요구들의 경험

의지는 만일 그것이 끊임없이 솟구치게 하는 통로가 없다면, 인간의 본성 속에서 잠들어 있을 것이다. 그 통로란 요구들을 경험하는 것(the experience of needs), 안팎의 요인들로부터 일어나는 압력과 긴급성을 느끼는 것이다. 그것을 충족시키기 위하여 인간은 자신의 잠재력을 행위로 옮겨야만 한다.

그런즉 요구들이란 사람이 그의 안팎 세계와 통화를 하는 체계라고 하겠다. 그것들은 살아가는 데 필요한 것들을 의식에 전달해 주고, 동시에 그가 계획하고 행동하기 위하여 어떤 목적들을 선택할 것인지를 결정한다. 그를 둘러싸고 있는 사물들은, 늘 그런 것은 아니라 해도, 그가 요구하는 바 대상이 되기까지는 그의 안계(眼界) 밖에 있다.

사색과 느낌에 몰두하여 인간은 둘레에 있는 것들로부터 스스로 단절될 수 있다. 그리고 바로 요구들의 발로를 통해 그는 세계와 다시 만나게 된다. 요구들이란 내면의 삶과 외부의 삶이 서로 엇갈리는 교차로다. 그러므로 우리는 요구들을 분석함으로써 삶의 문제에 접근할 수 있을 것이다.

특히, 요구(要求, need)는 한 인간이 잘 살아가는 데 없어서는 안 되는 어떤 것의 결핍 또는 부족을 의미하며, 그것들을 채우고자 하는 간절한 욕구(desire)를 불러일으킨다.[21] 심리학에서는, 요구가 있는 곳에 그 요구를 채우려는 욕구가 있고, 그 욕구가 느껴지지 않는 것은 요구가 표현되지 않은 까닭이라고 본다. "모르는 것은 바라지 않는다"(*Ignoti nulla cupido*, Ovid, *Ars Amatoria*, iii, Ⅰ, 397). 우리는 우리가 알고 있는 것만을 바란다.

> 우리가 보석을 보고 허리 굽혀
> 그것을 줍는 것은
> 보석이 무엇인지 알고 있기 때문일세.
> 그렇지만 우리가 모르는 것은
> 발로 짓밟고 생각조차 하지 않지
> (셰익스피어, 『자에는 자로』, 2막 1장).

인생: 요구들의 더미

인생이란 요구들이 쌓여서 이루어지는 것이다. 그러나 이 요구들은 모든 사람들에게 동일한 것도 아니며, 어느 한 사람에게 영구적으로 있는 것도 아니다. 모든 사람에게는 고정된 최소한의 요구가 있고, 반면에 어느 한 사람에게도 고정된 최대한의 요구라는

---

21) '요구'라는 단어는 일반적으로 두 가지 의미로 사용되고 있다. 하나는 객관적인 조건으로서의 결핍을 뜻하고, 다른 하나는 그 결핍을 깨달아 아는 것을 뜻한다. 요구라는 말이 후자의 뜻으로 사용될 때에는 관심(interest)과 동의어가 되어 '실현되지 않은 조건에 결부된 충족되지 않은 능력'을 뜻하는데, 여기서는 이런 뜻으로 사용되었다.

것은 없다. 동물들과 달리 인간에게는 예측 못할 일들이 갑자기 일어나고 요구와 관심들은 갈수록 늘어난다. 그것들 가운데는 천성으로 타고난 것들도 있고, 반면에 광고나 유행 또는 부러움으로 말미암아 생겨나는 것들도 있으며, 어떤 것은 순수한 요구의 착오로 생겨나기도 한다. 우리는 흔히 순수한 요구와 인위적인 요구들을 분간하지 못하고, 일시적인 기분을 큰 뜻으로 착각하여 추잡한 긴장 관계 속에 빠져들기도 한다. 그런 착오를 끝없이 되풀이하는 것이야말로 가장 고약한 미망(迷妄)이다. 실제로 질병의 전염으로 죽는 사람보다 요구들의 전염으로 죽는 사람이 더 많다.

  만일 인간의 생물학적 진화를 그의 환경에 대한 적응이라고 설명할 수 있다면, 문명의 발전은 인간의 욕구들에 대한 환경 조건들의 조정(調整)이라고 정의 내려야 할 것이다. 과학과 기술은 우리에게 모든 물질적 필요를 충족시켜 주겠노라고 약속하고 있다. 기술 과학과 사회의 발전에 따라 더욱 확장되는 인간의 요구를 가로막겠다는 것은 문명이 타고 흐르는 흐름을 멈추게 하겠다는 말이 된다. 그럼에도 불구하고 제어되지 않는 그 흐름은 마침내 문명 자체를 쓸어버릴 것이다. 공격적인 관심으로 바뀌어 버린 요구들의 압력은 끊임없이 전쟁을 일으키고, 기술의 발전과 정비례로 늘어날 것이기 때문이다. 심판석에 앉아 옳은 관심과 그릇된 관심을 가려내는 도덕은 너무나도 늦게 무대에 등장하여 이제 그 역할을 감당할 수가 없게 되었다. 일단 이해(利害)에 대한 관심이 참호를 구축하면, 그 어떤 지당한 말씀도 그것들을 몰아내지 못한다. 그 혼을 교활해 지고 욕구와 앙심으로 가득 차 있으며 제멋대로 변덕스러워, 이성(理性)이 주인 노릇 하는 것을 몹시 역겨워한다.

윤리의 부적합성

어떻게 살 것이냐 하는 문제, 가장 절박하면서도 가장 잊혀진 문제는 슬기로운 삶의 방법을 가르쳐 주는 것으로 풀리지는 않을 것이다. 윤리를 아는 것과 윤리적인 삶을 사는 것이 거리가 먼 것은, 음악 이론에 밝은 것이 음악가가 되는 것과 거리가 먼 것과 같다. 사람은 많이 배웠으면서 사악할 수 있고, 윤리학에 권위자면서 더럽게 살 수 있으며, 분노를 잠재우는 방법을 잘 알면서도 화를 삭이지 못하는 수가 있다. 사람은 그의 정신을 구성하는 여러 기능들이 토론을 하여 그 중에서도 가장 입심이 좋은 놈이 승리를 하는 식으로 살게 되지 않는다. 인생은 흔히 전쟁이다. 어리석고 환상적이고 정열적인 무질서한 힘들이 엉겨 붙어 싸우고, 단순히 황금률을 기억한다고 해서 고상한 쪽이 승리할 수도 없는, 그런 전쟁이다. 어떻게 과연 슬기로운 하나의 추상이 자아의 거칠고 교활한 편파심과 탐욕에 맞겨루기를 기대할 수 있을 것인가?

우리의 이성이 합리적인 주장에 응답하는 것은 사실이다. 그러나 이성은 우리 속에서 낯선 나그네에 불과하고, 언제나 주인 행세를 하고 다수를 점령하고 있는 것은 비합리적인 세력들이다. 왜 덕을 이루기 위하여 수고를 감내하는가? 왜 본성을 거역하여 행동하고, 비행에 쾌감을 느끼면서도 옳은 것을 선택하는가? 왜 본능적으로 좋아하게 되어 있는 것을 삼가며, 또는 본능적으로 피하게 되어 있는 것을 자청하여 받아들이는가?

윤리는 사람이 자신의 판단 능력을 깊이 고려하여, 보편적인 원리의 빛에서 어떤 행동을 할 것인지 결정하고 현명한 결단을 성실하게 실천에 옮길 것을 기대한다. 그리하여 윤리는, 복잡하게 얽혀 있고 균형이 맞지도 않는 특수 상황에 일반적인 규범을 적응시키기가 얼마나 어려운지를 과소평가할 뿐만 아니라, 모든 인간에게 판단하고 집행하는 능력이 구비되어 있기를 기대한다. 나아가서, 윤리 이론은 우리에게 무엇을 위하여 싸워야 할 것인지를 말해 주면서, 어떻게 하면 이길 수 있는지는 끝내 말해 주지 못한다. 우리에게 당위(當爲)를 말하면서, 어떻게 하면 어리석음과 광기를 극복할 것인지 그 방법을 일러 주지는 않는다. 윤리가 우리에게 배우는 것뿐 아니라 좋은 습관 가지기를 요청하는 것은 사실이다. 그러나 습관을 아무리 쌓아도 그것으로 삶의 모든 것을 포용할 수는 없다.

삶의 절박한 위기

이른바 유비무환(有備無患)의 교육을 아무리 받아도, 거대한 위기 상황은 아무런 준비도 없을 때 우리에게 닥친다. 그 누구도 미래를 쪼개어 그 속에 감추어져 있는 긴박한 사태를 미리 알아낼 수는 없다. 아무도 인생의 나선성운(螺線星雲)이 따라서 운행할 코일과 나선부(螺線部)를 예측하지 못하고, 어떤 새암과 열정과 명예욕이 한 인간을 어떻게 끌고 갈는지 미리 내다보지 못한다. 앙갚음하고 욕하고 상처를 입히려는 갑작스런 무의식적 충동을 사전에 소멸시키는 무슨 묘책이 우리에게 있는가? 하나의 사악한 생각은 다른 모든 생각들의 뿌리에 구위궤양(口圍潰瘍)처럼 퍼질 수가 있고, 하나의 악한 인간은, 순식간에 악에 동참하지 않는 사람들을 적대하는 다수가 된다. 인간은 중립지대에 설 수 있도록 창조되지 않았다. 그는 초연할 수도 없고 무관심할 수도 없다. 또한 세계는 진공 상태로 남아 있을 수도 없다. 우리가 이 세계를 하느님의 제단으로 만들지 않으면, 세계는 악마들 차지가 되고 만다.

인생은 무한하게 아무런 제어도 받지 않고 남을 해칠 수 있는 능력을 지니고 있기에, 그 힘을 막대하게 휘두르고 동정심이 급속하게 말라 버릴 수도 있기에, 실제로 절박한 위기와 동의어가 되었다. 과연 누구에게, 우리 자신으로부터 보호해 주기를 바라서 의지할 것인가? 어떻게 우리는 가냘프게 흐르는 우리 영혼의 순수 무결한 개울에 물이 마르지 않도록 할 것인가? 우리의 판단 능력이 변덕스런 마음에 따라 흐려지는 경우를 우리는 너무나도 많이 겪고 있으며 우리의 성실함이라는 것이 얼마나 자주 비열한 욕구와 충돌을 하게 되는지도 잘 알고 있다.

> 오, 인간은 감히 무슨 짓을 하고 있는가!
> 무슨 짓을 할 수 있는가!
> 매일같이, 자기가 무엇을 하고 있는지도 모르면서
> 인간은 매일같이 무슨 짓을 하고 있는가?
> (셰익스피어, 『헛소동』, 4막 1장 1.19)

우리 시대에 발생하는 여러 사건들로부터 얻는 교훈들 가운데 하나는, 소위 문명이라는 이름의 태양 아래에서는 마음 놓고 살아갈 수가 없다는 것이다. 인간이야말로 가장 조금 무해(無害)한 존재다. 마치 모든 순간이 번개치고 나서 천둥이 울리는 사이처럼 긴장으로 채워져 있는 것 같고, 우리의 도덕 질서는 그 뿌리가 다 메마른 늙은 참나무와 같다. 하나의 문명을 생각도 못할 지옥으로 바꿔 버리는 데는 한바탕의 폭풍으로 충분했다.

나무들은 나이 때문에 죽는 게 아니라, 태양의 빛살이 와 닿지 못하도록 가로막는 장벽 때문에, 또는 자기 절제를 하지 못하여 뿌리가 지탱시킬 수 없을 만큼 지나치게 줄기가 뻗기 때문에 죽는다. 우리는 오늘날 좀처럼 하늘이나 지평선을 바라보지 않는다. 그러나 거기에는 열매가 무성한 나무들이라도 두려워하지 않을 수 없는 번갯불이 있다. 오직 바보들만이 그들의 머리 위에서 끊임없이 붕괴하는 과제와 시간, 그리고 그 파멸 밑에 묻히는 생명에 대하여 염려하기를 두려워한다.

요구들은 신성하지 않다

오늘날 사람들은 요구들이 신성한 것인 양, 그것들이 마치 무슨 영원의 진수(眞髓)를 지니고 있는 것인 양 생각한다. 요구들은 우리의 신(神)이고, 우리는 그것들을 채워 주기 위하여 온갖 수고와 노력을 아끼지 않는다. 욕구를 억제하는 것은 어떤 정신 질환의 형태로 보복을 당하게 될 하나의 신성 모독이라고 생각한다. 우리는 하나가 아니라 뭇 요구들의 만신(萬神)을 숭배하고 있으며 도덕적이며 영적인 규범들을 위장된 개인의 욕구에 불과하다고 보는 데까지 이르렀다.

실제로, 과학에서는 지구를 우주의 중심으로 보고 인간을 모든 존재의 목적으로 보는 **인간 중심적** 견해가 이미 오래 전에 사라졌으면서도, 실제 생활 속에서는 인간과 그의 요구들을 모든 가치의 척도로 보고 그 요구들에 따라서만 삶의 방법이 결정될 뿐이라고 보는 **자기중심적** 견해가 여전히 지속되고 있음은 괴상한 일이 아닐 수 없다. 만일 욕구의 충족이 모든 사물의 척도로 받아들여진다면, 결코 우리의 요구와 일치되지 않는 이 세계는 하나의 한없는 실패작으로 간주되어야 할 것이다. 인간의 본성은 결코 만족할 줄을 모르고, 그 어떤 성취도 점차 커가는 요구에 발을 맞춰 줄 수가 없다.

누가 그에게 참으로 있어야 할 것들을 아는가

우리는 우리의 요구들에 근거하여 판단하고 결단하고 행동의 방향을 정해서는 안 된다. 온갖 것에 대하여 박학한 사람도 자신의 마음이나 자기의 목소리에 대해서는 모르는 게 사실이다. 우리가 지니고 있는 많은 요구들과 관심들이 본디부터 우리 속에 있는 것이 아니라 오히려 사회의 관습에 따라 주어진 것들이다. 그것들 가운데는 물론 반드시 필요한 것들도 있지만, 앞에서 말한 대로, 다른 것들은 가공적(架空的)이며 관습, 광고 혹은 천박한 새암으로 말미암아 받아들인 것들이다.

현대인들은 요구라는 개념 속에 철학자의 정의가 내려져 있다고들 생각한다. 그러나 누가 그에게 참으로 있어야 하는 것들을 아는가? 어떻게 우리는 순수한 요구와 가공적인 요구를 구별하고 필요 불가결한 것과 그럴 것이라고 믿고 있는 것을 분별할 것인가?

대체로 우리는 우리의 순수한 갈망이 무엇인지를 어느 순간 갑자기 예기치 않게 깨닫는다. 그것도 직업적 생애의 초창기가 아니라 말로에 이르러서야 깨닫는다. 우리는 거의 너무 늦은 때에 이르러서야 비로소 우리가 바라는 것이 무엇인지를 알게 된다. 그런즉 우리의 느낌이란 본질적인 것의 내용이 될 수가 없다. 우리는 본성에 반(反)하는 세력들을 억압하고 우리의 생존에 적의를 품은 것들, 예컨대 질병이나 위험이나 적수들과 싸울 만반의 준비를 갖추고 있다. 그러나 우리들 가운데 얼마나 많은 사람이 자기 속에 있는 악을 억압하고, 우리의 생존을 위협하지도 않는 범죄와 싸우며, 영혼의 타락과 우리의 요구들 속에 숨어 있는 적을 물리칠 준비를 갖추고 있는가?

무수한 요구들의 더미 속에 빠져 있는 한편, 정의니 자유니 신앙이니 하는 고귀한 가치들을 자신의 관심사로 삼을 것을 배우는 가운데, 우리는 마침내 과연 요구나 이해(利害)라는 것이 믿을 만한 것인지를 의심하기 시작한다. 모든 사람이 공통으로 가지고 있는 이해가 물론 있지만, 우리의 사적인 이해는 일상생활 속에서 확인되는 바와 마찬가지로, 우리를 하나 되게 하기는커녕 오히려 분열시키고 원수가 되게 한다.

이해관계는 주관적이며 분열시키는 원리다. 그것은 어떤 대상을 향해 특별히 주목하는, 감정의 동요다. 그러나 과연 우리는 보편적인 정의의 명령에 충분한 주의력을 기울이고 있는가? 사실상, 보편적인 안녕에 대한 이해가 사적인 안녕에 대한 이해로 막혀 버리기 일쑤다. 특히, 사적인 안녕에 대한 이해의 희생으로 이루어질 수 있는 공동의 안녕에 대해서는 더욱 그러하다. 우리가 가장 귀한 가치들을 보지 못하는 것은, 이해관계에 대한 관심이 우리의 삶을 장악하고 우리의 견해와 행동을 결정하기 때문이다.

옳은 요구와 그릇된 요구

요구에서 탐욕으로 가는 길은 짧다. 악한 상태는 우리를 악한 요구들과 미친 꿈들로 소용돌이치게 한다. 우리는 과연 태어나면서부터 지니고 있는 모든 요구들을 다 채워줄 수가 있는가? 심지어 권력을 잡으려는 우리의 의지를 채워줄 수가 있는가?

우리 모두가 그 속에 갇혀 있는 바, 얽힌 이해관계들의 비극적 혼돈 속에서는 옳은 이해와 그릇된 이해를 분별하는 것이야말로 없어서는 안 되는 작업이다. 그러나 우리의 관심들을 판단하는 척도인 옳고 그름이라는 개념 그 자체는 결코 우리의 관심들 가운데 속한 것이 아니다. 우리의 요구들이란 모든 개인과 단체의 일시적이고 편벽된 배경과 환경에 따라 결정되는 것이므로 우리가 다룰 문제들이지 따라야 하는 규범들은 아니다. 요구들은 기준들의 근거가 아니라, 기준들을 필요로 한다.

어떻게 한 개인이나 민족의 열심이, 객관적으로 필요한 것이 무엇인지를 결정하는 척도가 될 수 있겠는가? 한 민족 전체가 악한 관심사에 쏠려 있을 경우에 말이다. 만일에 지구를 다스리는 정부가 수립되어 온 인류가 참여한 투표에서 인류의 이익을 위하여 어느 한 종족을 멸종시키기로 결정했다면, 그 결정은 옳은 것일까? 혹은 어느 빚을 대어 준 나라에서 2+2=5라고 성명을 내었다면 그 성명을 옳은 것일까? 하나의 행동과 선언이 옳고 그른 것은 그것이 유익하냐 불리하냐와 상관이 없다.

시기에 적절한 것이 참된 것은 아니다. 우리가 절박한 요구를 채우고자 하는 것이 반드시 옳은 것도 아니다. 어떤 옳은 것이 우리의 현재 이해관계와 부합되는 수는 있다. 그러나 우리의 이해관계 그 자체가 옳은 것은 아니다. 옳음은 이해관계의 울타리 밖에 있다. 그것은 우리에게 필요하지 않다고 느껴지는 일들을 요구하기도 하고, 필요는 하지만 원하지는 않는 일들을 하라고 강요하기도 한다.

삶의 현실을 오로지 자신의 욕구를 채우는 데 적용키로 한 사람은 이내 자신의 자유를 잃어버리고 단순한 도구로 전락할 것이다. 많은 것들을 획득하나 그것들의 노예가 되고 말며, 남들을 복종시키는 가운데 자신의 혼을 잃어버린다. 그것은 마치 고삐 풀린 탐욕이 이중의 얼굴을 가지고 있는 것과도 같다. 매혹적인 미소 뒤에 냉소적이며 교활 음흉한 앙갚음이 도사리고 있는 것이다. 우리는 알 수 없고 가지각색이며 왔다갔다 하고 경우에 따라서는 저열하기까지 한 우리의 요구들을 하나의 보편적 기준으로, 고상한 법칙으로, 혹은 최고의 생활방식으로 격상시키는 잘못을 범할 수가 있다.

우리는 개인적 요구들이라는 감옥에 유폐된 느낌이다. 그 요구들을 채우는 일에 빠져들면 빠져드는 만큼, 우리의 억압당하고 있다는 느낌은 더 깊어진다. 우상화된 요구들을 깨어 부수고 우리의 부도덕한 관심들을, 비록 그것이 오랫동안 지속되어 오면서 우리에게 없어서는 안 되는 것처럼 여겨진다 하더라도, 거절하기 위하여 우리는 더욱 높은 '예'(yes)의 이름으로, 우리 자신에 대하여 '아니다'(no)를 말할 수 있어야 한다. 그런데도 우리의 마음은 더디고 느리며 산만하다. 그 무엇이 우리에게, 그릇된 요구를 채우려는 마음에 재갈을 물리고, 잘못된 생각을 찾아내며 거짓 이상(理想)들을 격퇴시키고, 보기는 흥해도 거룩한 것에 대한 태만함과 더불어 씨름할 힘을 줄 수 있을 것인가?

요구들은 하나씩 하나씩 다룰 수 있는 것이 아니다. 그것들은 모두 한꺼번에 그 뿌리를 다루어야 한다. 요구들의 문제를 이해하기 위하여 우리는 그 요구들의 주체인 인간의 문제를 직면해야 한다. 인간은 그 어느 존재보다도 요구하는 것들이 많다. 그것들은 인간의 의지 밑바닥에 깔려 있는 것 같고, 그의 결단력과는 상관이 없는 것 같다. 그것들은 욕구의 열매라기보다는 욕구의 근원이다. 결국 우리는 실존의 의미를 제대로 이해할 때에 비로소 우리의 요구들에 대한 바른 판단을 내릴 수 있을 것이다.

| 19 |

실존의 의미

인간의 애용하는 무지

우리가 이 세계뿐만 아니라 우리의 영혼에 대해서도 담대하게 마주 서지 않는 한, 살아 있는 것에 대한 우리의 놀람이 부족한 것에 대하여 놀라고 생명을 부여받아 살고 있음에 놀라기를 시작하지 않는 한, 우리의 이론들은 뒤틀어지고 우리의 눈에 먼지를 뿌리는 결과를 빚고 말 것이다.

우리의 영혼에 마주 서는 것은, 그 대답이 쉽사리 찾아지지 않는 불가사의한 질문들을 향하여 우리의 마음을 열어젖히는 지적인 개방이다. 그러므로 현대인은 그런 문제들이 일어나지 못하게 억압하는 데서 안전을 찾을 수 있다고 믿는다. 궁극적인 질문들은 그가 즐겨 알고자 하지 않는 대상이 되었다. 유형의 사물들에 몰두하면 그만큼 얻는 게 많은지라, 그는 계산할 수 없는 문제들에는 좀처럼 눈을 돌리려 하지 않고, 깊은 무지의 좁은 기초 위에 바벨탑 쌓기를 즐겨한다.

사람이 부분적인 대상들에 몰두하는 것에서 안정을 찾는 한, 궁극적인 것에 대한 무지는 있을 수 있는 일이다. 그러나 탑이 흔들리기 시작할 때, 힘 있고 독자적인 듯이 보이던 것을 죽음이 쓸어가 버릴 때, 힘쓰고 애쓰는 즐거움이 곤고한 날에 허무한 악몽으로 대치될 때, 그는 회피가 얼마나 위태로운 것이었는지, 사소한 대상들이 얼마나 공허한 것이었는지 깨닫게 된다. 작은 상을 받기 위하여 생애를 걸게 되는 것이나 아닌가 하는 그의 염려는 마침내 그토록 피하려고 하던 문제들을 그의 눈앞에다가 열어 보이는 것이다.

실존의 의미

그러나 인생에서 도박으로 잃어버릴 수도 있는 밑천이란 무엇인가? 그것은 생(生)의 의미다. 사람은 모든 행동 속에서 의미를 추구한다. 그가 심는 나무나 발명하는 도구들은 하나의 요구에 대한 또는 목적에 대한 대답이다. 의식은 본질적으로, 설계에 몰입하는 것이다. 존재와 의미, 사물과 관념을 합일시키는 일에 몰두함으로써 인간의 마음은, 의미란 그가 만들어 내고 부여할 수 있는 무엇인지, 획득해야 하는 무엇인지 혹은 우리가 무엇을 덧붙이든 상관없이 존재하는 것 자체에 나름의 의미가 있는 것인지 궁리하게 된다. 다른 말로 하면, 인간이 하는 일에만 의미가 있고 인간이 인간인 데는 의미가 없는가? 자의식을 갖게 되면서부터 그는 "내가 있다"(I am)는 것을 아는 데서 그치지 아니하고, 자기가 "무엇인지"(what he is)를 알고자 한다. 실제로, 인간은 때에 따라 발생하는 특별한 행위나 단순한 사건들의 의미뿐 아니라, 생의 의미를 찾는 존재, 생의 모든 것의 의미를 찾는 존재요, 하나의 술어를 찾는 주어(a subject in quest of a predicate)라고 하겠다.

의미는 하나의 물질 관계로 환원되지 않고 감각 기관으로 파악되지도 않는 조건을 함축한다. 나아가서 의미는 하나의 사실은 다른 무엇인가를 위하여 있다는 생각과 더불어 존재한다. 생명은 사람에게 매우 값진 것이다. 그러나 사람에게만 값진 것인가? 아니면 그것이 필요한 다른 누군가 더 있는가?

궁극적인 추측

인간의 마음 깊은 곳에는 실존의 상태와 의미의 상태가 서로 연결되어 있다는 확신, 인생이란 의미라는 술어로 평가 내려지는 것이라는 확신이 박혀 있다. 의미를 찾으려는 의지와 그것을 확인하려는 우리의 노력이 정당한 것이라는 확신은, 살고자 하는 의지와 살아 있다는 확실함처럼, 인간 본래의 것이다.

거듭되는 실패와 좌절에도 불구하고 우리는 끊임없이 의미를 추구한다. 우리는 인생이 공허한 것이며 의미를 용납할 수 없는 것이라는 관념을 받아들일 수가 없다.

만일 철학의 뿌리에 마음의 자기 멸시가 있을 수 없고 오직 궁극적인 추측에 대한 마음의 관심만이 있다면, 우리의 목적은 알기 위하여 심사(審査)하는 데 있다. 화려한 핑계 속에서 안심(安心)을 구하는 우리는 자주 그 본래의 추측을 횡령할 태세를 갖추게 된다. 그러나 만일 추측하기를 그만둔다면 왜 의심하는 것을 꺼려야 한단 말인가? 철학은 인간의 실존의 의미에 대한 궁극적인 추측을 가지고 감히 시도하는 무엇이다.

동물들은 그들의 요구가 충족될 때 만족한다. 인간은 자신의 요구가 충족되기를 바랄 뿐 아니라 충족시킬 수 있기를 바란다.

요구할 뿐 아니라 스스로 하나의 요구가 되기를 바란다. 인간의 요구들은 왔다가 간다. 그러나 한 가지 우려는 남는다. 나는 요구받고 있는가?(Am I needed). 이 우려에 의하여 움직여지지 않는 인간은 없다.

인간은 자신의 목적이 아니다

인간이 스스로 자신에게 충분하지는 못하다는 사실, 그의 생이 그것을 초월해 있는 어떤 목적에 봉사하지 않는 한, 그 누군가에게 가치가 있는 생이 되지 않는 한, 의미가 없다는 사실은 매우 중요하다. 자아란 교환 가치로 치면 가장 비싼 것이리라. 그러나 인간은 유통 구조에 따라서만 살게 되어 있지는 않다. 오히려 인간은 자기를 훌륭하게 소모시킬 수 있다는 가능성으로 산다. 자기를 저장해 두는 것은 인생을 더욱 공허하게 만드는 것이다.

인간은 자신에게 모든 것을 포함한 목적이 되지 못한다. 인간을 단지 수단이 아니라 목적으로 대해야 한다는 칸트의 제2 명제는 한 인간이 다른 사람들에게 어떻게 대접받아야 하는지를 말한 것일 뿐, 그가 자신을 그렇게 대해야 한다는 말은 아니다. 즉 만일 어떤 사람이 자기가 바로 자신의 목적이라고 생각한다면 남들을 수단으로 부리게 될 것이기 때문이다. 무엇보다도, 인간이 목적이라는 관념을 자신의 참다운 가치 평가로 간주한다면, 그는 다른 누군가를 위하여 혹은 무슨 단체를 위하여 자기의 목숨이나 이익을 희생할 수가 없을 것이다. 그는 자기가 자기를 대하는 방법대로 남들도 자기를 대해 주기를 바란다. 어째서 한 단체나 혹은 전체 민족이 한 인간의 목숨을 희생시킬 만한 가치가 있다고 하겠는가? 자신을 절대적인 목적으로 생각하는 사람에게는 수천 명의 목숨이 자신의 것보다 더 값진 것일 수 없다.

궤변을 부린다면 자기가 자신에게 충분한 존재라고 억지를 쓸 수 있을 것이다. 그러나 정신 이상으로 가는 길이 바로 그런 착각으로 포장되어 있다. 자신이 쓸모 없는 존재라는, 이 세상에서 요구받지 못한다는 생각에서 오는 허탈감이 정신 질환의 가장 흔한 원인이다. 절망을 피하는 유일한 길은 목적이 아니라 남의 요구가 되는 것(to be a need)이다. 행복이란 사실상 자신이 남에게 필요한 존재라는 확신을 갖는 것이라고 하겠다. 그러나 누가 인간을 필요로 하는가?

인간은 사회를 위해 존재하는가

첫 번째로 떠오르는 대답은 인간의 목적은 사회 혹은 인류에 봉사하는 데 있다는, 사회적인 대답이다. 그렇다면 한 인간의 궁극적인 가치는 다른 사람들에게 쓸모가 있으며 그의 사회적 활동이 효과를 발휘하느냐에 따라서 결정된다. 그러나, 이처럼 자신이 사회에 쓸모 있는 존재이기를 바라는 태도를 지니고 있음에도 불구하고, 인간은 남들이 자신을 유용한 존재로서가 아니라 무엇인가 스스로 가치를 지닌 존재로 대해주기를 바란다. 자신을 절대적인 목적으로 보지 않는 사람일지라도 어떤 목적을 위한 수단으로, 다른 사람들에게 보조적인 존재로 대접받는 데는 저항한다. 부유한 자들도 그들의 재물이나 그들이 이룬 성취가 아니라, 그것이 어떤 것이든 자신의 본 모습이 그대로 사랑받게 되기를 바란다. 노인이나 병자들이 도움받기를 기대하는 것도 그들이 우리에게 무슨 보상을 지불할 수 있기 때문이 아니다. 그들의 생계를 유지하기 위하여 나라의 재산이 소비되어야 하는 노인들과 불치 환자들을 그 누가 필요로 하겠는가? 무엇보다도 그런 사회봉사는 목숨을 걸어야만 할 수 있는 것도 아니다. 그러므로 인생의 의미를 묻는 그의 물음에 궁극적인 대답이 될 수도 없다. 남들을 보살피고 이 세상에 쉴 새도 없이 봉사하는 것이 곧 인생이라고 말하는 것은 천박한 허풍이라고 하겠다. 사실 우리가 남들에게 내어 주는 것은 언제나 보잘것없으며 십분의 일을 넘는 경우가 드물다.

사람에게는 혼자서 걸어가는 영혼 속의 오솔길이 있으며, 사회에 가 닿지 않는 길이 있고 공중의 눈을 피하는 개인만의 세계가 있다. 인생은 생산 가능한 경작지로만 되어 있는 게 아니다. 인생에는, 인간이 하나의 기계가 되어 모든 나사들이 제 기능을 못하면 바꿔치기 할 수 있게 되기 전에는 사회의 이익에 거의 도움이 되지 못할 동경의 탑, 슬픔의 지하(地下), 꿈의 산맥 따위도 포함되어 있다. 한 나라가 개인을 착취하여 모든 국민에게 나라를 위하여 살라고 한다면, 그것은 부당 이득을 취하는 것이다.

그리고 만일 한 나라의 사회가 그릇되었음이 판명되어 내가 그 감추어진 악을 바로 잡고자 노력을 한다면, 한 개인으로서의 나의 삶은 전혀 아무런 의미도 지니지 못하는 것일까? 만일 사회가 나의 봉사를 거절하기로 결정하고 나아가서 나를 유폐시켜 버린다면, 그리하여 내가 사랑하는 세계에 아무런 영향도 남기지 못한 채 죽어 갈 수밖에 없다면, 나는 생의 모든 것이 끝장나고 말았다고 생각해야 할 것인가?

인간은 실존의 궁극적 의미를 사회로부터 얻어 낼 수 없다. 사회 자체도 의미를 요구하고 있기 때문이다. 나는 요구받고 있는가

―라는 물음이 타당하듯이, 인류는 요구받고 있는가―라는 물음도 타당하다.

역사가 하나의 사건으로부터 일어나는 것과 같이, 인류는 개인에게서 비롯된다. 우리가 "아무에게도 악의를 품지 않고 만인에게 사랑을 베풀라"고 다짐하거나, "네 이웃을 네 몸처럼 사랑하라"는 말을 실천코자 할 때 마음에 품는 대상은 언제나, 한번에 한 사람씩이다. 생물학에서는 인간이라는 종(種)을 의미하는 '인류'(mankind)라는 단어가 윤리와 종교에서는 전혀 다른 뜻을 지닌다. 여기서 말하는 인류는 하나의 종(種)으로 또는 구체적인 현실로부터 떨어져 있는 하나의 추상적 개념으로서가 아니라, 특정한 개인들의 집합으로 사용되고 있는 것이다. 그것은 정체를 알 수 없는 자들로 된 다수 또는 떼가 아니라, 각자 특징을 지닌 인간들의 모임이다.

모두에게 좋은 것이 한 사람에게 좋은 것보다 나은 게 사실이지만, 인류에게 의미를 주는 것은 구체적인 개인이다. 우리는 한 인간이 가치 있는 것이 그가 인류에 속해 있기 때문이라고는 생각하지 않는다. 오히려 그 반대다. 인류가 인간들로 구성되어 있음으로 말미암아 가치를 지니는 것이다.

우리를 감싸고 있는 공기에 의존하듯이 사회에 의존하게 되어 있고, 우리의 행동이 다른 사람들이 만들어 놓은 관계의 틀을 따라 움직여 나가기는 하지만, 욕구와 불안과 희망에 에워싸여 도전받고 요청받고 의지력과 책임 의식이 불꽃을 피우는 우리는 개인으로서의 우리다.

욕구의 자기-멸절

인간의 내면에서 일어나는 온갖 것들 가운데서도 욕구야말로 가장 덧없이 사라지는 것이다. 수중식물처럼 그것들은 말라버리고자 안달을 하는 망각이라는 물 속에서 자란다. 욕구 속에는 어서 꺼져 버리려는 성향이 잠재되어 있다. 그것은 죽어 버리기 위해 자기 주장을 한다. 그리고 채워지는 순간 그것은 스스로 만가를 부르면서 숨을 거둔다.

그와 같은 자살적 성향은 인간의 모든 행위 속에 깃들여 있는 게 아니다. 사상, 개념, 법, 이론 등은 존속하려는 성향을 지니고 있다. 예컨대, 하나의 문제는 그것이 풀어졌다고 해서 사라지는 게 아니다. 이성은 지속되고자 하는 성향을 지니고 있다. 그리하여 정확한 것을 이해하려고 애쓰고 언제까지나 타당한 개념들을 정립코자 한다. 그러므로 우리가 실존의 시간적 유한성을 직감적으로 깨달아 아는 것은 관념들에 대하여 신중히 생각함으로써가 아니라 인간의 내면적인 삶을 살펴보고 한때는 열렬히 타오르다가 시들고 만 욕구와 욕구들의 무덤을 발견함으로써다.

영속하는 것을 추구하여

그러나 이러한 깨달음이 이루어지는 과정에는 이상한 모호함이 있다. 왜냐하면 인간이 실존의 시간적 유한성에 대하여 다른 무엇보다도 확실하게 알고 있으면서도, 체념하여 단순히 욕구를 충족시키는 자로서의 자신의 역할에 모든 것을 맡겨버리는 경우가 매우 드물기 때문이다.

자신의 발자국 아래에서 끊임없이 무너져 내리는 바위 위를 걸으며, 마침내 자신의 발걸음을 멈추게 할 피할 수 없는 갑작스런 중단을 예견하면서, 인간은 인생이 과연 순간 순간 이어지는 심리적, 정신적 과정의 연속에 불과한 것인지, 어느 한때를 점유했다가 사라져 버리고 마는 모래시계 속의 모래알처럼 달려가는 행위, 습관, 욕망, 감정 따위의 부침(浮沈)에 불과한 것인지를 알고자 하는 안타까운 열망을 억제하지 못한다.

그는 마음 저 밑바닥에서 인생은 그 표면을 스치고 지나가는 모든 그림자들보다도 오래 남아 있는 해시계의 얼굴과 같은 것이 아닌지 궁금하게 여긴다. 인생이란 과연 서로 아무런 연관도 맺어져 있지 않은 사실들의 연속에 불과한가? 환영으로 눈가림된 혼돈일 뿐인가?

무기력한 갈망

이 지구상에는, 인생이란 영속하는 무엇인가의 거울에 비쳐지지 않는다면 암담할 뿐이라는 사실을 모호하게나마 깨닫지 못한 사람은 없다. 우리 모두가, 살아가는 수고를 아끼지 않을 만큼 가치 있는 무엇인가가 있다는 확신을 찾고 있다. 무엇인가 목숨과 고뇌와 갈등을 넘어 그것들보다 더 오래 살아남는 것을 알고자 목말라하지 않는 영혼은 없다.

인간은 갈망하고 안개 속에서 가냘픈 촛불을 밝히지만, 끝내 무기력하고 가당찮다. 선하고자 하는 그의 의지가 영혼의 상처를, 그 공포와 좌절을 치유할 것인가? 그의 의지라는 것이 스스로 나뉘어 진 집으로 들어가는 문이라는 점은 너무나도 분명하다. 그의 선한 의도들은, 언젠가 무덤에 가 닿고 말 그의 목숨의 지평선처럼, 한동안은 지속되다가 이윽고 허무의 진창에 빠지고 말 것이다. 우리의 선한 의도들의 지평선 너머에 무엇인가가 있는 것일까?

인간이 실존의 의미를 추구하는 것은 영속하는 것을 추구하는 것이요 영원히 남는 것을 추구하는 것이다. 어떤 점에서 인생은 시간을 거슬러 달리는 경주(競走)요, 자신의 경험을 영원불멸의 것으로 만들고자 애쓰며, 어느 한 순간 끝장나지 아니할 가치와 관계를 맺고자 하는 것이라고 보겠다. 그의 이 추구는 욕구의 산물이 아니라 본성으로 타고난 것이다. 그의 마음이 그럴 뿐만 아니라 실존 자체가 그렇게 되어 있다. 실존의 구조를 있는 그대로 분석함으로써 우리는 이 사실을 밝혀낼 수 있을 것이다.

실존이란 무엇인가

일반적인 범주로서의 실존이 여전히 정의 내리기가 어려운 것이긴 하지만, 우리에게는 직감적으로 납득되는 바가 있다. 정의 내리기는 거의 불가능한 것임에도 불구하고 우리의 마음과 전혀 동떨어져 있는 것도 아니다. 실존은 공허한 개념이 아니다. 아무리 보편적인 범주에서라 해도 어떻게든 우리와 관련되어 있기 때문이다. 실존에 대한 우리의 일반 개념 속에는 최소한의 의미가 언제나 들어 있게 마련이다.

실존의 가장 고유한 특성은 독자성이다. 존재하는 것은 우리의 생각 속에만 있는 게 아니라 현실 속에, 시간과 공간 속에 존재한다. 실존이 인간에게서 기인되는 것이라고 말할 때, 우리는 인간이 단순한 단어, 이름 혹은 관념 이상의 무엇 즉 인간이 존재하는 것은 우리 자신이나 우리의 사유로부터 독립된 것이라는 사실을 암시하는 셈이다. 반면에 거인국(巨人國)이라든가 야후(Yahoos, 『걸리버 여행기』에 나오는 사람 모양의 짐승)와 같이 우리의 상상력이 만들어 낸 것은 전적으로 우리의 머리에서 나온 것이므로 우리가 그것들을 생각하지 않으면 존재하지 않는다. 그러나 이런 식으로 서술된 실존은 결국 무엇이 실존이 아닌지를 보여주는 부정적 개념이다. 그런 실존은 우리와 아무 관련이 없는 것이다. 그러나 실존의 긍정적 내용은 무엇인가? 실존이라는 말 자체가 그것을 넘어서는 무엇인가와의 불가피한 관계를 암시하고 있지 않는가?

실존의 일시성

실존이 시간과 맺는 관계가 공간과 맺는 관계보다 더욱 긴밀하고 독특한 것은 분명한 사실이다. 공간 속에는 우리가 치명적인 상처를 입지 않고는 포기할 수 없는, 그토록 실존에 필요 불가결하고 그토록 긴밀하게 예속되어 있는 것이 없다. 실존은 재물을 소유하는 것도 아니며 다른 존재들 위에 군림하는 것도 아니다. 우리가 지금 점유하고 있는 공간도 언제든 다른 것으로 자유로이 교체할 수 있다. 그러나 우리가 살아가는 세월은 절대적으로 우리에게 중요하다. 시간이야말로 우리가 참으로 소유하는 유일한 소유물이다. 그러므로 일시성(一時性, temporality)은 실존의 본질적인 모습이다.

그러나 시간은 가장 얇은 것이다. 사라지는 순간들의 연속일 뿐, 그것은 우리가 잡을 수 없는 무엇이다. 즉 과거는 영원히 가버리고 아직 오지 않은 때는 우리 몸이 닿을 수 없는 곳에 있다. 현재는 미처 알아차릴 사이도 없이 우리를 떠나 버린다. 우리가 소유하는 유일한 것을 우리는 결코 잡지 못한다. 참으로 역설적인 진리다.

실존의 연속성

실존의 일시성 또는 덧없음은 우리 모두가 받아들이지 않을 수 없는 아픈 사실이다. 우리로 하여금 현재에 머물지도 못하게 하고 과거의 어느 순간으로 돌아가지도 못하게 하는 시간의 유한한 흐름에 갇혀, 우리가 끊임없이 당면하게 되는 유일한 가능성은 존재하기를 그치는 것, 그 흐름의 밖으로 내던져지는 것이다. 그러나 과연 일시성만이 실존의 본래적인 모습인가? 어느 정도 만이라 해도, 영속성 역시 실존이 본래부터 지니고 있는 모습이 아닐까? 실존은 연속을 의미한다. 실존은 지금 일 년 그때 일 년 식으로 떨어져 있는 무엇이 아니라 계속되는 것이다. 실존은 연속성(uninterruptedness)이다. 생명의 연속성은 상대적이요 유한하지만, 일시성과 더불어, 실존을 구성하는 두 가지 특성 가운데 하나다.

실존의 내면 구조 속에는, 일시성 속에서 영속성을 지니게 하는 변하지 않는 요소가 들어 있다. 우리의 논리적 판단의 대상이 될 수 있는 것은 바로 이 실재의 계속되는 모습이다. 한 사물이 끊임없이 변해 가는 것과 상관없이 계속되고 동일한 것으로 남아 있는 모습만이 이성의 범주로 파악될 수 있기 때문이다. 다른 말로 하면, 우리의 범주들이란 사물들이 그 불변성의 빛 아래에서 비쳐지는 거울들이다. 영구성이야말로 사람이 가장 귀하게 여기는 것이다. 우리는 어떤 것의 가치를 판단할 때 그것이 지니고 있는 내구성을 본다.

시간에 대한 우리의 인식조차도 시간으로부터 벗어나 있는 원리에 의존한다. 우리는 시간을 재는 것으로, 일 분이니 한 시간이니 하루니 하고 말하는 것으로, 시간을 의식한다. 그러나 시간을 재기 위하여 우리는 불변하는 것으로 여기는 측량 원리를 사용해야만 한다. 우리는 어느 만큼 흐른 시간을 또 다른 어느 만큼의 시간과 비교하는 식으로 시간을 잴 수 없다. 왜냐하면 단절된 두 부분의 시간이 한꺼번에 주어지지는 않기 때문이다. 그러므로 시간이 스스로 자신을 의식할 수는 없다. 왜냐하면 스스로 자신을 의식하기 위하여 시간의 모든 장(場)에 똑같이 나타나야 하기 때문이다. 따라서 시간을 의식한다는 것은 일시적이지 아니하고, 매 순간처럼 다음 것이 태어나게 하기 위하여 사라져야만 하는 것이 아닌, 하나의 원리가 전제되어야 한다. 시간 자체는 시간과 동떨어져 있는 하나의 원리에 의존하여 연속성을 가진다. 시간 자체가 영속성을 낳지는 못하기 때문이다. 시간이라는 흐름은 "시간이 없는 땅"(no time's land)을 따라서 흐른다.

실존의 비밀

바로 이 일시성과 영속성의 관계 속에 실존의 비밀이 숨어 있다. 예컨대, 우리가 유기체적 생명을 신비스런 "생명력"을 가정함으로써 설명하고자 하든지, 아니면 오로지 물리화학적 법칙으로만 설명코자 하든지 간에, 무엇이 그 힘 또는 법칙이 계속되게 하느냐는 기본적인 문제는 여전히 대답되지 않은 채 남아 있기 때문이다. 생명을 추진하는 힘은 살고자 하는 의지인가? 그러나 의지 자체도 변하는 주체이다. 의지가 계속되게 하는 어떤 영속하는 원리가 있어야 한다는 것은 분명하다. 그렇다면 살고자 하는 의지와 그 원리는 무슨 관계를 맺고 있는가? 무엇보다도, 실존이 신중한 결단의 결과라는 말은 사실인가? 내 몸의 기관은 그것이 그렇게 원해서 성장하고 번식하고 발전하는 것인가? 삶을 특징짓는 충동, 노력, 대담성, 모험 따위는 선택의 결과인가? 그렇다 해도 우리는 그것을 깨닫지 못하고 있다. 오히려 우리는 인간의 의지가 결코 생명을 창조하지는 못한다는 것을 알고 있다. 생명을 낳는 일에서 우리는 주인이 아니라 도구들이다. 우리는 생(生)과 사(死)를 지은 자들이 아니라 증언하는 자들이다. 무엇인가가 살아 있는 유기체를 생기 있게 하고 고쳐시켜 준다는 것을 우리는 알고 있다. 그러나 그것이 무엇인가? 잠재의식적인 생존의지, 곧 우리가 스스로 알지 못하는 의지라는 개념을 사용하는 것은, 고대 연극에서 어떤 곤란한 문제를 초자연적으로 풀고자 할 때 등장시키는 도깨비 방망이 신(*a deus ex machina*)을 활용하는 것과 같다. 다만 이때에는 신이 날개를 달고 나타나는 게 아니라, 자연의 존재로 위장을 하고 나타나는 것이 다르다.

우리들의 생(生)에서 계속되는 것은 무엇인가? 무엇이 그 모든 변화 속에서도 한결같이 남아 있는가? 몸은 성장하고 쇠퇴한다. 모든 정열도 망각의 흐름 속에 묻혀 버린다. 죽음의 문턱에 서서 뒤돌아보는 사람이, 일어났다가 사라져간 그 모든 것들 속에 계속 남는다고 생각하는 것은 무엇일까? 우리의 살고자 하는 의지인가? 우리의 반사적인 관심인가?

존재함으로 순종한다.

우리 자신의 실존을 들여다보면, 우리는 실존의 본질이 우리의 살고자 하는 의지 속에 있지는 않다는 사실을 받아들이지 않을 수 없다. 우리는 살아야만 한다. 살아가는 것으로 우리는 순종한다. 실존은 욕구가 아니라 하나의 순종이며, 추진이 아니라 동의다. 존재함으로 우리는 순종한다(In being we obey).

우리가 싸우고 아파하고 살아가고 행동하는 것은 그렇게 하려는 의지가 있기 때문이 아니다. 우리의 의지 자체가 순종이요 대답이며 승락이다. 무엇인가 해야만 하니까, 비로소 그 다음에, 하려는 의지를 품는 것이다. 의지는 겉으로 드러난 모양이요 우리의 승락이다. 그것은 "물(物) 자체"(the thing in itself)다. 우리 몸의 생명이 순종의 과정 아닌가? 사유란 진리에 복종하는 것, 논리의 법칙에 순응하는 것이 아니고 무엇인가? 우리가 그랬으면 하고 바라는 마음과 상관없고 우리의 생각보다 높은 자리에서 작용을 하는 이치라는 것이 있으니, 그 강제적이고 준엄한 이치의 힘이 우리의 의지나 마음의 산물이라고는 설명할 수가 없다. 이치를 따져 생각하는 일은 우리의 머리가 하는 일이다. 그러나 도대체 이치라는 것이 있다는 사실, 우리의 머리가 그 이치의 법에 따라서 생각할 수밖에 없다는 사실은 우리의 머리가 만들어 낸 것이 아니다.

최후의 목표

우리는 사람이 실존의 의미를 추구하는 것이 영속하는 것을 추구하는 것이라고 보았고, 모든 실존의 뿌리에 그 영속하는 것과의 관계가 깔려 있음을 보았다. 그럼에도 불구하고 타고난 복종심이 인간이 추구하는 것에 대한 대답은 아니다. 인간이 그 존재의 뿌리에서는 그 영속하는 것과 연결되어 있지만, 앞에서 살펴본 바대로, 그 생각과 행실에서는 그것과 떨어져 있고 매여져 있지도 않기 때문이다. 그는 자유로이 행동하고 자유로이 억제한다. 그에게는 순종하지 않을 힘이 있다. 그가 자신의 삶이 엉뚱한 곳으로 흐를 것을 끊임없이 두려워하며 궁극적인 의미를 지향하고자 하는 의지를 끝내 떨쳐 버리지 못하는 것은 그의 존재가 독자적인 것이기 때문이다.

인간은 누구나가 그 영속하는 것에 대한 갈망을 품고 있다. 그러면서도 그 영속하는 것의 의미를 제대로 아는 사람은 드물다. 진리는 하나밖에 없지만 그것을 오해하는 길은 여럿이 있다. 목표는 하나밖에 없지만 그 목표에서 벗어나는 길은 여럿이 있다.

무엇이 최후의 목표(goal)인가? 즐거움과 불안을 누리고 있는 현재 실존의 모습을 그대로 연장시키는 것인가? 우울함, 공허함 그리고 두려움으로 가득 차 있는 지금의 나 자신을 언제까지나 계속시키는 것인가? 우리는 지금 자신의 모든 것을, 그것을 영원히 보존하는 것이 가장 큰 희망이라고 할 수 있을 정도로 사랑하지는 않는다. 사실상 우리는 우리 자신이 영속하기를 바라기보다는 다른 사람들이 영속하기를 바라는 마음으로 영원불멸에 대하여 골똘히 생각하게 된다. 영원불멸에 대한 생각은 사라져간 사람들에 대해 함께 아파하는 마음 속에서, 그들에게로 옮겨가는 관심 속에서 싹튼다.

우리의 참된 열망은 나의 자아와 그 속에 포함된 것이 영속되는 것이 아니라, 나의 자아가 의미하는 것이 언제까지나 계속되기를 바라는 것이다. 인간은 악몽일 수도 있지만, 하느님의 환상이 성취되는 것일 수도 있다. 그에게는 자기 자신을 능가할 수 있는 힘이 주어졌다. 모든 사람들에게 응답할 수도 있고, 한 분 하느님을 위하여 행동할 수도 있다. 모든 존재가 하느님의 법에 복종한다. 인간은 그 법을 노래할 수가 있다. 그가 마지막으로 물려받은 유산은 하느님만이 완전하게 알아들으시는 행동의 노래를 작곡하는 데 있다.

시간과 영원

영속하는 것으로 가는 길은 이승의 저쪽 편에 있지 않다. 그 길은 시간이 끝나는 데서부터 시작되지 않는다. 영속하는 것은 시간 너머에서가 아니라 시간 안에서, 순간 안에서, 구체적인 것들 속에서 시작한다. 시간은 두 가지 관점에서, 즉 일시성의 관점과 영원의 관점에서 볼 수가 있다.

시간은 영원의 경계선이다. 시간은 깃발 따위의 가장자리를 장식하는 술(tassels)의 모습을 한 영원이다. 우리들 생의 순간들은 화려하게 나부끼는 술들과 같다. 그것들은 옷자락에 붙어 있으며, 동일한 천으로 만들어졌다. 우리가 무한한 것이 재단된 선 안에 들어올 수 있음을 깨달아 아는 것은 정신적인 생활을 통해서다.

고결함이 없는 삶은 천에서 쉽사리 풀려져 나와 느슨하게 흔들리는 실과 같다. 반면에 경건한 행동을 하는 가운데 우리는 모든 순간이 고운 술을 만들기 위해 영원이라는 타래에서 풀려져 나온 실과 같다는 사실을 이해하게 된다. 우리는 그 실들을 잘라 버려서는 안 된다. 영원한 직물의 디자인에 맞추어 짜야 한다.

우리네 삶의 하루하루는 덧없이 사라지는 것들이 아니라 영원의 대리자들이다. 우리는 모든 시간의 운명이 한 순간에 달려 있는 듯이, 그렇게 살아야 한다.

시간의 본질을 일시성으로 볼 때는 그것이 떨어져 있고 고립되어 있다. 하나의 일시적인 순간은 언제나 홀로 있고, 언제나 배타적이다. 두 개의 짧은 순간들은 결코 함께, 동시에 있을 수가 없다. 그러나 시간의 본질을 영원성으로 볼 때는 그것이 붙어 있고 서로 통한다. 우리가 사귀고 예배하고 사랑할 수 있음은 공간이 아니라 시간 속에서다. 하루가 천 년 만큼 값질 수 있는 것도 시간 속에서다.

창조적인 깨달음은 한평생을 한 순간처럼 살게 한다. 그러면서도 그것들은 영원히 계속된다. 영속한다는 것은 하느님과 통하는 것, "그 분에게 달라붙는 것"(신명기 11:22)이기 때문이다. 하나의 순간은 일시성 속에서 다른 순간과 겹치지 않는다. 그러나 영원 안에서는 모든 순간이 하느님과 동시에 만난다.

이것이, 우리가 앞에서 선(善)이 존재론적인 사실이라고 말한 까닭이다. 예컨대, 사랑은 협력이나 느낌 이상이며 함께 하는 것 이상이다. 사랑은 함께 있는 것(being together)으로서, 인간의 영혼이 처해 있는 상태일 뿐 아니라 실존의 한 양태(樣態)다.

사랑의 심리적인 모습인 그 열정과 감정은 존재론적인 상태의 한 모습일 따름이다. 한 사람이 한 사람을 사랑할 때, 그는 하나의 첨부보다는 그 이상 가는, 하나 더하기 하나보다는 그 이상 가는 연합으로 들어간다. 사랑한다는 것은 자기 자신을 하나됨의 영에 밀착시키는 것, 새로운 차원인 영적 차원에 올라가는 것이다. 앞에서 보았듯이, 인간이 인간에게 무슨 짓을 하든 그것은 곧 하느님에게 하는 것이기 때문이다.

　특히 성경은 다음과 같은 말로 사랑을 서술한다. "너희는 주 너희 하느님을 마음을 다하여, 혼을 다하여, '메옷'(*meod*)을 다하여 사랑하라." 여기서 '메옷'은 무엇을 의미하는가? 성경의 다른 데서 의미하는 것과 같은 의미다. 그것은 형용사 '매우' '많이'의 최상급 형태다. '사랑하라'는 동사를 수식하다 말고 그 본문은 갑자기 표현이 간결해진다. 처음에는 "마음을 다하여"라고 했다가 부족해서 "혼을 다하여"라고 했지만, 마침내 "너희 최선(veriness)을 다하여"라고 할 때까지는 여전히 부족했던 것이다.

20

인간의 본질

인간의 특수성

모든 존재하는 것은 복종한다. 인간만이 홀로 특수한 자리를 차지한다. 자연계에 속한 하나의 존재로서 그는 복종한다. 인간 존재로서 그는 순간순간 선택을 해야 한다. 실존의 벽에 갇혀 있으면서도 그의 의지는 제어 받지 않는다. 그의 행동은 물질에서 방출되는 에너지처럼 그에게서 방출되지는 않는다. 갈림길에 서게 될 때 그는 시간을 재고 어느 쪽을 택할 것인지 결정해야 한다. 그의 인생의 코스는 미리 예측할 수가 없다. 아무도 자신의 자서전을 앞당겨 쓸 수는 없다.

이 거대한 존재의 세계에서 특이한 자리를 차지하고 있는 인간은 우주의 질서로부터 추방당한 자인가? 버림받은 자인가? 자연의 변종(變種)인가? 도중에 이상하게 꼬여서 자연의 베틀로부터 떨어져 나온 실밥인가? 천문학과 지질학은 우리에게 인간의 오만한 허영심을 경멸하도록 가르친다. 천문학이나 지질학의 도움을 받지 않고도 시인은 자신이 얼마나 보잘것없는 존재인지를 사무치게 느껴, 이렇게 질문한다.

> 당신의 작품, 손수 만드신 저 하늘과
> 달아놓으신 달과 별들을 우러러보면
> 사람이 무엇이기에 이토록 생각해 주시며
> 사람이 무엇이기에 이토록 보살펴 주십니까?(시편 8:3-4)

그러나 만일 우주에서 차지하는 인간의 자리와 가치가 무한대 중의 하나라고 한다면, 이 우주를 구성하고 있는 모든 존재물들을 무한대(無限大)로 보고 수식으로 표현하여 인간 = $1/\infty$ 이라면, 무한소(無限小)의 인간이 위의 등식을 만들어 낼 수 있는 지구상의 유일한 존재라는 명백한 사실을 우리는 어떻게 볼 것인가?

개미는 경외라는 것을 모르며, 별은 자신이 보잘것없는 존재라고 생각할 줄 모른다. 천문학과 지질학의 범위는 실제로 광대하지만, 그러나 천문학자가 없다면 천문학이 무슨 소용이며, 지질학자가 없다면 지질학이 무슨 의미인가?

만일 윌리암 셰익스피어처럼 한 개인을 측량하는 척도(尺度)라는 술어로 특징지워야 한다면, 우리는 우주 안에서 차지하는 인간의 자리에 대한 에딩톤(Eddington)의 서술을 빌어다가, 셰익스피어는 그 크기가 정확하게 원자 하나와 별 하나의 중간 크기라고 말할 수 있을 것이다. 인간의 성장 발육하는 실존을 제대로 알자면, 예컨대, 한 인간이 수백만 개의 세포로 이루어져 있음을 아는 것이 중요하다. 그러나 자신의 실존을 성장 발육시키고자 애쓰고 있다는 사실을 헤아릴 수 있는 인간의 본질을 제대로 알자면, 우리는 인간의 특수한 점이 무엇인지를 분간해내어야 한다.

무한한 우주를 염두에 둘 때, 우리는 우리 자신을 보잘것없는 존재의 하찮은 자리에 놓아둘 수도 있을 것이다. 그러나 우리 자신의 영상(影像)을 신중하게 들여다보면, 우리가 단순히 의미의 세계에 의하여 움직이고 거기에 휩싸여 있는 존재만은 아니라는 사실을 발견하게 된다. 인간은 존재의 대양에 떨어진 물 한 방울이긴 하지만 동시에 무한한 의미를 솟구쳐 올리는 샘이다.

인간이라는 종(種)은 너무나도 강하고 위험하여 단순히 조물주의 장난감이나 노리개가 될 수는 없다. 그는, 의심할 나위 없이, 우주라는 거대한 몸의 어떤 특수한 것을 나타내고 있다. 하나의 성장, 말하자면 다른 부분들과 상호 작용을 시작할 뿐 아니라 어느 정도 자신의 모습을 변형시킬 수도 있었던 조직들의 비정상적인 밀집(密集)이 그것이다. 인간이라는 종의 본성은 무엇이고 기능은 무엇인가? 그것은 악성 종양인가? 아니면 우주의 두뇌(頭腦) 구실을 하도록 되어 있는 존재인가?

인종(人種)은 때로 악의를 품은 존재의 증상을 보인다. 만일 그 악한 증상이 제어되지 않은 채 계속 발달된다면, 그는 아마도 자신의 확장을 위하여 제 몸을 산산조각 내고 말 것이다. 천문학상의 시간 단위로 말하면, 우리의 문명은 지금 유아기에 속해 있다. 인간의 능력은 가까스로 신장되기 시작했고, 이제 인간은 그 능력으로 무엇을 하느냐에 따라 이 지구를 살리든지 파멸시키든지 할 것이다.

이 무한한 우주에서 지구는 별 의미가 없을 수도 있다. 그러나 만일 지구가 어떤 의미를 지닌다면, 그 열쇠는 인간이 잡고 있다. 인간은 확실하게 한 가지 소유하고 있는 것이 있기 때문이다. 내적인 우주를 발전시킬 수 있는 무한하고 예측할 수 없는 능력이 그것이다. 우리가 알고 있는 그 어떤 존재보다도 인간의 정신 속에 더 많은 가능성이 들어 있다. 한 아기를 보면서 그 아기로 말미암아 생겨날 무수한 일들을 상상해 보라. '바하'라고 불리는 한 아이 속에는 여러 세대에 걸쳐 사람들을 매혹시킬 만큼 충분한 힘이 가득 차 있었다. 그러나 과연 송아지나 망아지에게서 우리는 어떤 가능성을 찾고 어떤 놀랄 만한 일을 기대할 수 있겠는가? 실제로 인간의 본질은 지금 그가 무엇이냐가 아니라, 무엇이 될 수 있느냐에 있다.

잠재성의 어둠 속에서

그러나 잠재성의 세계가 어둡다는 것이 불안의 온실이 된다. 길은 언제나 하나 이상이 있고 우리는 자유 하도록 강제되었다—우리는 우리의 의지에 반(反)하여 자유하다—그리하여 어떻게, 왜도 잘 모르는 채 대담하게 선택을 해야 한다. 모든 길에는 우리가 저질러 놓은 실패들이 섬광등처럼 번쩍이고 옳은 것은 지하에 숨어 있다. 존재의 거대한 영역에서 우리는 소수자요, 조절의 천재를 발휘하여 틈만 있으면 다수자 편으로 넘어가려 한다. 우리는 우리의 본성에서 소수자다. 그런데 고뇌 속에서 그리고 우리의 정념(情念)이 서로 싸울 때 우리는 차라리 짐승을 부러워한다. 우리는 동물 왕국이 우리의 잃어버린 낙원인 듯이 행동하고, 행복이 동물적인 상태에 머무를 때 이루어지는 줄로 믿어 즐거운 순간을 맛보기 위하여 동물의 세계로 돌아가려고 한다. 우리는 짐승처럼 되고자 하는 끝없는 갈망을 품고 있으며, 우리 속에 있는 야수성을 그리워한다. 현대의 한 과학자 말에 따르면, "인간의 가장 큰 비극은 그가 네 발로 걷기를 중단하고 직립하는 자세를 취함으로써 동물의 세계로부터 스스로 단절되었을 때 발생하였다. 만일 인간이 여전히 기어다니고 토끼가 서서 다니는 것을 배웠다면, 오늘 날 세계가 겪고 있는 많은 불행이 처음부터 있지도 않았을 것이다."

하느님과 짐승 사이에서

인간은 끊임없이 하느님의 영을 분출시키는 존재면서 동시에 유기적 자연의 한 부분이다. 존재의 영역에서 소수자의 위치에 있는 그는 하느님과 짐승 사이의 어디쯤에 서 있다. 혼자서는 살 수가 없으므로 그는 그 둘 중의 어느 쪽과 친교를 맺어야만 한다.

아담과 짐승들이 함께 하느님의 축복을 받았다. 그러나 사람은 또한 땅을 정복하고 짐승들을 다스리라는 위임을 받았다. 인간은 언제나 하느님의 말을 들을 것이냐 뱀의 말을 들을 것이냐를 선택해야 한다. 하느님의 음성에 귀를 기울이는 것보다는 짐승을 부러워하고, 토템을 숭배하며 토템의 다스림을 받는 것이 언제나 더 쉽다.

우리의 실존은 동물성과 신성(神性) 사이에서 시소를 탄다. 즉 인간성보다 더한 것과 덜한 것 사이에서 시소를 탄다. 아래에는 덧없음과 무상(無常)이 있고, 위에는 우리의 죽어가는 생명이 남긴 영원한 유물인 경건과 신령의 은화를 쌓아 둔 하늘 창고의 열린 문이 있다. 우리는 계속하여 죽음의 방아에 빻이고 있다. 그러나 우리는 또한 하느님과 동시대인들이다.

인간은 "천사보다 조금 낮고"(시편 8:5) 짐승들보다는 조금 높다. 흔들리는 추처럼 그는 중력(gravity)과 추진력(momentum)의 작용, 이기심이라는 중력과 신성이라는 추진력의 결합된 움직임 아래, 살과 피의 어둠 속에서 하느님에 의해 보여지는 환상(vision)의 움직임 아래, 이리 저리 흔들린다. 우리는 자신이 그 환상에 관련되어 있음을 무시할 때 실존의 의미를 제대로 이해할 수가 없다. 그러나 요란스레 번쩍이며 피상적인 것에 한 눈 팔지 않는 사람만이 인간의 어리석음과 거짓, 증오, 악의로 얼룩진 무시무시한 어둠 속에서 하느님의 모습을 여전히 볼 수 있다.

사람은 그의 막강한 힘 때문에, 모든 존재들 중에서도 가장 악한 존재가 될 잠재성이 있다. 그는 자주, 하느님에 대한 두려움만이 진정시킬 수 있는 잔인한 열정과 오직 성스러움만이 정화(淨化)시킬 수 있는 맹렬한 질투심을 품는다.

만일 인간이 인간 이상이 아니면 그는 인간 이하다. 인간은 동물과 영 사이에 설치된 아슬아슬한 무대다. 그의 무대는 끊임없이 흔들리며 솟구쳐 오르거나 아래로 곤두박질치는, 그런 무대다. 옆길로 빗나가지 않는 인간이란 존재하지 않는다. 해방된 인간은 그래도 여전히 벗어나야 한다.

인간은 현재의 자기 자신 이상이다. 그의 이성에서는 한계가 있고 의지에서는 사악할 수도 있겠지만, 그래도 그는, 배반은 해도 떨어질 수는 없고 그의 인생에 의미를 부여해 주는 하느님과 관계를 맺고 있다. 그는 땅과 하늘이 서로 얽혀 짜이는 바, 편물의 코다.

쾌락을 좇아 욕구가 생기는 대로 채우고, 몸이 말을 듣기만 하면 언제든지 무슨 짓이든지 하는 즐거움을 누릴 때, 우리는 네 발로 걷는 것이 다시없는 만족이 될 것이다. 그러나 사람은 누구에게나, 과연 육신의 쾌락이나 자기중심의 이익 추구를 바탕으로 자신의 모든 결단을 내려도 될 것인지 의심하게 되는 그런 순간이 있게 마련이다.

우리의 요구들을 넘어서

능히 수중에 넣을 수 있는 쾌락이 있음에도 불구하고, 우리는 이기적인 보상을 바라 영혼을 팔고 수익을 위하여 양심을 버리는 것을 거부한다. 긍휼을 베풀 능력을 상실한 사람조차도, 불쌍하다는 감정을 자신이 느낄 수 없는 것에 대해 무서워하는 능력까지 상실한 것은 아니다. 천장은 무너졌지만 그래도 영혼은 여전히 한 가닥 공포에 매달려 있다. 거듭거듭 우리 모두는 자기 인생을 심판하는 자리에 앉으려고 한다. 덕목에 대한 전망을 도박으로 날려보낸 자들조차도 범죄에 대한 공포심까지 빼앗기지는 않았다. 역겨움과 당황함 속에 몸부림치다가, 우리는 이기적 요구만을 좇아 사는 것이 결국은 여전히 살아 있는 무엇을 죽이는 것임을 깨닫고 만다. 우리가 살고 있는 이 세계의 고약한 공기를 향기로 몰아내는 방법은 하나가 있다. 우리 자신의 요구들과 이익을 넘어서 살아가는 것이 그것이다. 우리는 육욕을 지니고 있고 탐심이 가득 차 있으며 이기적이고 공허하다. 그런즉 이기적이지 않은 요구들을 좇아 사는 것은 우리 자신의 방법이 아닌 그 이상의 방법으로 사는 것을 의미한다. 어떻게 우리는 지금 있는 우리 이상이 될 것인가? 어떻게 우리는 우리의 것이 아닌 잉여분을 우리에게 줄 재원(財源)을 발견할 것인가? 우리의 요구들을 넘어서 산다는 것은 이기적인 요구들로부터 독립하여 사는 것을 뜻한다. 그러나 어떻게 한 인간이 자기라는 원(圓)에서 뛰쳐나가는 일에 성공할 수 있을 것인가?

자기-사랑을 궁극적으로 소멸시킬 수 있는 가능성은 자아의 본성에 달려 있다. 그것은 심리학적인 문제가 아니라 오히려 형이상학적인 문제다. 만일 자아가 자신만을 위하여 존재한다면 그와 같은 독립은 가능하지도 않거니와 바람직하지도 않을 것이다. 자아라는 것이 바퀴의 축이 아니라 살이며, 스스로 자신의 출발점도 아니며 목적지도 아님을 확인하는 것만이 그런 가능성을 실현시켜 준다.

인간은 의미다. 그러나 자기 자신의 의미는 아니다. 그는 자기 자신의 의미를 알지도 못한다. 하나의 의미는 제가 의미하는 바가 무엇인지를 모르기 때문이다. 자아는 하나의 요구다. 그러나 자신의 요구는 아니다.

우리의 모든 경험들은 요구들이다. 충족될 때 분해되고 마는 요구들이다. 그러나 우리의 실존 또한 하나의 요구임이 사실이다. 우리는 요구들로 짜여진 직물이며, 우리의 작은 생애는 하나의 의지에 둘러 싸여 있다. 우리의 삶 속에서 계속 남는 것은 정열도 기쁨도 즐거움도 아픔도 아니다. 그것은 하나의 요구에 대한 응답이다. 우리 속에서 계속 남는 것은 우리의 살고자 하는 의지가 아니다. 우리의 삶을 향한 하나의 요구가 있고 살아감으로 우리는 그 요구를 채운다. 계속 남는 것은 우리의 욕구가 아니라 그 요구에 대한 우리의 응답이며, 충동이 아니라 동의(同意)다. 우리가 요구하는 것들은 때가 되면 사라진다. 반면에 우리가 요구받고 있음은 영원히 계속되는 현상이다.

누가 사람을 필요로 하는가

우리는 개인적인 인간의 문제—개인적인 인간의 의미는 무엇인가?—를 묻는 것으로 이 모색을 시작했다. 그리고 그의 특수성을, 무엇을 요구하는 경험들 속에서 깨닫게 되는바 자기 속에 잠재력을 지니고 있다는 점에서 찾아보았다. 우리는 또한, 그가 자신의 잠재력을 자신의 요구를 채우는 데 활용하는 한 행복을 발견하지 못한다는 사실을, 누군가의 요구가 되는 것이 그의 숙명임을 지적했다.

그러나 누가 사람을 요구하고 있는가? 자연? 저 산맥은 우리네 시인들이 필요해서 저렇게 서 있는 것인가? 만일 천문학자들이 더 이상 존재하지 않는다면 하늘의 별들은 사라질 것인가? 지구는 인간이라는 종(種)의 도움이 없어도 여전히 돌아갈 것이다. 자연은, 요구받으려는 요구 하나만 빼놓고 다른 우리의 모든 요구들을 채워줄 기회들로 가득 차 있다. 자연의 완강한 침묵 속에서 인간은 한 문장의 가운데 토막과 같고, 그의 번잡한 이론들은 자기 자신 안에서 스스로 고립되어 있음을 가리키는 부호들과 같다.

다른 모든 요구들과 달리, 요구받으려는 요구는 스스로 충족하려고 하는 노력이 아니라, 충족시켜 주려고 하는 노력이다. 그것은 초월적인 욕구를 채워 주고자 하는 욕구며, 하나의 갈망을 이루어 주고자 하는 갈망이다.

모든 요구들이 일방적이다. 시장할 때 우리는 음식을 요구한다. 그러나 음식이 먹히기를 요구하지는 않는다. 아름다운 사물들은 우리를 매혹시킨다. 우리는 그것들을 갖고자 한다. 그러나 그것들은 우리에 의하여 소유되기를 요구하지 않는다. 그와 같은 일방성 안에서 대부분의 삶이 감옥에 갇혀 있는 것이다. 보통 사람의 마음을 살펴보면, 이내 그 마음이 자기라는 자[尺]에 맞추어 현실을 재단하려는 노력으로 지배당하고 있음을 발견할 것이다. 마치 이 세계가 자기를 즐겁게 해주기 위하여 존재하거나 한다는 듯이 우리 모두는 사람들과의 관계보다 사물들과의 관계를 더 즐겨한다. 그리고 사람들을 대할 때도, 그들이 우리의 이기적 목적을 위해 사용할 물건이나 도구나 수단인 것처럼 대한다. 우리가 한 인간을 인간으로 마주 대하는 일은 참으로 드물다. 우리 모두 써먹고 가지려는 욕망에 사로잡혀 있다. 자유로운 사람만이 홀로 실존의 참된 의미가 주는 데서, 내놓는 데서, 사람을 사람으로 마주 대하는 데서, 다른 사람들의 요구를 채워 주는 데서, 체험된다는 사실을 안다.

우리가 느끼는 것을 넘어 우리가 아는 바의 잉여분을 분명히 깨달을 때, 생각은 잡을 수가 없고 마음조차 불완전하다. 어째서 우리는 그냥 살기 위해 사는 것으로 만족하지를 못하는가? 누가 우리로 하여금 우리의 실존 이상인 무엇을 향하여 갈망하게 하는가?

모든 곳에서 우리는 표현 불가능한 것에 둘러 싸여 있고, 우리가 현실에 정통하다는 것은 하나의 신화다. 우리의 영혼 가장 깊숙한 곳에서는 아름다움조차 영원이라는 순수한 금속이 섞여 있는 합금이다. 땅도 없고 하늘도 없고 봄도 없고 가을도 없다. 있는 것은 다만 하나의 질문, 사람에게 묻는 하느님의 질문뿐이다. 너는 어디 있느냐? 무엇인가가 우리를 요구한다는 확신, 우리를 필요로 하는 목적이 있다는 확신에서 종교는 비롯한다. 다른 모든 목적들과는 달리 도덕적, 종교적 목적은 우리 속에 책무감을 불러일으킨다. 그것들은 자신을 지각의 대상으로가 아니라 사명으로 제공한다. 그런즉, 종교적인 삶이란 우리를 필요로 하는 목적에 봉사함으로써 이루어지는 것이다.

인간은 이 우주의 드라마에서 아무 상관도 없는 관객이 아니다.

우리 속에는, 우리가 믿을 수 있는 것보다 더 많이, 신성과의 혈연관계가 맺어져 있다. 인간의 영혼은 자연의 인화성 자질에 의해 발화된 화톳불이 아니라, 이 우주의 길을 밝히는 하느님의 촛불이다. 그리고 모든 영혼은 저마다 그분께 없어서는 안 될 존재들이다. 인간은 요구되고 있다. 하느님이 그를 필요로 하신다.

| 21 |

목적의 문제

생물학적 요구와 문화적 요구

　예술적, 종교적 경험과 도덕적 결단이 발생하는 데서 요구들의 차지하는 비중을 강조하다 보면 그 중요성을 과대평가하여, 우리가 알거나 혹은 간직하고 있는 모든 이상들이 우리 자신의 요구들이 투사된 것이며, 정의로운 행위나 아름다움의 창조가 모두 우리가 가지고 있는 요구들의 결정체이고―재떨이나 구두끈이나 형광등처럼―그것들의 가치는 그것들이 있으면 좋겠는 것들이라는 점에 있다고 억측하게 되기 쉽다.
　우리의 문제를 좀더 자세하게 살펴보면, 생물학적 요구들과 문화적 요구들 사이에 구조적인 차이점이 있음을 분명히 볼 수가 있다. 전자의 경우에는 요구, 혹은 수요가 공급을 만들어 낸다. 후자의 경우에는 공급이 요구를 만들어 낸다. 한 사회가 예술에 대해 품고 있는 '관심'은 예술가들에게 창작을 할 수 있는 물리적 가능성을 제공해 줄 수는 있겠지만, 그 '관심' 자체가 예술을 창조해 내는 것은 아니다. 반 고호가 그림을 그린 것이 구매자가 될 자들의 요청에 대한 응답이었던가 아니면 감상자들의 열광에 대한 응답이었던가? 우리가 오늘날 우리 시대의 갈등을 멋있게 표현해 줄 새로운 셰익스피어를 보고자 갈망한다면 과연 그 갈망이 천재를 탄생시킬 것인가? 그런데도 우리는 여전히, 예술이란 요구의 산물이라는, 자기를 표현하려는 예술가의 요구 또는 예술을 즐기려는 사회의 요구가 만들어내는 것이라는 논리에 매달려 있다.

자기 표현에 관한 신화

우리가 예술을 즐기는 과정을 분석해 보라. 당신은 처음에, 예술을 즐기는 것이 우리 영혼 속에 잠재되어 있는 감정을 표현하려는 요구에 기인된다고 잘못 생각할지 모른다. 그러나 그렇다면 그것은, 만일 우리가 실제 생활 속에서 이미 그것을 체험하지 못했다면 예술 작품이 우리에게 감동을 불러일으키지 못할 것이라는 의미가 된다. 말하자면, 우리가 모호하게라도 어떤 동기(動機)에 대하여, 이미 그 동기를 마음속에 간직하고 있지 않는 한 반응할 수가 없다는 뜻이다.

사실은 우리가 흥미와 감정을 만족시키기 위해서가 아니라 그런 감정을 소중하게 아끼기 위하여 예술로 돌아간다. 하나의 예술 작품은 우리가 전에 품어보지 못했던 감동을 안겨 준다. 우리를 놀라게 해주지 못하는 예술작품은 지루할 따름이다. 위대한 걸작품들은 세상에 새롭고 신선한 갈망을 줌으로써, 우리의 요구들을 만족시키는 것이 아니라 그 요구들을 생산해 낸다. 우리가 전혀 모르던 것들을 표현함으로써 예술 작품들은 새로운 목적들, 기대 못했던 환상들을 바라보게 한다.

예술가의 창조행위가 자기를 표현하려는 요구에서 비롯되는 것일까? 자신의 요구를 충족시키는 데 사로잡힌 예술가가 사회에 대하여 별로 관심이 없을 것은 분명한 사실이다. 한 예술가가 표현을 하는 과정에서 다른 사람들에게도 연관이 있는 목적들을 성취할 때, 그의 작품은 이 세계에 적절한 연관을 맺게 된다. 만일 소설가 발자크가 오로지 돈 버는 일과 자신의 명성에만 관심을 가졌다면, 그의 성공은 자신을 빼놓은 그 누구에게도 상관이 없는 일이었을 것이다. 그가 세계적으로 중요한 인물이 된 것은 자신의 사적인 요구들과는 별 관련이 없는 생활양식들과 상황들을 창조해내는 일에 성공했기 때문이다.

창작하는 사람이 가진 비결은 자기를 표현하려는 맹목적인 요구가 아니다. 할 말이 없는 자만이 자기를 표현하려는 강한 충동을 오히려 뽐낸다. 표현되어야 하는 무엇, 감정, 환상, 목적 등 그것을 표현하고자 하는 요구를 만들어 내는 무엇인가가 틀림없이 있다. 목적(the end)이 기본수(基本數)고 요구는 그 계수(係數)일 따름이다.

목적과 요구

집이 벽돌로 구성되어 있듯이 인간의 삶은 요구들로 이루어져 있다. 그러나 벽돌을 쌓아 놓은 것이 곧 집이 아니듯, 요구들을 채우는 것이 곧 인생은 아니다. 삶은 하나의 목적에, 하나의 목표에 관련되어 있다. 집과는 달리, 인간은 물론 하나의 목적을 위한 수단만은 아니다. 그러나 목적과 맺는 그의 관계가, 목적이 없는 인생은 살 만한 가치가 없다는 사실을 깨달을 수 있는 그의 능력이, 그의 실존이 차지하는 독특한 자리를 가리켜 주는 것 같다. 요구들만이 아니라 목적에도 관련되어 있다는 사실이 인간의 특징이다.

요구들은 상호 연관을 맺고 있다. 그것들은 단순히 동인(動因)들의 분출이라기보다는 어떤 목적들을 성취하거나 지속시키려는 노력이다. 우리가 골똘히 이루려고 애쓰는 가치들이나 또는 어떤 목적과 연관 없이 요구들을 정의하려는 것은 지각되는 대상 없이 어떤 지각의 전형이 있다고 주장하는 것과 같다. 요구들이란 사람이 가치들 또는 어떤 목적들과 맺는 관계다. 무엇에 관심을 갖는다는 것은 그와 같은 관계를 알게 되었다는 뜻이다.

목적은 흔히 요구들과 아무 상관이 없는, 독립된 필요물이다. 마치 우리의 감각이 감각된 사물을 만들어 내는 게 아니라 단지 감각할 뿐이듯이, 요구에 대한 느낌도 하나의 대상인 목적에 내면으로 응답하는 것일 따름이다. 느낌, 지각은 우리의 것이다. 목적, 사물들은 세상의 것이다. 세상은 하느님의 것이다.

도덕과 종교는 인간 안에서 발동하는 느낌으로서 시작되지 않는다. 오히려 그것은 인간 밖에 있는 목적과 상황에 대한 응답으로서 출발한다. 우리는 객관적인 상황을 눈앞에 두고서 무엇이 옳다 혹은 그르다고 판단하며 주장한다. 표현 불가능한 것 너머에 있는 무엇에 응답하는 가운데 인간은 하느님을 긍정하는 것이다.

자유인은 자기 자신을 고정된 요구들의 저장소인 양 생각하지 않는다. 오히려 자신의 생이 어떤 목적을 향하고 있다고 믿는다. 눈앞에 목표를 세우는 것, 그것을 바라보고 앞으로 나아가는 것이 문명한 삶으로 가는 길인 듯하다. 자신의 이기적인 요구들에다가 자신의 목적을 맞추는 것이 방탕자들의 전형적인 모습이다. 그는 언제든지 자신의 요구에 따를 준비를 갖추고 있다. 실제로, 무엇을 요구하거나 값비싼 음식, 옷 또는 식욕과 입맛을 만족시키는 모든 것에 빠져 들어가는 것은 누구나 배울 수 있는 일이다. 그럼에도 불구하고, 자유인은 요구를 따르는 데 눈이 멀지 않는 사람이다. 그 대신 그는 요구들의 상대적인 값어치들을 달아보고 비교하여, 더 높은 가치를 끌어올리고 풍요하게 하는 요구들을 채우려 할 것이다. 다른 말로 하면, 그는 좋은 목적을 이루는 데 도움이 될 만한 요구들만 인정하려 할 것이다. 그들은 "요구가 목적을 정당화한다"고 말하지 않는다. 오히려 반대로 "목적이 요구를 정당화한다"고 말한다. 다른 무엇을 위해, 또는 도덕적, 미학적, 종교적 원리들을 위해, 한 요구를 충족시키는 일을 보류할 수 있기 위해서는 그것들이 어느 정도 요구들로부터 독립된 것이어야 한다.

길은 다만 하나밖에 없으며 그것은 짐승의 길이라고 주장하는 심리학적 숙명론은 모든 것을 마비시키는 잘못된 생각이다. 정신이 있는 사람이라면 그런 것에 결코 무릎 꿇지 않으리라. 인간의 마음은 고정된 관념들의 저장소가 아니다. 오히려 그것은 목적을 향하는 지향이며 그것으로부터 세계를 인식하게 되는 하나의 관점이다. 또한 인간의 영혼은 미리 정해진 요구들의 최면술 주문(呪文) 아래 살아가는 노예가 아니다.

모든 인생의 여정에는 단 하나의 목적지가 있는 것은 아니다. 어떤 것들은 길 위의 정거장이고, 다른 것들은 길에서 빗나가 우리의 인생을 헤매게도 한다. 중심 되는 목적지를 보지 못할 때, 우리는 흔히 이기적인 또는 편파적인 목적들을 좇아 길을 잃고는 우리에게 쾌락을 주는 생활방식을 취하고 생각 없이 관습과 욕구를 씨줄과 날줄로 삼아 요구의 그물을 짠다.

문명의 대부분이, 정신적인 목적을 추구하는 것을 돕기보다는 오히려 경쟁적인 목적들을 안정시키는 데 혹은 심지어 강화시키는 데 봉사를 하고 있다. 우리는 살고자 하는 우리의 의지로 살인을 호도(糊塗)하고 이기적인 야망을 충족시키려는 열심으로 불의를 서슴없이 저지른다.

범-심리학의 실수

중세기 때 과학이 부신학(副神學, *ancillae theologiae*)으로 간주되었듯이, 오늘에는 형이상학, 종교, 윤리, 예술의 문제들이 본질적으로 심리학의 문제라는 주장이 있다. 과연 우리가 범-심리학(pan-psychology)이라고나 불러야 할 그런 경향이 있다. 이런 주장을 하는 사람들은 심리학이야말로, 생각과 행위의 틀과 내용을 주관적인 심리적 과정으로, 심리 전개의 충동과 기능으로 환원시킴으로써, 법의 기원과 발전 그리고 논리와 종교와 윤리의 원리들과 가치를 설명할 수 있다고 본다.

이러한 견해의 오류는 가치와 법칙과 원리들을, 그 안에서 그것들이 우리의 주목을 받게 되는 바 심리적 환경과 혼동한 데 있다. 지식의 내용을 그것의 획득에 따라 오는 감정적인 반응과 동일시하는 것, 또는 개념들을 정신적인 기능들과 동일시하는 것은 분명한 잘못이다. 우리가 어떤 결론에 대하여 긍정하거나 부정하는 것, 한 관념에 대하여 그렇다고 하거나 아니라고 하는 것은 우리가 논리적 정확성 혹은 직관적인 확신에 근거하여 진실을 단언한다고 주장하는 행위다. 우리가 감히 진실을 안다고 주장할 수 있는 것은 정확하게 말하여, 감정에 면역되어 있기 때문이다.

이런 주장은 범-심리학자 자신이 하고 있다. 모호하고 다양하고 혼돈된 심리적 과정들은, 그것들이 만일 분류되고 해석되며 인식 가능한 것이 되려면, 심리학자에 의하여 어떤 법칙들을 제공받아야 한다. 그러나 그런 법칙들은 보편적인 타당성을 지니기 위하여 논리적으로나 현상학적으로나 스스로 방어할 수 있어야 한다. 심리적 과정 자체가 아니라 범주가 되어야 한다는 말이다. 그렇지 못하면 그것들은 단순히 그 어떤 인식 가능한 가치도 지니지 못한 심리학적 분석에 과제 하나 더 첨부한 것일 따름이다. 그렇다면 우리는 그것의 타당성이 우리의 충동과는 아무 상관이 없는 그런 인식 행위가 있음을 받아들이도록 강요받고 있는 게 아닐까?

범-심리학의 관점에서 보면 우리는 그것을 부인해야 할 것이다. 그러나 우리는 우리의 충동이 범주들로부터 솟아나는 것이라는 것이라고 말할 수 없는 것처럼, 논리적 범주들은 우리의 충동으로부터 솟아나는 것이라고 말할 수도 없다. 범주들은 우리의 충동과 마찬가지로 거부할 수 없도록 부여된, 인간의 의식이 이루어 놓은 사실들이다. 사실상 우리는 우리의 범주들을 발전시키기 위하여 충동들을 필요로 하는 것보다는, 충동들을 이해하기 위하여 범주들에 더 많이 의존하는 것 같다.

선 의식과 악 의식

선과 악은 심리학적 개념이 아니다. 비록 선악을 이해하는 방법이 개성(個性)의 심리적 조건들에 따라 영향을 받긴 하지만 말이다. 마치 선악이 인식되는 특수한 틀이 자주 역사적, 정치적, 사회적 조건들에 따라 결정되듯이 말이다. 그러나 선과 악 그 자체는 인간의 심령이나 사회의 기능을 나타내는 것이 아니라 목적과 목표를 가리키며, 그 본질에서, 인과관계라는 심리적 사슬로부터 독립되어 있다.

선과 악을 의식한다거나 혹은 개인의 이익을 포기하면서까지 종교적 계율을 따를 때, 인간은 그런 자신의 태도가 단순히 감정의 표현이라고 보지는 않는다. 그는 자신이 객관적인 요청(objective requiredness)을 반영하고 있다고, 곧 자신이 좋아하는 것과는 상관이 없어 타당한 어떤 목표에 이르기 위하여 애쓰고 있다고 확신한다. 그런 의식을 스스로 경험하면서도 우리는 과연 그것을, 그렇기를 바라는 데서 나오는 원망사고(wishful thinking)라고 비난할 수 있는 것일까? 또는 모든 도덕적 목표들의 상대성에 관한 우리의 이론들이, 궁극적인 목적들에 대하여 주의를 덜 기울이게 된 시대적 조건의 결과라고 말할 수 있을까?

물론 인간이 어떤 요청(requiredness)을 의식한다고 해서 그것이 곧 그의 도덕적 또는 종교적 목적을 이루고자 하는 특수한 형식들이 절대로 타당하다고 증명해 주는 것은 아니다. 그러나 그런 의식을 한다는 사실 자체가, 타당한 목적들을 이루려고 애쓰는 그의 노력의 내용이 될 수는 있다. 이런 목적들에 대한 인간의 의상(意想)은 변한다. 그러나 그것들을 이루고자 노력하는 것은 변함이 없이 계속된다.

도덕적 행위는 물론 이기적인 바탕에서 설명될 수도 있다. 인간은 사회적 존재이기에 한 개인의 복지는 다른 구성원들의 복지에 의존하게 마련이다. 그러므로 나의 직접적인 요구들(needs)의 한계선을 벗어나는 봉사 행위가 결과적으로 나의 복지를 위한 투자인 셈이다. 이타주의(利他主義)는 위장된 이기주의가 되며, 도덕적 행위는 머리 좋은 상인이 고객을 늘리려고 푸짐한 서비스를 하는 것과 다름이 없다. 다른 사람을 위하여 나의 이익을 희생하는 것은 나 자신의 이익을 위하여 자기 부정(self-denial)을 실천하는 것의 다른 예(例)일 따름이며, 다른 요구들을 충족시키려고 어떤 요구들을 포기하는 것과 같다. 그것이 궁극적으로 나에게 적합한 것인 한, 다른 사람의 이익을 위하여 나의 행동을 조절하는 것이야말로 내가 도덕적으로 마땅히 해야 하는 일인 것이다.

그럼에도 불구하고 선과 악, 옳고 그름에 대한 의식은 자기 자신만을 위해 행동하지는 말라는 요구, 옳은 일은 나에게 이득이 되지 않더라도 하라는 요구에 의하여 이루어진다. 한 가지 선한 행실의 편익(便益)이 도덕적 책무를 실천에 옮기는 데 격려가 될 수는 있겠지만, 그러나 그 둘이 동일한 것은 분명코 아니다.

하느님의 비밀 무기

인생은 자아를 둘러싸고 회전하는 구심력에 의하여 추진될 뿐만 아니라, 자아 중심에서 밖으로 향하는 원심력에 의하여 추진되기도 한다. 그의 행동은 자기 사랑(self-regarding)일 뿐 아니라 자기 초월(self-surpassing)이기도 하다.

인간은 개인의 목적을 추구하는 가운데서도 어쩔 수 없이 보편적인 가치들을 세우거나 발전시키는 일을 하지 않을 수 없게 되어 있다. 그것은 마치 인간이, 자신에게 이득이 되지 않는 일에 자신의 능력을 동원하라는 어떤 명령, 오로지 듣고 그대로 해야지 만일 거역하면 고통을 받게 되는 그런 명령을 받은 상태에 있는 것과도 같다. 그 명령은 문명의 산물이 아니라 문명의 기원이다. 문명한 삶은 인간의 즉흥적인 요구들, 개인의, 종족의 혹은 나라의 목표를 애써 넘어서려는 충동의 결과다.

 한 가족을 꾸미고 사회를 섬기고 혹은 예술이나 과학에 헌신하려는 욕구는 가끔 자신의 야망이나 야심을 만족시키려는 마음에서 우러난 것일 수 있다. 그러나 역사의 망대에서 내려다보면, 요청된 행위가 이기적으로 쓸모 있다는 것, 그 요청된 행위를 자신의 이기적인 목표를 이루는 데 유용한 도구로 간주할 수 있는 것은, 하느님이 인간의 냉담함과 더불어 싸우실 때 사용하는 비밀 무기다.

 우리는 간혹 실제로는 남들을 섬기는 게 우리인데도 남들이 우리를 섬긴다고 믿는 거짓 즐거움을 누린다. 우리의 사심은 의미를 재는 척도가 못된다. 나무를 심는 사람은 누구를 위하여 나무를 심는가? 다가오는 세대를 위하여, 한번도 본 적이 없는 얼굴들을 위하여서다. 더 높은 목적들이 어느새 당장 쓸모 있는 목적들로 변장된 것이다. 그것은 마치 하늘의 교묘한 술책이 인간 역사 속에 작용하여, 우리의 본능을 보편적인 가치를 지닌 목적을 이루기 위한 구실로 이용하고, 인간의 저속한 힘들을 더 높은 목적을 이루는 일에 이용하려는 것 같기도 하다.

 어떤 인간들 혹은 많은 인간들이 관심의 대상으로 삼고 즐기며 욕망의 대상으로 삼는 것이라 해서 그것이 곧 선은 아니다. 어떤 행위가 선한 것은 우리가 그것으로 즐거움을 누리거나 혹은 우리가 그것을 선하다고 생각하기 때문이 아니다. 위에서 살펴보았거니와, 선과 악은 현실 속에서 맺어지는 관계들이다. 하느님이 보살피시는 것은 선하다. 인간을 자신과 하나 되게 하는 것, 인간과 인간, 인간과 하느님을 하나 되게 하는 것은 선하다.

삶은 입체적이다

삶은 입체적이다. 모든 행위는 대등한 두 개의 축선(軸線)으로 평가될 수 있다. 횡좌표는 인간이고 종좌표는 하느님이다. 사람이 사람에게 무슨 짓을 하든 간에 그것은 또한 하느님께 하는 짓이다. 표현 불가능한 것을 초월해 있는 그분께 간절히 귀기울이는 사람들에게는, 하느님이 이 세상과 맺는 관계는 실제로 이루어지는 일이며, 존재의 절대적 의미, 곧 비록 이 순간 어느 누구도 그것을 파악하거나 이해하지 못한다 해도 현실 속에서 획득할 수 있는 궁극적인 것이다. 그것을 배척하거나 거절하는 사람들이 있다 해서 그 타당성이 감소되지는 않는다.

옳은 것 혹은 도덕적으로 선한 것은, 우리의 요구 경험을 능가하는 하나의 목적이다. 그것은 최고로 위엄 있는 도덕적 목표를 적절하게 느끼는 우리의 감각 능력 너머에 있다. 그것을 표현하려는 우리의 노력은 우리의 본성의 한계를 벗어나지 못한다. 그래도 그 절대적인 위엄에 대한 비전은 언제나 잃어버리는 것은 아니다. 그리고 인간이 도덕적 목표를 이루려고 한 모든 시도들의 역사를 공부할 때, 우리는 인간의 비전과 그 해석을 혼동해서는 안 된다. 무엇이 옳고 무엇이 그른가에 대한 인간의 이해는 시대에 따라 가끔 달라졌다. 그러나 옳은 것과 그른 것이 서로 분별된다는 생각만은 언제 어디서나 한결같다. 법을 제정하면서 인간은 간혹, 정의를 실천하는 바른 방법을 찾거나 그 의미를 분명하게 매번 파악하는 일에 실패하고 실수도 한다. 그러나 비록 그 비전을 잃는 때에라도, 한번 보았던 것까지 모두 잃어버리지는 않는다. 그는 정의가, 정의의 이름을 지키기 위하여 만들어져야만 하는 법의 준

거임을 알고 있다. 우리가 아는 한 그 어느 종족도, 그 어느 법전(法典)도, 서로를 미워하는 것이 선한 것이며, 상처를 입히는 것이 옳다고 주장하지는 않는다. 정의는 모든 사람이 귀하게 여기는 무엇이다.

그 비전이 계속 살아 있게 하기 위하여 우리는 표현 불가능한 것에 대한 감각을 지속하고 증가시키도록 애써야 하며, 우리의 사명이 의지보다 우월한 것임을 끊임없이 기억하고, 궁극자 앞에서 모두가 동일한 것인 다른 존재들과 어울려 위대한 친교 가운데 살아가고 있다는 깨달음을 밝게 하도록 힘써야 한다. 이제는 더 이상 자기에게 부합하는 것만을 배타적으로 관심할 수가 없다. 이미, 우리에게 요청된 것은 어떻게 충족시킬 것인가—라는 다른 문제에 관심하기 시작했기 때문이다.

우주는 소유주가 없는 것도 아니요 생명은 유기물(遺棄物)이 아니다. 인간은 우주의 주인도 아니요 제 운명의 주인도 아니다. 우리의 생명은 우리의 소유물이 아니라 하느님의 것이다. 바로 이 하느님의 소유권이 우리의 인생을 신성한 것으로 만든다.

우리가 정의에 대하여 말한 것은 종교에도 그대로 들어맞는다. 신앙인이, 자신의 간단한 몇 마디 말이 영원을 가리키는 신호가 됨을 보게 될 때, 그 통찰을 가능하게 하는 빛은 자신의 마음에서 나오는 빛이 아니다. 모든 탑들이 무너져 내릴 때 신앙심 깊은 사람이 들어가 숨을 성채를 쌓는 것은 그의 손이 아니다. 성스러움의 실체는 그의 믿고자 하는 의지에 달려 있지 않다. 만일 종교라는 것이 그의 생각으로 성취하는 것 혹은 그의 감상이 분출하는 것일 따름이라면, 종교는 그 마음을 다스리지 아니할 것이다.

22

종교란 무엇인가

어떻게 종교를 연구할 것인가

　분석적인 머리를 가진 사람들은 종교를 엄격한 표제 아래 분류하고 종교적 사실들에 이미 알고 있는 꼬리표를 붙이려는 유혹을 늘 받는다. 마치 실재가 우리의 이론이라는 익숙한 상표에 부합되어야 하며, 마나(mana), 타부(tabu), 토템(totem) 따위의 도장이 찍힐 수 없는 것들은 무시되거나 부인되어야 한다는 듯이 유혹을 받는다는 말이다. 한술 더 떠서, 모든 특수한 신앙 혹은 의식 행위들을, 그것들이 마치 모든 세부적인 것이 설명 가능하고 모든 처리가 계산으로 맞아떨어지게 되어 있는 은행 계정(計定)이기나 한 듯이 분석하려고 든다.

　어떤 학자들은 종교에 대한 객관적이며 분석적인 방법을 고도로 발전시켜 종교를 마치 이판암(泥板岩)에 새겨진 화석처럼, 혹은 탐험대가 낯선 땅에서 가져온 식물을 다루듯, 고생물학적 방법으로 연구하기도 한다. 실제로, 신앙심이라는 깊이로부터 뽑혀질 경우 종교는 대개 아름다움, 정의 혹은 진리 등과 같은 여러 다른 가치들과 공생(共生)하게 마련이다.

어떤 종교학도들은, 인간의 전체 성격과 천품이 원시 종교의 단계에서 그대로 계시되었다는 듯이, 원시 신앙과 의식을 인류학적으로 관찰한 사람들이 이루어 놓은 범주들을 종교 연구에 적용한다. 그들은 자연 그대로, 아직 문명 생활의 기술로 인한 부패에 물들지 않은 원시인을 미화하는 교리에 이끌림을 받고 있는 것 같다. 그 결과 그들은 예언자들을 야만인의 술어로 이해해야 한다고 주장하고 있다.

지난날의 인류학에서는, 원시 사회에서 개인의 자율적인 행동은 있을 수가 없었고 개인의 생각이나 행위는 언제나 사회적 압력에 의하여 생겨났다는 것이 정설이었다. 이 정설을 바탕으로 삼아 사회와 사회의 존속을 위한 욕구 및 본능이 종교의 신비스런 원인이라는 사회학적 이론이 성립되었다.

그런데 오늘의 인류학은 이 정설을 인정하지 않는다. 가장 저차원의 문명 속에서라도 개인이 전적으로 사회의 억압을 받지는 않는다는 것이다. 과연 우리 눈에도, 위대한 이념은 사회의 압력이 있음에도 불구하고, 그 상황에도 불구하고 탄생하였던 것처럼 보인다. 모세는 파라오뿐만 아니라 동족을 대해서도 싸우지 않으면 안 되었다. 금송아지 앞에서 떠들썩한 군중들에게 우상을 만들지 말라는 금령을 내려야만 했다. 종교의 본질은 사회학의 영역 밖에 있다.

다른 한편, 종교 심리학은 중립적이고 무관심한 피조사자(被調査者)들에게 설문지를 돌리고 그들의 답변에서 보통 사람들의 견해와 판단을 얻어냄으로써 종교를 객관적으로 이해할 수 있다고 주장한다. 그러나 과연 편견이 없는 것이 통찰이 없는 것을 보상할 수 있는 것일까? 무관심이 객관성과 동일한 것일까?

우리는 역사 혹은 천문학에 관한 정확한 개념을 어떻게 얻을 수 있는가? 무턱대고 거리의 사람들에게로 가는 대신 우리는, 그 방면의 모든 정보를 수집하고 학문적인 수련을 쌓은 사람, 그 계통의 연구에 몰두하고 있는 사람에게로 간다. 마찬가지로, 종교에 관한 정확한 개념을 얻기 위해 우리는 영적인 것에 마음을 쏟는 사람, 그의 삶이 곧 종교인 사람, 진리와 행복, 영과 감정, 신앙과 자기 의존을 분별할 수 있는 사람에게로 가야 한다.

종교의 불가사의한 성스러움에 대해 확신이 없고 오히려 그것이 문제가 되는 그런 사람의 눈으로 볼 때 우리는, 신앙인에게는 너무나도 확실하고 분명한 것으로부터 거리가 먼, 주마간산(走馬看山) 이상을 기대할 수 없다.

종교 전문가들은, 모든 예술을 이해하고 습득했노라고 주장하는 떠버리 학생을 닮을 위험성이 있다. 수영을 할 수 있느냐는 질문에 그는 이렇게 대답한다. "헤엄은 칠 줄 모른다. 그렇지만 수영은 잘 알고 있다…"

우리는 음률학(音律學)을 전공하여 시를 가락에 맞추어 잘 읊는 전문가들과 만날 때도 이와 비슷한 경험을 한다. 그들은 재능을 타고 난 시인이라면 쉽사리 부릴 수 있는 기술을 뽐낸다. 그들 전문가와 달리 시인은 비록 자신이 완벽한 시를 만들어 내는 방법을 알고 있다 해도 시작법(詩作法)을 가르치지 못할 수도 있다. 그렇지만 그는, 자기처럼 재능을 타고 난 사람에게라면 간단한 말 몇 마디로 시를 가르칠 수가 있다. 따라서 종교에 대하여 문을 열어 놓고 있는 사람의 영혼 속에는 신앙심 깊은 자의 말 몇 마디로, 그들의 가슴 속에서 빛을 내는 불꽃으로, 불꽃이 당겨지게 되는 것이다.

종교는 마음의 작용인가

도덕이니 종교니 하는 것이 인간의 이기적인 요구에 대한 응답이며 안정과 영원불멸에 대한 갈망의 결과 혹은 불안을 극복하려는 하나의 시도라고 보는 생각을 벗어나지 못하는 자들은 강이, 운하처럼, 배들의 항해를 위하여 인간이 만들어 놓은 것이라고 주장하는 자들과 다를 바가 없다. 경제적인 요구와 정치적 이유로 해서 사람이 수로를 뚫게 된 것은 사실이다. 그러나 흐르는 강이 사람의 작품이라고 할 수 있겠는가?

대부분의 사람이, 굶주림의 고통을 가라앉히고 텅 빈 위장의 짜증을 달래기 위하여 우리가 음식을 먹는다고 억측을 한다. 그러나 실제로는 우리가 음식을 먹는 것이 시장기를 느껴서가 아니라 음식을 섭취하지 않고는 생명을 유지할 수 없으며, 몸의 여러 기관이 제 기능을 발휘하려면 에너지가 공급되어야만 하기 때문이다. 시장기는 때가 되었으니 음식을 먹으라는 신호다. 시장기 때문에 음식을 먹는 것은 아니다. 우리는 강과 항해, 음식물 섭취와 시장기, 혹은 종교와 사람들이 종교를 사용하여 하는 일을 혼동하지 말아야 한다.

종교가 하나의 감정 또는 요구에서 비롯된다는 심리학적 이론들은 그와 같은 인자(因子)가 종교를 만들어 낼만한 효능을 지니지 못한다는 사실을 간과하는 것 같다. 그런 이론들은 예컨대, 절대적으로 의지하려는 감정 또는 죽음에 대한 공포가 전혀 종교적인 요소를 지니지 못하고 있기 때문에 그것과 종교의 관계는 원인도 아니며 그 결과도 아니라는 사실을 간과하고 있다. 그런 감정이 사람으로 하여금 종교를 받아들이게끔 작용할 수는 있겠지만, 그것 자체가 종교를 만들어 낼 수는 없다. 그런 감정과 결부되어 있는 종교적 동기가 다른 근원에서 나오는 것이기 때문에, 위의 논리들이 그 문제를 정확하게 파악하지 못한 것은 명백하다.

마술과 종교

종교의 핵심은 인간의 요구를 충족시키는 데 있지 않다. 인간이 자신의 이익을 위해 자연의 힘을 이용하는 마당에, 초자연적인 존재를 강제하여 자기의 쾌락을 추구하고자 하는 것은 사실이다. 그러나 그런 동기와 실천은 종교가 아니라 마술, 곧 "과학의 가장 가까운 친척"이며 종교의 생명을 위협하는 적수인 마술의 성격을 지니고 있다.

마술이 모든 종교보다 한 발 앞서 있었으며 그 자체가 지니고 있는 거짓이 드러나면서 "마술의 시대"가 "종교의 시대"에 자리를 내어 주었음을 증명할 길은 없지만, 종교 안에 마술이 남아 있음은 너무나도 분명하여 못 본 척하고 넘어갈 수가 없는 사실이다. 그것이 종교에 얼마나 위험한 것인가는, 가증스런 죄악으로 규정한 오경과 그것을 우상숭배와 동일하게 여겨 비난한 예언자들 그리고 그것을 유다인의 종교 생활에서 축출하기 위하여 엄격한 규범을 만들어 낸 라삐들에게서 잘 드러났다. 그리고 그 싸움은 세대에서 세대로 계속되었다.

아브라함이 아들을 제물로 바치려고 한 것은 자신의 개인적인 요구를 충족시키기 위해서가 아니었고, 모세가 십계명을 받은 것도 자신의 행복을 얻기 위해서가 아니었다. "너희는 어떤 모양이든지 새겨 만들 수 없다"는 제2계명은 오랜 세월이 흐르는 동안 많은 사람들의 "종교적 요구들"을 충족시켜 주기는커녕 오히려 좌절시켰다. 예언자들은 쾌락을 좇거나 대중의 감상에 동조하지 않았다. 예언자적 종교야말로 편의주의에 정반대되는 것이다.

 종교를 일차적으로 개인적인 충족 혹은 구원을 추구하는 것으로 정의 내리는 것은 종교를 세련된 형태의 마술로 만드는 것이다. 인간이 종교 안에서 자기 요구들의 충족을 구하고, 영원불멸에 대한 보장이나 사회를 안전하게 보호하는 장치를 찾는 한, 그가 섬기는 것은 하느님이 아니라 자기 자신이다. 자기로부터 멀리 떨어져 있을수록 그분의 임재는 더욱 확실하다. 자기에게 군대, 공장, 영화 따위가 필요하듯이 하느님도 필요하다는 식으로, 하느님을 인간의 요구에 대한 답으로 생각하는 것이야말로 그분을 잃어버리는 가장 확실한 길이다.

 "신들이 존재한다는 것은 편리한 일이다. 그것이 우리에게 편리를 주기 때문에 신들이 존재한다고 믿기로 하자"(Ovid, *Ars Amatoria*, 1권 I. 637). 이렇게 가르치는 사람은 언제나 있어 왔다. 바로 이런 사람들에게 아모스는 선포하고 있다.

  저주 받아라!
  너희 야훼께서 오실 날을 기다리는 자들아.
  야훼께서 오시는 날
  무슨 수라도 날 듯 싶으냐?
  그 날은 빛이 꺼져 깜깜하리라
  사자를 피하다가 곰을 만나고
  집 안으로 피해 들어가 벽을 짚었다가
  뱀에게 물리리라.
  야훼께서 오시는 날

그 날이 밝은 날일 줄 아느냐?
아니다.
그 날은 다만 깜깜할 뿐
한 가닥 빛도 없으리라(아모스 5:18-20).

하느님을 믿는다는 것은 그분을 위하여 싸우는 것이다. 그분의 뜻과 충돌되는 우리의 이익을 포함하여 우리 안에서 그분을 대적하는 모든 것들과 싸우는 것이다. 오직 자기를 잊을 때에야 비로소 우리는 그분을 사랑하게 되고, 그분은 우리의 요구, 이익, 관심이 되신다. 그러나 그 사랑의 길은, 혹시 우리가 그분의 지상 명령을 범하고 있지나 않은지, 인간의 정의로움을 그분이 요구하신다는 사실을 잊고 있지나 않은지, 늘 두려워하는 가운데 가야 하는 길이다.

종교의 객관적 면

모든 조사 연구는 하나의 기본적인 질문으로부터 나오는 것인데, 그 질문이 우리 생각의 방향을 결정짓는다. 그런데 우리의 탐색에 소용이 될 만한 질문들의 수는 한정되어 있다. 그것들은 거의 모든 학문적 탐구에서 인습적으로 되풀이되고 있다. 연장들처럼, 그것은 한 학자에게서 다른 학자에게로 전수된다. 우리는 우리의 눈으로 세상을 보지 아니하고 지적(知的) 선조들의 안경을 쓰고 세상을 본다. 그러나 우리의 눈은 다른 세대에 사용된 낡은 안경을 쓰고 보느라고 긴장해 있고 고단하다. 우리는 실체들을 응시하고 그것들과 다른 실체들의 관계를 곁눈질하느라고 몹시 피곤하다. 우리는 현실을 있는 그대로 보고 싶다. 그 원인은 무엇인가? 그 원천과는 어떤 관계를 맺고 있는가? 사회와는? 심리학적 동기들과는?―이런 따위의 질문에만 매달리지 않고 말이다. 우리는 날짜를 기입하고 비교하는 데 지쳤다. 실제로, 한때 날카롭게 뚫고 들어오던 질문들이 낡아 버리면, 탐색의 대상은 더 이상 탐구자에게 반응하지 않는다. 많은 것들이 새 질문의 추진력에 의존한다. 그 질문은 불가사의함을 불러내는 주문(呪文)이요 이미 검사가 끝난 대상을 건드려 기존의 대답을 자극하는 도전이다. 하나의 새로운 질문은 새로운 목표를 설정하거나 내다보는 것 이상이다. 그것은 그 새 목표를 향한 제1보(第一步)다. 무엇을 탐구하자면 우선 우리가 알고자 하는 것이 무엇인지를 알아야 한다.

현대인은 사물들을 있는 그대로 보는 경우가 거의 없다. 종교를 해석할 때도 우리의 눈은, 그 종교의 본질과 실제보다는 다양한 생활 영역에 그 종교가 어떤 영향을 미치고 있는지를 살핀다. 우리는 종교가 경제, 역사, 예술, 애욕 따위에 어떤 관계를 맺고 있는지를 탐구한다. 우리는 그것의 기원과 발전, 심리적, 사회적, 정치적 생활에 미치는 영향을 질문한다. 우리는 종교를, 그것이 하나의 실체가 아니라 도구일 뿐인 듯이 그렇게 들여다본다. 종교 자체는 무엇인가 하는 질문을 우리는 잊어버렸다. 종교의 객관적인 면은 대개 배경에 남아 있다. 전면에는 종교의 주관적 보충과 인간의 응답이 모호하게 돌출되어 있다. 우리는 울리는 소리를 명심하면서 종(鐘)은 까맣게 모르고 있다. 종교적 현상은 자세히 들여다보면서 종교는 잊고 있다. 경험을 목격하면서 그 경험에 선행하는 실체는 무시한다. 종교가 한 방울씩 떨어뜨려 주는 감상(感想)을 분석함으로써 종교를 이해하려는 것은 그 본질을 잃어버리는 것이다. 그것은 마치 한 예술 작품을, 그 작품이 스스로 지니고 있는 가치를 파악함으로써가 아니라 그 작품에 대한 우리의 느낌을 서술함으로써 이해하려는 것과 같다. 한 예술 작품의 내적 가치는 그 작품에 대한 우리의 반응 여부와 상관없이 있는 것이다. 예술 작품의 본질은 그것이 만들어 내는 감동과 동등한 것도 아니며 비례하는 것도 아니다. 내적 경험의 지층과 객관적 실체의 영역은 동일한 층에 놓여 있지 않다.

어중간은 없다

신앙의 세계를 인간의 노력과 의식의 영역에 국한시키는 것은 하느님에게 눈길을 돌리기를 거부하는 인간은 그분에게서 스스로 벗어나 독립할 수 있다는 뜻이 된다. 그러나 하느님 앞에서는 어중간이 없다. 그분을 무시하는 것은 그분을 부인하는 것이다. 무관심의 공동(空洞)에서조차 하나의 관심이 태어나게 마련이다. 하느님을 모독하는 악담조차 그분에 대한 비뚤어진 관심에 불과하다. 신앙의 세계는 상상의 산물도 아니요 의지의 소산도 아니다. 그것은 내면의 과정도, 느낌도, 사상도 아니다. 따라서 인생살이에서 겪게 되는 여러 경험들 가운데 하나로 간주될 수 없다. 어떤 체험이나 명상 속에서 혹은 의식을 진행하는 동안에 인간이 하느님 앞에 선다는 주장은 언어도단이다. 인간이 하느님과 맺는 관계는 하나의 에피소드가 아니다. 하느님과 인간의 관계는 그의 생명이 지속되는 동안 끊임없이 이루어진다.

제도로서의 종교, 궁극적 목적으로서의 성전 혹은, 달리 말하여, 종교를 위한 종교는 하나의 우상이다. 악은 세속주의 뿐만이 아니라 종교 속에도 반드시 들어 있다. 편협한 거룩함은 책임 회피가 될 수 있고 이기심에 순응하는 것이 될 수도 있다.

종교는 하느님을 위한 것이다. 종교에서 인간이 차지하고 있는 쪽, 곧 그 신조나 의식, 제도 따위는 목적(the goal)이 아니라 하나의 수단(a way)이다. 목적은 "정의를 행하고 사랑을 실천하며 너희 하느님과 더불어 겸손하게 걸어가는" 것이다. 종교에서 인간이 차지하고 있는 쪽이 목적이 될 때에는 불의가 그 수단이 된다.

성스러운 차원

신앙을 불러일으키는 것은 감상도, 마음의 상태도, 큰 소망도 아니다. 이 우주 안에서 언제까지나 계속되는 하나의 사실, 인간의 지식이나 경험들에 앞서 있고 독립해 있는 무엇, 곧 모든 존재의 성스러운 차원이 신앙을 불러일으킨다. 우주의 정신적 구조, 모든 존재에 부여되어 있고 인간의 생각과 의지에 노출되어 있는 신적인 가치들이 종교가 가지는 객관적 면(面)이다. 그것은 하나의 존재론적 관계다. 바로 이것이, 종교의 객관적 혹은 신적 측면이 심리학적, 사회학적 분석의 영역을 벗어나 있는 까닭이다.

모든 행동은 끊임없이 이어지는 원인과 결과의 작용일 뿐 아니라, 그것들은 또한, 인간이 동의하든 하지 않든 간에, 하느님에게 영향을 주고 하느님에게 관련되어 있다. 모든 존재는 성(聖, the holy)의 차원에 서 있고 어느 누구도 그 바깥에서 살아가고 있다고 생각할 수 없다. 모든 존재는 하느님 앞에 서 있다. 여기, 모든 곳에, 지금 그리고 언제나 그렇다. 서약이나 회심, 하느님께 마음의 초점을 맞추는 것만이 사람을 그분에게 결속시키는 것은 아니다. 모든 행위, 생각, 느낌, 사건이 그분의 관심이다.

사람은 자연의 영역에서 그 법칙을 따라 살듯이, 성의 차원 안에 있는 자신을 발견한다. 그는 자연을 등지고 떠날 수 없듯이 성의 차원을 벗어날 수 없다. 죄로도, 어리석음으로도, 배교(背敎)로도, 무지로도 그는 그 성스런 차원으로부터 스스로 떨어져 나갈 수 없다. 하느님으로부터 도망칠 길은 없다.

신앙심은 하나의 응답이다.

신앙을 지닌다 함은 우리가 태어남으로써 거주하고 있는 차원에 의식적으로 들어가는 것이다. 신앙심을 지니고 산다는 것은 하나의 응답이다. 객관적 조건에 주관적으로 상관하는 것이며, 성의 차원에 살고 있음을 스스로 깨달아 아는 것이다. 그리고 인간 안에서 하나의 경험으로 시작된 것이 인간의 영역을 넘어 그의 외부에서 일어나는 객관적인 사건이 됨을 깨닫는 것이다. 인간의 마음과 시공간(時空間)을 초월하는 이 능력 안에서 신앙심 깊은 사람은 종교적 행위가 다른 행위들과 어떻게 다른지 분별한다. 만일 우리 마음에, 기도라는 것이 언어의 발음일 뿐이며 심리학적인 기능을 발휘할 수 있을 따름이요 아무런 초자연적 응답도 기대할 수 없는 그런 것이라면, 그 누구도 위기의 순간에 기도라는 자기 기만 행위로 시간을 허비하지는 않을 것이다.

하느님과 관계를 맺고 있는 것은 인간의 실존 그 자체다. 국가, 사회, 가정 등등과 맺는 인간의 관계는 그의 인격의 모든 지층에 침투되지는 않는다. 마지막 임종을 앞둔 그의 절대 고독 앞에서 그것들은 모두 검불처럼 날아가 버린다. 그에게 무슨 일이 생기더라도, 그가 거하는 곳은 성스러움의 차원 안이다.

정신의 순수함

우리는 야하고 천박한 것에 감동을 받는 경향이 있다. 아옹 대는 짐승의 듣기 싫은 소리가 허공을 채우고 있는 반면, 영혼의 고요하고 작은 음성은 참으로 드물게 기도와 묵상 시간에만 겨우 들릴 뿐이다. 차창을 통하여 우리는 부와 쾌락을 좇는 사냥꾼들, 약자를 사정없이 덮치는 약탈자, 의혹 또는 경멸에 가득 찬 표정들을 본다. 반면에 거룩한 이들은 오직 깊음 속에서 산다. 고상한 것은 빛에 노출될 때 스러지고, 겸허는 그것을 인식할 때 소멸되며, 순교를 감수하는 마음은 있게 될 일들에 대한 비밀 속에서 오히려 평안하다. 흙을 밟으며 이 자연계에서 사는 동안 우리는 충동과 열정, 허영과 오만에 무릎을 꿇는다. 그러면서 한편으로 우리의 눈길은 영원한 진리의 빛에 가 닿는다. 우리는 지구의 중력을 벗어날 수 없다. 그럼에도 불구하고 하느님이 우리를 마주 보고 있다.

성스러움의 차원에서는 정신적인 것이 두려운 심연을 단걸음에 건너뛰게 하는 다리인 반면, 자연의 세계에서는 정신적인 것이 떠도는 구름처럼 공중을 헤매며 너무나도 얄팍하여 사람이 그것을 밟고 심연을 건널 수가 없다. 범선 한 척이 태풍을 만나 사나운 풍랑에 삼키우려 할 때에, 그 현장에서 물리적 힘에 물리적 수단으로 대처하여 싸우는 사람은 열심히 기도하는 신앙인이 아니라 조타수(操舵手)다. 그 자리에서 하느님께 탄원하는 것이 무슨 의미가 있겠는가? 언어는 홍수를 막지 못하고 묵상은 폭풍우를 잠재우지 못한다. 기도는 결코 물리적 원인과 결과의 사슬에 직접 감겨들지 않는다. 정신적인 것은 사물의 자연적 질서를 간섭하지 않는다. 흔들리지 않는 성실성을 지닌 사람이 그 영혼의 진수를 쏟아 기도한다는 사실은 기도라는 행위가 효력을 발생하는 영역이 있다는 확신, 그 안에서 정신이 중대한 결과를 이룩할 수 있는 어떤 질서가 있다는 확신으로부터 솟아나는 것이다.

자연계에서는 적절하지 못하고 우연히 발생하는 것으로 보이지만 성스러움의 차원에서는 큰 의미를 지니는 그런 현상들이 있다. 폭력을 숭배하고 난폭한 힘을 휘두르는 것은 자연스럽지만, 희생, 겸손, 순교는 자연의 관점에서 볼 때 주목을 끌지 못한다. 하나의 생각 혹은 감정이 진리를 향한 영원한 접근으로 보일 수도 있음은 성스러움이 다스리는 곳에서 가능한 일이요, 거기에서는 기도가 하느님께로 가는 계단인 것이다.

우리는 시간과 공간 안에서뿐만 아니라 하느님을 아는 지식 속에서도 산다. 우리의 신앙을 통해서만이 아니라, 다른 무엇보다도 우선 우리의 삶을 통해서 그분께 가까이 간다. 모든 사건들이 그분 안에서 반사되고, 모든 실존이 하느님과 공존한다. 시간과 공간은 세상의 한계가 아니다. 우리의 삶은 여기 그리고 하느님을 아는 지식 속에서 발생한다.

23

유다 종교에 관한 하나의 정의

하느님에게 사람이 필요하다

우리는 종교를 하나의 보편적 현상으로서 이해하려고 해보았다. 이제는 유다인의 종교 개념을 설명해 보기로 하자. 위에서 살펴본 대로, 종교—그 인간이 차지하고 있는 쪽—는 하나의 의무감, "우리에게 무엇인가 요구되고 있음을 아는 깨달음," 궁극적인 위임을 받고 있다는 의식으로부터 비롯한다. 나아가서 그것은, "우리의 헌신을 끊임없이 언제까지나 간청하시는 하느님, 우리가 당신을 알고 싶어할 때 즉시 우리를 만나러 나오시는 하느님"에 대한 깨달음이다. 따라서 종교적인 의식은 두 가지 특징을 지니고 있다고 하겠다. 그것은 궁극적 결단(ultimate commitment)에 대한 의식과 궁극적 상호 작용(ultimate reciprocity)에 대한 의식이다.

유다 종교를 설명하는 길은 오직 하나 있다. 그것은 사람에 대한 하느님의 관심을 깨달아 아는 것이다. 곧 계약(covenant)을, 하느님 쪽에와 마찬가지로 우리 쪽에도 지워진 책임을 깨달아 아는 것이다. 그분이 관심하는 것을 함께 관심하는 것, 우리의 사명에 대한 그분의 꿈(vision)을 실현하는 것이 우리의 사명이다. 하느님은 당신의 목적을 이루시기 위하여 사람이 필요하다. 그리고 종교는, 유다의 전통이 이해하는 대로 따르면, 우리를 필요로 하는 이 목적을 위하여, 비록 그것을 깨달아 알지는 못한다 해도, 몸을 바쳐 일하는 것이다.

삶은 하느님과 인간의 협동 경영(partnership)이다. 하느님은 우리의 기쁨과 슬픔으로부터 떨어져 계시지 않고 그것들에 대하여 무관심하지도 않으신다. 인간의 육체와 영혼에 반드시 필요한 것은 하느님의 관심이다. 인간의 삶이 거룩한 까닭이 여기에 있다. 하느님은 정의, 평화, 성스러움을 위한 인간의 싸움에 동맹자로서 참전하신다. 그분이 인간과 불변의 계약을 맺은 까닭은, 하느님과 인간을 서로 묶고, 인간뿐만 아니라 하느님도 제약을 받아야 하는 계약을 맺어 스스로 속박 받으시는 까닭은, 당신에게 인간이 필요하시기 때문이다.

> 너희는 오늘 야훼께서 하시는 말씀을 들었다. 야훼께서는 너희에게 하느님이 되어 주시겠다고 하셨다. 그 대신 너희는 분부 받은 그 길을 따라 하느님의 규정과 계명과 법규를 지켜 그의 말씀에 복종해야 한다고 하셨다. 이에 응답하여 너희는 오늘 야훼께, 말씀대로 하느님께서 소중하게 여기시는 백성이 되어 모든 분부를 지키겠다고 아뢰었다.(신명기 26:17-18)

종교는 기도에 대한 응답을 지각하는 것으로서 발생한다고 생각하는 사람들이 있다. 그러나 진실은 하느님께서 우리의 기도를 분담하신다는 사실을 아는 것에서 종교는 발생한다. 유다이즘의 본질은 하느님과 인간의 상호 관계(reciprocity)를 깨달아 아는 것이다. 인간이 영원한 타자이신 하느님과 협동 관계(togetherness)를 맺고 있음을 깨달아 아는 것이다. 왜냐하면 살아야 한다는 사명은 그분의 것이면서 우리의 것이고, 책임 또한 그러하기 때문이다. 우리에게는 의무뿐만이 아니라 권리도 있다. 그분에게 궁극적으로 속해 있음은 우리의 궁극적인 특전(特典)이다.

라삐 아하 벤 아다(Rabbi ben Ada)는 말라기 3장 18절을 해석하면서 이렇게 말했다. "'그때 너희는 착한 사람과 나쁜 사람을 분간하게 될 것이다'는 구절은 '신앙을 가진 자와 신앙을 가지지 아니한 자'를 의미하고 '하느님을 섬기는 자와 섬기지 않는 자'는 '하느님의 요구를 섬기는 자와 하느님의 요구를 섬기지 않는 자'를 의미한다. 인간은 마땅히 거룩한 토라로 땅을 가는 삽을 만들지 말아야 할 것이며, 사사로이 사용하는 연장이나 자신을 영화롭게 하는 왕관을 만들지 말아야 할 것이다"(M. 부버 편집, Midrash Tehilim, p. 240f.).

그분이 사람을 필요로 하는 것은 스스로 떠맡으신 일이다. 하느님에게 지금 사람이 필요한 것은 그분이 스스로 인간을 당신의 사업에 동참하는 동역자로, "창조의 일을 함께 하는 동역자"로 만드셨기 때문이다. "창조의 첫날부터 거룩하신 분께서는, 축복을 받으소서, 이 지구 세계와 협동 관계에 들어가기를 바라셨다. 이 지구 세계에서 당신의 피조물들과 함께 거하시기를 바라셨다"(민수기 랍바, 13,6; 창세기 랍바 3,9 비교). 「미드라쉬」는 창세기 17장 1절의 주석에서 이렇게 언급하고 있다. "라삐 요하난(Rabbi Johanan)의 관점에서 보면, 우리가 그분의 영예를 필요로 한다. 라삐 시메온 벤 라키스(Rabbi Simeon ben Lakish)의 관점에서 보면, 그분이 우리의 영예를 필요로 하신다."(창세기 랍바, 30, Theodor, p. 277과 다름).

"이스라엘이 무소부재(無所不在)하신 분의 뜻을 이행할 때 그들은, '하느님께 우리의 힘을 넘겨 드린다'(시편 60:14)는 말처럼, 하늘의 힘에 자기네 힘을 보태드리는 것이다. 그러나 이스라엘이 무소부재하신 분의 뜻을 이행하지 않을 때 그들은—그렇게 말할 수 있다면—'당신께서는 당신을 낳은 바위를 약하게 하셨습니다'는 말처럼, 위에 계신 그분의 위대한 능력을 약화시키는 것이다"(M. 부버 편집, Pesikta, XXVI, 166b).

인간이 하느님과 맺는 관계는 그분의 무소부재, 전지전능하심에 수동적으로 의존하는 관계가 아니라 능동적으로 조력하는 관계다. "사악한 자들은 그들의 신들을 의지한다… 의로운 사람은 하느님을 보좌한다"(창세기 랍바, 69,3).

그래서 족장들을 일컬어 "야훼의 수레"(the chariot of the Lord)라고 부르는 것이다(창세기 랍바, 47,6; 82,6).

> 그 분이 내 안에서 영화를 누리시고
> 그 분이 내 안에서 기쁨을 누리신다.
> 그 분은 내 아름다움의 면류관이 되시리.
> 그 분의 영광이 내 위에 머물고
> 나의 영광은 그분 위에 머문다.
> 내가 부를 때, 그분은
> 내 곁에 가까이 계신다(영광송).

이사야 43장 12절의 한 주석에 이 역설이 대담하게 표현되어 있다. "야훼께서 이르셨다. 너는 나의 증인이다. 그리고 나는 하느님이다"—네가 나의 증인일 때 나는 하느님이다. 네가 나의 증인이 아닐 때 나는 하느님이 아니다.[22]

하느님의 정념(情念)

철학자들의 하느님은 도무지 무관심이다. 너무나도 고상하여 가슴도 없고 우리네 세상을 한번 힐끗 둘러보지도 못한다. 그의 지혜는 자기 자신을 인식하고 세계를 잊어먹는 데 있다. 반면에, 예언자들의 하느님은 모든 것에 관심을 기울인다. 너무나도 자비하시어 자기가 만든 것에서 멀리 떨어져 있지를 못한다. 그는 막강한 힘으로 세상을 다스릴 뿐만 아니라 개별적으로 관심하고 인간의 행동이나 운명에 자극을 받기조차 한다. "야훼는 모든 것을 인자하게 보살피시고 그 부드러운 사랑은 모든 피조물에 미친다"(시편 145:9).

예언자들의 사고에는 두 개의 기둥이 있다. 하느님은 한 분이시며 거룩하시고 다르며, 존재하는 모든 것과 떨어져 있다는 생각이 그 하나요, 다른 하나는, 하느님은 인간에게 고갈되지 않는 관심을 쏟으시는데 때로는 당신의 자비로 눈부시게 밝은 관심을 쏟으시고 때로는 당신의 분노로 어두운 관심을 쏟으신다는 생각이다. 그분은 초월적이고 인간의 이해를 넘어 계신 분이면서 동시에 사랑, 동정, 슬픔 혹은 분노로 충만하신 분이다.

하느님은 인간의 행실을 무감각하게, 냉담한 국외자로서 심판하시지 않는다. 그분의 심판 속에는 친밀한 관계를 맺은 자의 감정이 용해되어 있다. 그분은 모든 인간의 심판자이실 뿐만 아니라 아버지시다. 그분은 당신의 백성에게 왕이실 뿐만 아니라 약혼한 연인이시다. 하느님은 인간과 정열적인 관계를 맺으신다. 그분의 사랑 또는 분노, 그분의 자비 또는 낙심은 당신이 이스라엘과 모

---

22) Sifre Deuteronomy, 346; 시편 123:1의 주석과 비교하라.

든 인간의 역사에 깊숙이 참여하고 계심을 나타낸다.

그런즉 예언이란 예언자들의 말을 빌려 사랑, 자비 혹은 분노로 표현된 하느님의 정념(pathos)의 선포라고 하겠다. 그분의 정념의 다양한 표현 뒤에는 하나의 동기, 하나의 요구가 있다. 인간의 올곧음(righteousness)을 바라시는 하느님의 요구가 그것이다.

이교도들의 신은 동물적 정열과 속세의 욕구들을 품고 있었으며 인간보다 더욱 변덕스럽고 음탕하였다. 이스라엘의 하느님은 올곧음을 향한 정념을 품고 있었다. 이교도들의 신은 이기적인 요구들을 지니고 있었는데 반하여, 이스라엘의 하느님은 다만 인간의 성실함을 요구하신다. 몰록 신이 요구하는 것은 인간의 죽음이었고, 야훼께서 요구하시는 것은 인간의 삶이다. 예언자들이 여러 가지 방법으로 표현코자 했던 하느님의 정념은, 그분의 본질을 가리키는 이름이 아니라, 이스라엘이 그 행하는 도(道)를 변경할 때 따라서 변하는 바 이스라엘의 행위에 대한 하느님의 대응(對應) 방식들을 가리키는 이름이었다.

깜짝 놀라게 하고 흔들어대고 불태우는 맹렬한 정열처럼 예언자들의 혼에 밀어닥친 하느님의 정념의 파도는, 그 예언자들로 하여금 백성들의 자신감과 자기 만족에 대하여 무모할 정도의 도전을 감행토록 했다. 그들은 모든 노래와 설교 밑바닥에 당신의 백성을 향한 하느님의 관심과 그분의 분노가 솟구쳐 오르는 샘이 흐르게 하였다.23)

성경은 유다 백성의 역사가 아니라 의로운 사람을 찾아다니는 하느님의 이야기다. 인간이라는 종(種) 전체가 의로운 길 걷기를 실패하였기 때문에 개인—노아, 아브라함—에게, 민족—이스라엘

---

23) A. Heschel, *Die Prophetie*, Cracow, 1936, pp. 56-87; 127-180을 보라.

—에게 혹은 남은 자들에게, 모든 인간을 의인으로 만들어 의인을 찾는 하느님의 추적을 성사시켜 드릴 사명이 주어진 것이다.

이 세상에는 영원히 계속되는 부르짖음이 있다. 하느님이 인간을 청원하시는 것이다. 놀라는 사람들도 있고 여전히 귀머거리인 사람들도 있다. 우리 모두 그분이 찾으시는 대상이다. 무엇인가를 기대하는 기운이 인생의 머리 위를 맴돌고 있다. 무엇인가가 인간에게서, 모든 인간에게서, 요구되고 있는 것이다.

"하느님은 무엇을 바라시는가"

수천 년 동안 사람들은 신과 암흑이 같은 것이라고 생각해 왔었다. 곧 자기 사랑과 알지 못할 욕망들로 가득 차 있는 존재, 인간이 숭배하기는 하지만 신뢰하지는 않는 존재, 미친 사람에게는 자신을 드러내면서 양순한 사람에게는 그렇지 아니한 존재였다. 예언자들이 출현하기 전까지 수천 년 동안, 궁극적인 신은 인간에게 적개심을 품고 있으며 피의 제사를 받음으로써만 그 적개심을 푼다는 것이 사실로서 받아들여졌었다. 마침내 두려움의 손에 농락 당하는 하느님을 더 이상 두고 볼 수 없게 된 예언자들이 나타나, 암흑은 그분의 거처지 본질이 아니라고, 대낮의 태양처럼 밝은 그분의 음성이 "하느님은 무엇을 바라시느냐?"는 물음에 분명한 대답을 주신다고 선포할 때까지는 그랬었다. 하느님은 무엇을 바라시는가?

음악인가?

그 시끄러운 노래소리를 집어치워라

거문고 가락도 귀찮다(아모스 5:23).

기도인가?

두 손 모아 아무리 빌어보아라.
내가 보지 아니하리라.
빌고 또 빌어보아라.
내가 듣지 아니하리라(이사야 1:15-16).

제사인가?

야훼께서
당신의 말씀을 따르는 것보다
번제나 친교제 바치는 것을
더 기뻐하실 것 같소?(사무엘상 15:22).

이제 너 이스라엘아! 야훼 너희 하느님께서 너희에게 바라시는 게 무엇인지 아느냐? 너희 하느님 야훼를 경외하고 그가 보여주신 길만 따라가며 그를 사랑하는 것이요, 마음을 다 기울이고 정성을 쏟아 그를 섬기는 것이 아니냐?(신명기 10:12).

종교적인 요구

일반적으로 사람들은 종교가 인간의 특수한 요구를 채워 준다고 알고 있다. 인간에게는 건강과 재물, 지식과 아름다움, 명예와 권력에 대한 요구가 있듯이 종교에 대한 요구도 있다는 것이다. 이런 종교 해석이 정당한 것이 되려면, 우선, 그 종교적 요구가 여타의 요구들과는 다르며, 종교적인 방법 외의 그 어떤 방법으로도 충족될 수 없음이 입증되어야 한다. 나아가서 권력, 명예, 재물 등 비종교적인 목적들은 종교를 통하여 획득할 수 없으며 종교적인 요구는 이런 비종교적 목적들을 좇는 것으로 충족시킬 수 없음이 밝혀져야 한다.

비종교적 요구들을 채우기 위하여 우리는 자연의 힘을 우리의 이익에 따라 착취하려고 한다. 그러나 우리는 종교적 요구를 만족시키기 위하여 그 어떤 것도 착취하려고 하지 않는다. 그렇다면 종교적 요구를 충족시키는 방법은 무엇인가? 사람이 종교 안에서 획득하고자 애를 쓰는 목적이란 과연 무엇인가?

실제로 모든 인간 내부에는 계속 살아 있게 되기를 바라는 요구가 있고, 무엇인가를 예배하고 공경하려는 충동이 잠재되어 있다. 그 예배하는 대상과 방법에서 차이점이 생겨난다. 그런데 간혹 그 억누를 수 없는 내부의 요구가 자기 강화(自己强化) 혹은 자기를 영원히 죽지 않도록 보장해주는 무엇을 찾으려는 욕구로 잘못 옮겨지는 경우가 있다. 유다이즘은 하느님에게 필요한 존재가 될 필요가 있음을 보여 주고 있다. 유다이즘은 우리에게, 하느님에게 인간이 필요하기 때문에 모든 인간에게 하느님이 필요함을 가르친다. 우리에게 그분이 요구되는 것은 그분에게 우리가 요구되는 것의 메아리일 뿐이다(Our need of Him is but an echo of His need of us).

물론 우리가 믿는 것을 바라는 대신에 바라는 것을 믿고, 하느님을 우리의 요구로 받아들이는 대신에 우리의 요구를 하느님처럼 소중하게 여기는 잘못을 범할 위험은 언제나 있다. 우리의 요구들을 하느님의 목적의 빛으로 항상 감정(鑑定)하지 않으면 안 되는 까닭이 바로 여기에 있다.

알려지지 않은 목적들

개인의 목적과 나라의 목적을 이루고자 노력하는 것은 당연한 상식이다. 그러나 다른 사람들의 목적이나 혹은 보편적인 목적들을 관심하고 보살피는 것도 당연한 상식으로 되어 있는가? 쾌락 같은 인습적인 요구들은 사회의 삼투작용(滲透作用)으로 쉽게 동화된다. 정신적인 요구들은 그것들이 목적하는 것의 빛 아래에서 이식되고 배양되어야 한다. 우리는 강하고 용감하고 부유한 자가 되는 꿈을 꾸기 위하여, 한 제국이나 "군인들의 나라"를 다스리는 통치자가 되는 꿈을 꾸기 위하여, 우리 자신보다 더 높이 올라가야 하는 것은 아니다. 그러나 하느님의 꿈을 꾸기 위해서는 영감을 받아야만 한다. "나 곧 너희 하느님이 거룩한 즉 너희는 거룩할지어다."…"너희는 나에게 사제들의 왕국, 거룩한 백성이 될지어다."

우리에게 우리의 궁극적인 목적을 가르쳐 주시는 분은 하느님이다. 아브라함이 고향을 버릴 필요성을 느끼지 않을 수도 있었고 이스라엘 백성 역시 황량한 광야로 나가기 위하여 이집트의 가마솥 곁을 포기하지 않을 수도 있었다.

인간의 잠재성들을 분석해 보면, 그의 독특성과 본질적인 의미는 자기 자신을 능가해 있는 목적을 충족시킬 그의 능력에 달려 있음이 분명해진다. 여전히 그의 본능적 관심은, 남들이 나를 위하여 무엇을 할 수 있겠는지 깊이 생각하는 것을 가르쳐 주고, 어떤 사람의 자아도 궁극적인 목적이 될 만한 것은 못된다는 사실을 깨우쳐 준다.

여기에 우리가 매일의 기도를 마칠 때 부르는 오래된 찬송가가 있다. 이 찬송가에 궁극적 목적에 대한 우리의 생각이 표현되어 있다. 이것은 실제로 유다 민족의 국가(國歌)라고 생각해도 될, 그런 노래다.

우리 하느님 야훼시여, 우리가 곧 당신의 위엄찬 영광을 뵙고자 소망하나이다. 그 때에 미운 것들은 지상에서 사라지고 거짓 신들은 쫓겨날 것이며, 그 때에 세계는 전능하신 분의 다스림을 받아 온전해 지고 만인이 당신의 이름을 부르며 지상의 모든 사악한 자들이 당신께로 돌아설 것이옵니다. 모든 무릎이 당신 앞에 꿇어 엎디고 모든 혀가 충성을 맹세해야 함을 세상의 모든 거민이 깨달아 알게 하옵소서. 우리 하느님 야훼시여, 그들로 하여금 당신 앞에 무릎 꿇고 복종케 하시며 당신의 이름에 영광을 돌리게 하옵소서. 그들 모두가 당신 왕국의 멍에를 메게 하시고 지금 곧 그들을 다스리시되 영원히, 영원히 다스리옵소서. 당신의 거룩하신 토라에, "주님이 영원히 왕 하시리라"고 기록되어 있고 또 이르되, "주님이 모든 세상을 다스리는 왕이 되시며 그 날에 주님은 한 분이요 그 이름도 하나니라"고 하였듯이 나라가 당신 것이며 그 나라를 영원히 영광 중에 다스릴 분도 당신이옵기 때문입니다.

목적을 요구로

유다의 종교교육은 요구를 목적으로 전환시키는 것이 아니라 목적을 개인의 요구로 전환시키는 교육이다. 그리하여, 예를 들면 다른 사람들의 생명을 존중하라는 목적이 나의 관심사가 되게 하는 것이다. 그러나 만일 그 목적들이 요구들로 동화되지 않고 단순한 의무로 남아 마음에 들지 않거나 달갑지 않은 부담일 뿐이라면, 그 때에 자신과 그 사명 사이에 긴장 상태가 이루어진다. 완전한 덕행은 그 꽃 속에 씨앗을 품고 있다. 주관적인 관심 속에 객관적인 요청에 대한 지각이 들어 있는 것이다. 그러므로 정의가 좋은 것은 우리가 그것의 필요성을 느끼기 때문이 아니라, 오히려 그것이 좋은 것이기 때문에 우리가 그 필요성을 느껴야만 하는 것이다.

종교란 자기 충족이나 자기 멸절, 혹은 교제로 분류할 수 있을 것이다. 자기 충족으로 볼 때, 예배는 구원이나 영원불멸을 바라는 것 같은 개인적 요구의 충족을 꾀하는 것이다. 자기 멸절로 볼 때, 자기희생 또는 적어도 완전한 자기 부정이 참된 예배의 유일한 길이라고 믿어 모든 개인적 요구들을 파기하고 자신의 모든 욕망을 멸절시키면서까지 하느님께 생명을 바친다. 종교를 교제로 보는 제3의 관점은, 하느님을 인간의 목적을 이루기 위한 수단으로 보는 생각을 피하여, 하느님과 인간 사이의 협동 관계가 성립되어 있어서 인간의 요구들은 하느님의 관심사며 하느님의 목적은 마땅히 인간의 요구들이 되어야 한다고 본다. 그것은 선행은 자기를 떠나서야 이루어질 수 있다는 생각과 선행을 함으로써 얻게 되는 만족감은 그 행위의 순수성을 더럽힌다는 생각을 받아들이지 않는다. 유다이즘은 온몸으로 하느님 섬기는 일에 참여할 것을 요구한다. 그 마음의 의지의 행위를 배척할 것이 아니라 오히려 기쁨과 한결같은 즐거움으로 응답해야만 하는 것이다.

선행의 즐거움

즐거움이 곧 덕행이나 종교적 행위의 근원은 아니지만 덕행과 종교적 행위에서 즐거움이 생겨날 수 있으며 또 그래야만 한다. 선(善)이나 성(聖)이 내가 욕망하면 안 되는 그런 것은 아니며, 쾌감 또는 만족감이 선한 행실에서 그 선한 요소를 앗아가는 것도 아니다. 가슴과 머리는 피차 경쟁자이기는 하지만 화해 못할 적수는 아니며, 그들의 화해야말로 인간의 성실함을 추구하는 중요한 하나의 목적이다. 정의라는 관념과 정의를 행하려는 의지가 쌍둥이로 태어나지 않은 것은 사실이다. 그러나 도덕적인 인간은 선의 사랑만을 외골수로 사랑하는 사람(partisan)이다. 사랑과 복종이 공존할 수 없다는 말, 그러므로 선이 가슴에서 샘솟지 못한다는 말은 사실이 아니다. 이기적인 이해관계로부터 자유롭다는 말은 중립적이거나 무관심하거나 흥미를 느끼지 않는다는 말이 아니다. 오히려 그것은 줄기차게 자기를 넘어서는 외골수를 뜻한다. 하느님은 하늘 저 너머에 계시지 않는다. 그분은 당신을 기꺼이 모시고자 하는 모든 가슴에 계신다고 우리들은 믿는다.

도덕적인 의무감이 다른 모든 의무감보다 더 강한 것은 아닌 한, 이기심의 맹목적인 힘보다 더 강한 것이 아닌 한, 무력하다. 자신의 이익에 쏠리는 이기심과 다투어 이기려면, 도덕적 의무감은 정신의 가장 높은 정열과 동맹을 맺어야 한다.

악보다 더 강하려면, 도덕적인 명령이 악을 향한 정열보다 더 강하지 않으면 안 된다. 추상적인 규범이나 구름 같은 관념 따위로는 자기(ego)의 중력을 결코 이겨 낼 수 없다. 정열은 더 큰 정열 앞에서만 누그러지게 마련이다.

하나의 목적이 개인의 관심사로 받아들여져 추구된다고 해서 그 목적이 심리적으로 근원이 되었다고 할 수는 없는 일이다. 그것은 마치 우리가 양자론(量子論)을 활용한다고 해서 그것이 곧, 활용하려는 동기의 결과로 이루어졌음을 증거하는 것은 아님과 같다. 그러므로 하느님이 인간의 요구가 되신다는 사실이 하느님에 대한 관념의 객관성과 타당성을 손상시키지는 않는다.

요구의 문제에 대한 해결은 하나의 요구를 소중히 여겨 다른 모든 요구들을 없애는 데 있지 않고, 다른 모든 요구들이 잠잠해지도록 하나의 요구를 소중히 여기는 데 있다. 각 사람 안에 하느님의 숨(breath)이 있는데, 그 숨은 의지의 층보다 더 아래에 깔려 있는 하나의 힘으로서, 그것은 언제고 회오리바람처럼 일어나 거센 소용돌이가 되어, 방향을 정하게 하고 심지어 모든 바람을 거슬러 달려나가게 할 것이다.

24

위대한 동경

영적인 삶에 대한 동경

　형체가 있고 우리가 머리로 알 수 있는 이 세계에 관한 그 어떤 사상이나 감정도, 우리 안에서 끝없이 돌고 있는 소용돌이를 속속들이 규명하지는 못한다. 손으로 잡을 수 있는 것에 대한 우리의 갈망은 아무리 채워도 여분이 남아 있다. 우리는 사람들 속에서, 사물들 속에서, 그리고 우리 자신의 갈망들 속에서 여전히 외롭다. 아무리 손에 넣어도 목표 지점은 언제나 저 앞에 있다.
　인간은 하느님의 꿈과 계획을 잉태하여 산고를 겪고 있다.
　하느님에 대한 우리의 느낌의 본질은 무엇인가? 만족을 모르는 동경, 우리가 어떻게 갈망해야 하는지조차 모르는 것과 만나려는 갈망이라고 정의내릴 수 있지 않을까?
　우리는 덧없는 욕망들을 품고 살아가는 데 익숙해 있다. 그러나 우리는 또한, 삶이 매일의 작은 관심사들보다는 더 높은 것이며, 자기 도취의 안개를 날려보낼 때 우리의 것만은 아닌 기쁨이 솟아난다는 사실을 알고 있다. 우리를 속이는 만족감을 잃은 대신 우리의 가슴은, 우리의 머리로 완전히 파악할 수 없는 어떤 끝없는 동경에 취하고 만다.

우리 속에 싸우고 견디고 도전하고 정복할 힘을 주며 쓰라리고 위험한 일을 몸으로 겪게 하는 생명력이 있듯이, 동경하는 사람의 영혼 속에는 가짜와 찌그러짐을 먹고 연명하느니 차라리 굶어서 죽으려는 강한 충동이 있다. 신심(信心)이 깊은 자에게 하느님은 생명만큼 확실하다. 인생에 관하여 쓴 글을 얼마쯤 읽거나 인생에 관하여 대충 아는 것으로 만족할 사람이 없듯이, 그는 거기에 하느님이 있음을 가정하거나 논리적으로 설명 듣는 것으로 만족하지 않는다. 그는 그분을 몸소 느끼고 그분에게 자신을 내어 주고 싶어한다. 그분을 순종할 뿐만 아니라 그분께 접근하기를 바란다. 그의 간절한 소망은 영의 알곡을, 이성이라는 맷돌로 갈기 전의 상태에서 그대로 맛보고자 하는 것이다. 그는 겉으로 나타난 것을 정의하기보다 사람의 두뇌로는 파악할 수 없는 것의 상징들에 의하여 사로잡히기를 바란다.

손으로 잡을 수 없는 것을 갈망하기에, 신심이 깊은 사람은 지금 있는 자기 속에 갇힌 상태로 만족하지 않는다. 인간의 이성이 제공하는 것 이상을 알게 되기를 원할 뿐만 아니라 지금의 자기 이상이 되고자 하는 것, 자신의 영혼을 초월자를 모시는 그릇으로 바꾸려는 것, 자신의 생각에는 숨겨져 있는 느낌을 잡으려는 것, 혀로 말할 수 없고 이성으로 파악할 수 없는 것을 상징으로 표현해 보려는 것, 꿰뚫는 직관 속에서 어렴풋이 동터오는 무엇을 실재로서 경험하려는 것, 이것이 그의 간절한 바람(望)이다.

고상한 향수

영적인 삶에 대한 동경, 모든 곳에 편재하는 신비에 대한 깨달음, 하느님께 향한 고상한 향수(鄕愁)는 유다인의 영혼에서 시들어 본 적이 거의 없다. 그것은 유다인의 관념과 교의(敎義), 관습과 노래, 환상과 포부 속에서 여러 가지로 다양하게 표현되어 왔다. 그것은 예언자들과 시인들이 남겨준 유산들 가운데 하나다. 시인의 목소리를 들어보자. "암사슴이 시냇물을 찾듯이 하느님, 이 몸은 애타게 당신을 찾습니다. 하느님, 생명을 주시는 나의 하느님, 당신이 그리워 목이 탑니다. 언제나 임 계신 데 이르러 당신의 얼굴을 뵈오리까?"(시편 42:1, 2). "야훼의 성전 뜰 안을 그리워하며 내 영혼이 애타다가 지치옵니다. 나의 마음 나의 이 몸이 살아 계신 하느님께 기쁜 소리 지르옵니다"(시편 84:2). "주의 집 뜰 안이면 천 날보다 더 나은 하루"(시편 84:10). "당신만 사모하는 이 몸을 어찌 썩게 버려 두시리이까? 삶의 길을 몸소 가리켜 주시니 당신 모시고 흡족할 기쁨이…영원합니다"(시편 16:10, 11).

유다교는 땅의 종교일까? "땅 위에서 나그네인 이 몸"(시편 119:19)이라고 시인은 읊조린다. "하늘에 가도 나에게는 당신밖에 없사옵고 땅에서도 당신만 계셔 주시면 그에서 무엇을 더 바라리이까?"(시편 73:25). "이 몸과 이 마음이 사그라져도 내 마음의 반석, 나의 몫은 언제나 하느님"(시편 73:26). "하느님 곁에 있는 것이 나는 좋사오니"(시편 73:28). "하느님, 당신은 나의 하느님, 물기 없이 메마른 땅덩이처럼 내 마음 당신 찾아 목이 마르고 이 육신 당신 그려 지쳤습니다…당신의 사랑, 이 목숨보다 소중하기에…기름지고 맛있는 것 배불리 먹은 듯 내 입술 기쁘고 내 입이 흥겨워 당신을 찬양합니다. 잠자리에 들어서도 당신 생각, 밤을 새워 가며 당신 생각뿐…이 몸 당신에게 포근히 안기면 당신 오른팔로 붙들어 주십니다"(시편 63:1-8).

하느님에 대한 깨달음은 독선(獨善)과 양립할 수 없다. 자기 성취를 고집하는 독단(獨斷)이 있는 한, 하느님을 알 수는 없다. "악을 행하였다면 앙화를 받아 마땅합니다. 그러나 잘못한 일이 없다고 하여도 머리를 쳐들 수 없는 일. 아, 진저리 쳐지도록 당한 이 수모가 지긋지긋하도록 괴롭습니다"(욥기 10:15).

성경에는, 성소에서 희생제물을 바칠 것을 요구하는 법령이 많이 있다. 그러나 비록 예언자들이, "내 제물은 찢어진 마음뿐, 찢어지고 터진 마음을 당신께서 얕보지 아니하시니"(시편 51:19)라고 하였지만 참회하라는 명령은 없다. 그와 같은 권고를 따로 할 필요가 있었을까?

 땅은 악인의 손에 넘어갔다…
 강도의 장막에 도리어 평안이 깃들고
 하느님을 우롱하는 자가 오히려 태평하다(욥기 9:24; 12:6).

이런 세상에서 어떻게 그 마음이 아프지 않을 수 있겠는가?
자기 도취는 그것과 함께 재앙이 공존하고 있음을 도무지 받아들일 수 없는 것이다. 그 누가 자신의 추한 실수들이 간단한 변명 한 마디로 씻겨지거나 도덕적인 무능력을 주장함으로써 용납되리라고 생각할 수 있겠는가?

 자네가 저지른 죄는 너무나도 많아
 이루 다 셀 수 없지 않은가?…

기진맥진한 사람에게 물 한 모금 주지 아니하고
굶어 죽는 사람에게 먹을 것을 주지 않더니
주먹이 세다고 하여 땅을 차지하고는
세도가 있다고 하여 그 차지한 땅에서 거들먹거리면서
과부를 알몸으로 쫓아내고
고아들의 팔을 꺾더니(욥기 22:5, 7-9).

"찢어진 마음만큼 온전한 것은 없다." 뉘우치는 마음은 결코 우리의 영적 능력에 대한 인식, 영원한 책임과 병행되는 영원한 숭고함에 대한 인식을 손상시키지 않는다.

배운 사람 하나가 수입원을 모두 상실하고는 살아나갈 방도를 찾고 있었다. 그의 학식과 신앙심을 존경하고 있던 주변 사람들이 그에게, "경외의 날"(the Days of Awe)에 선창자(先唱者)로 봉사할 것을 권했다. 그러나 그는 자신이 사람들의 전달자가 되어 전능하신 분께 그들의 기도를 전해 올릴 만한 자격이 없는 자라고 생각했다. 그는 스승인 후시아틴의 라삐(Rabbi of Husiatin)에게 가서, 자신의 곤경을 얘기하고는 "경외의 날"에 선창자가 될 것을 제의 받았으나 그들을 위하여 기도할 자신도 없거니와 그 제안을 받아들이기가 겁난다고 말했다.

"두려워하라. 그리고 기도하라." 이것이 그 스승의 대답이었다.

끝없는 불만족

유다인의 신앙생활의 목적은 사람이 우연히 빠져 들어가게 되고 도무지 충족될 수 없는 요구들을 채워보려는 헛된 노력에 있지 않고, 우리의 포부와 성취가 다 채워지지 않는 데서 오는 불만족(discontent)을 지속시키고 부채질하는 데, 만족을 모르는 갈망을 지속시키고 부채질하는 데 있다. 그러므로 유다이즘은 요구의 결과가 아니라 원인이요, 주관적인 관심이 아니라 객관적 요청이다. 유다이즘은 결코 흡족해 하지 말고, 만족하는 것을 경멸하며, 최상의 것을 갈망하고, 평상시에 무관심하던 대상들을 바르게 식별하라고 가르친다. 그것은 인간 속에 끝없는 동경의 씨앗과, 성취에 대한 요구가 아니라 영적 요구들에 대한 요구를 심어 주고, 그에게 자신이 소유하고 있는 것에 대하여는 만족하되 자신의 존재에 대하여는 결코 만족하지 말 것을 가르친다.

대부분의 우리가 불행하다고 느끼는 것은 우리의 존재에 대하여, 예컨대, 남들의 재난 또는 궁핍에 무감각한 우리 자신에 대하여 만족하지 못하기 때문이 아니라, 우리가 소유하고 있는 것에 대하여 만족하지 못하기 때문이다. 종교는 자기 자신에 대한 불만의 근원이다.

위에서 언급했거니와 행복은 따라서 만족이나 안심 혹은 우쭐한 기분 따위와 동의어가 아니다. 자기가 요구받고 있다는 확신, 여전히 앞에 있는 목적을 내다보는 것, 바로 그것이 행복의 본질이다. 자기 만족이 허무와 절망을 낳는다.

동물은 자기 자신에 대하여 싫증을 내기도 하고 즐거워하기도 한다. 한편 인간은 정신이 부패하여 과대평가된 행실의 늪에 빠져들기 시작할 때 비로소 자신에 대하여 만족할 수가 있다. 자기 만족, 자기 충족은 갈망하는 영혼이 그 품격의 절하를 발견하지 않을 수 없는, 하나의 신화다. 모든 창조적인 것은 끝없는 불만족이라는 씨앗에서 나온다. 도덕이 발전할 수 있음은 인간들이 자기 세대의 관습, 제재 규정, 행동 방식에 만족하지 못하기 때문이다.

만족이 끝장날 때, 지금까지 보이고 들리던 모든 것이 세상을 처음 보는 사람의 눈에 뒤틀린 모습으로 보일 때, 새로운 통찰이 시작된다.

자기 만족은 바닥 없는 심연의 가장자리다. 예언자들은 우리를 그곳으로 가지 못하게 하려고 애를 쓰고 있는 것이다. 이스라엘 백성이 약속 받은 땅에 들어가기 전 아직 광야에 머물러 있을 때에도, 그들은 만족이 주는 위험을 겁내지 않는 데 대하여 경고를 받았다. "젖과 꿀이 흐르는 땅, 그들의 선조에게 주겠다고 맹세하였던 땅에 내가 이끌어 들이면 그들은 살이 찌도록 배불리 먹고 나서 다른 신들에게 눈을 팔아 그것들을 섬길 것이다. 그리하여 나를 업신여기고 내가 맺어준 계약을 깨뜨리고 말 것이다"(신명기 31:20). 이것이 바로 나른한 몰락의 길이기 때문이다.

> 그리하여 야곱은 배부르게 먹었고
> 여수룬은 뚱뚱하게 살이 올랐다(신명기 32:15).

만일 예언자들의 정신 속에는 들어 있지 않은 감정들로 그들의 모습을 그려보라고 한다면, 만족이라는 감정이 맨 먼저 언급되어야 할 것이다. 이스라엘의 예언자들은, 오늘에도 우리의 양심을 찌르고 타인의 상처에 가슴을 앓게 만드는, 역겨움의 분출기(噴出器) 같은 사람들이었다.

> 저주 받아라!
> 시온을 믿고 안심하는 자들아,
> 언덕 위에 자리 잡은 사마리아를 믿어
> 마음 놓고 사는 자들아…

상아 침상에서 뒹굴고
보료 위에서 기지개를 켜며
양떼 가운데서 양 새끼를 골라 잡아먹고
외양간에서 송아지를 잡아먹는 것들,
제가 마치 다윗이나 된 듯 악기를 새로 만들고
거문고를 뜯으며 제 멋에 겨워 흥얼거리는 것들,
몸에는 값비싼 향유를 바르고
술은 대접으로 퍼 마시며
요셉 가문이 망하는 것쯤
아랑곳도 하지 않는 것들(아모스 6:1, 4-6).

간절한 바람

우리의 본성 속에 잠겨져 있는 잠재성들과 함께, 우리는 그것들을 풀고 발전시킬 수 있는 열쇠도 지니고 있다. 우리의 간절한 바람(望, aspirations)이 그 열쇠다. 어떤 가치를 획득하기 위하여 우리는 그것을 기대하고 찾고 갈망해야 한다. 돌은 석상이 되고자 갈망하지 않는다. 어떤 돌이 석상이 되었다면 그 모습은 외부에서 주어진 것이지 돌의 내부로부터 그렇게 예견된 것은 아니다. 그러나 인간은 요구들에 의해서만이 아니라 어떻게 표현해야 할는지도 모르는 대상을 간절히 바라는 것으로써 살아간다.

한 인격은 그가 간절히 바라는 것, 바로 그것이다. 나 자신을 알기 위하여, 나는 묻는다. 내가 얻고자 하는 목적은 무엇인가? 내가 가장 값진 것으로 보살피고 있는 가치는 무엇인가? 내가 그것에 의하여 기꺼이 움직여질 수 있는 가장 큰 바람(望)은 무엇인가?

만족하는 자는 진정으로 갈망하지 않은 자다. 그리고 하느님의 빛을 갈망하는 자는 일시적인 만족이 빛이 아니라 그림자일 뿐임을 알아, 열띤 마음을 위해 편함을 부정하고, 사랑을 위해 목숨을 버린다. 영원을 바라는 거대한 열망은 찬양하려는 열망이요 섬기려는 열망이다. 그 열망의 물굽이가 우리의 영혼 속에서 출렁거릴 때, 모든 장벽이 옆으로 무너지고, 굳어진 껍질이, 허영심의 히스테리가, 오만함의 질탕한 난장판이 사라진다. 거기서 전율하고 있는 것이 나 혼자만이 아니기 때문이다. 내 영혼이 홀로 떠는 것이 아니라 우리 모두를 흔들어 놓는 영원한 날개침이 거기에서 떨고 있기 때문이다.

그 어떤 규정도, 법률도, 하느님의 법까지도, 우리의 모든 생활에 적용될 하나의 양식을 못박아 줄 수는 없다. 올바른 생각을 하는 것만으로는 충분치 못하다. 왜냐하면 생활을 하는 데는 이성이 아니라 의지가 집행력을 행사하기 때문이다. 의지는 이성보다 강하고, 합리적인 원칙이라고 해서 거기에 무조건 굴복하지는 않는다. 이성은 그 결과를 지성적으로 받아들이도록 마음에 압력을 가할 수는 있을 것이다. 그러나 내가 해야만 할 일을 기꺼이 하도록 만드는 힘은 무엇일까?

한 젊은이가 대장간에 도제(徒弟)로 들어갔다. 화젓가락 집는 법, 망치질하는 법, 모루 때리는 법, 풀무질하는 법 등을 배웠다. 견습 기간이 끝나자 그는 왕궁의 대장장이로 뽑혀 올라갔다. 그러나 그의 기쁨은 금방 끝나버리고 말았다. 불 피우는 방법을 배우지 못했던 것이다. 온갖 연장을 다 알고 익숙하게 사용할 수 있었지만, 모두 쓸데없는 일이었다.

| 25 |

생활방식

무성음

　인생은 계속되는 위기요, 도덕적 혹은 육체적 안전조차 하나의 신화에 불과하다는 것은 씁쓰레한 관찰이다. 우리들 가운데 몇이나 자신의 생명으로, 힘과 의지로, 지성과 자유로 무엇을 할 것인지를 알고 있을까. 마음은 유혹에 빠지기 쉽고 맹목적이어서, 인도하는 이가 없으면 포악해지고 쓸쓸해진다.

　마음이 굳어지는 것이나 속으로 남모르게 타락하는 것에 대항하는 것보다는 바이러스나 세균에 대항하는 것이 더 쉽다. 어떤 도움도 받지 않는다면, 우리가 자신에게 할 수 있는 일이 짓밟고 해치는 것 말고 무엇이겠는가? 그 누구도 다시 만들지 못할 우리의 마음을 파멸시키기에 이르렀을 때, 누가 우리를 돌볼 것인가?

　우리의 마음은 의로운 자가 되거나 거룩하게 되려는 욕망을 스스로 잉태하여 낳지 않는다. 우리의 머리는, 물질적인 이익을 계산하지 아니하고 더 높은 목적을 파악하여 그리로 시선을 모으게 하는 능력을 부여받은 반면에, 우리의 의지는 머리의 판단에 관계없이 이기적인 목적에 굴복하려는 본능적인 경향을 지니고 있다. 인간의 자기 부정(self-denial) 능력보다 더 믿지 못할 것은 없다.

자신의 기득권을 주장하는 교활한 설득에 쏠리지 않는 마음도 없다. 그러기에, 궁극적인 목표들은 그 마음에 납득되지도 않은 채 무성음(無聲音)으로 남아 있을 뿐이다. 그 무성음을 음성으로 표현해야만 하는 것이 종교다.

우리의 모든 요구들과 평화를 유지한다는 것은 자기(ego)에게 항복했다는 뜻이 된다. 인간의 마음을 정신병원으로 개조하고 그곳을 성소(聖所)라고 생각하기는 쉬운 일이다. 하느님의 거룩한 숨을 헐떡거리며 갈망하는 인간의 정신이, 물불을 가리지 않는 열정보다 더 힘이 세어지려면, 인간의 머리만으로는 만들어 낼 수 없는 무기들로 무장을 해야만 한다.

내적인 자유를 향한 인간의 절규는 인위적인 요구들에 대한 혐오감과 함께 진행된다. 우리 모두, "필요한 것이 없으면 신이요 필요한 것이 적을수록 신에 버금간다"(Diogenes Laertius, Socrates, sec. II)는 격언이 담고 있는 지혜를 언젠가 실감했거나 할 것이다. 호렙산에서는 매일 같이 다음과 같은 천상의 소리가 들린다고 한다. "온 세상이 나의 아들 하니나(Hanina)를 위해 양육되지만, 나의 아들 하니나는 안식일 저녁에서 다음 안식일 저녁까지 나무 열매 몇 개로 만족한다"(Berakot, 17b). 성자들이라야 라삐 하니나처럼 될 수 있겠지만, "우리는 수단을 끌어올리려고 하는 대신 욕망을 끌어내리려고 해야 한다"는 충고는 누구나 다 받아들일 수 있는 것이다.

신격화도 아니고 천시도 아니고

세월과 함께, 우리의 문제에 대하여 두 가지 극단적인 견해가 있어 왔다. 한쪽은 욕망을 신격화하고 다른 쪽은 천시한다. 열정의 어두운 힘에 사로잡혀, 그 열정의 광란 속에서 신들의 현현(顯現)을 보았다고 믿으며 그 열정의 만족을 신성한 제의로 축하한 사람들이 있었다. 디오니소스제, 풍요제, 성창(聖娼) 제도 따위가 인간의 잠재의식에서 한 번도 사라져 본 적이 없는 이 견해의 극단적 실례들이다.

반대쪽 견해를 가진 자들은 굴레 벗은 열정의 파괴적 힘을 두려워하여 욕망의 추함을 바로 보라고 가르쳤다. 욕망이란 육신의 포로가 된 사탄이라는 것이다. 그들은 식욕을 억제하라고 충고했고, 자기포기와 고행주의를 이상(理想)으로 삼았다. 어떤 그리스인은 말했다. "열정은 신이다. 에로스다." 불교인들은 말한다. "욕망은 악이다."

유다인은 열정의 힘을 두려워하지도 않고 거기에 미혹당하지도 않는다. 그들에게는 욕망이 자애로운 것도 아니며 해로운 것도 아니다. 그러나 욕망은 마치 불(火)같아서 지푸라기를 그냥 두지는 않는다. 그것을 꺼버려도 안 되고, 그 위에 기름을 부어도 안 된다. 불을 숭배하다가 그 불 속에 삼키울 것이 아니라, 그 불꽃에서 빛살이 나오게 해야 한다. 요구들은 영적(靈的)인 기회들이다.

영과 육

유다교에 충실하다는 것은 정당한 몸의 요구를 무시하는 것이 아니다. 영혼의 독재를 뜻하는 것이 아니다. 재물은 야망을 품고 모아 볼 만한 것이요, 착하게 사는 대가로 받는 약속된 보상이다. 비록 동물적인 본능을 채우기 위한 축제는 없지만, 동물적인 본능의 정당한 역할을 외면한 적은 결코 없다. 유다교는 육체의 요구, 한계, 행복을 진지하게 보살피고 있다.

유다교는 육신을 업신여기지 않는다. 유다교는 우리에게 육신을 내팽개치라고 권하는 대신에, 잘 다스리고 협력하라고 한다. 육체의 자연스런 요구를 들어줌으로써, 정신이 부자연스런 불만으로 괴롭힘을 당하는 일이 없도록 하라고 권한다. 우리는 영혼의 방화광(放火狂)이 되라는 명령을 받지 않았다. 반면에, 다른 누구를 해롭게 하지 않으면서 인생을 위로 끌어올리는 데 도움이 되는 육체의 요구는 창조주가 만든 것이고, 그의 피조물을 파손하는 행위, 무심코 저지르는 파괴, 함부로 몸을 굴리는 부정한 행위는 야만이다. "사람은 모름지기 수고한 보람으로 먹고 마시며 즐겁게 지낼 일이다. 이것이 바로 하느님의 선물이다"(전도서 3:13).

제대로 살려면 물론 열정을 자제하고 어느 정도 극복해야 한다. 그러나 모든 만족을 아예 포기할 것까지는 없다. 중요한 것은 극복하는 행위가 아니라 그 승리가 어떻게 활용되느냐에 있다. 우리에게 바람직한 것은 육체의 요구에 대한 무자비한 억압이 아니라 조심스런 개조다. 열정은 머리가 여럿 달린 괴물이다. 그리고 우리의 목적은 절단 수술이 아니라 정성들인 성형 수술로 이룰 수 있는 것이다.

유다교는 원죄 교리와 결부되어 있지 않다. 그래서 인간의 본성이 태어나면서부터 타락한 죄인이라는 생각을 전혀 알지 못한다. "육신"(flesh)이라는 말에도 죄악의 고약한 냄새가 배어 있지 않다. 육체의 요구도 악에 그 뿌리를 내린 것으로 보지 않는다. 성경 어디에도, 영혼이 타락한 육체 속에 갇혀 있다는 생각, 이 세상의 만족을 추구하는 것은 영혼을 잃는 것이요 하느님과 맺은 계약을 어기는 것이라는 생각, 하느님 편에 서려면 세상 물건들을 버려야 한다는 생각을 찾아 볼 수 없다. 그런 생각의 흔적도 없다.

우리의 육신은 악이 아니다. 그것은 영(spirit)을 적용하는 물질이다. 육(肉)이란 뛰어넘을 무엇이지 뿌리뽑을 무엇은 아니다. 하늘과 땅이 모두 그분의 피조물이다. 그분이 창조하신 것은 하나도 남용되거나 없애버릴 것이 없다. 적(敵)은 육신 속에 있지 않다. 적은 마음 속에, 자기 속에 있다.

성경에서는 선과 생명이 같다. 존재는 존재 그 자체로 선하다. "하느님이 보시기에 좋았다(선했다)." 생명과 선을 동일시하는 것에서 한 걸음 더 나아가 토라는 "생명의 나무"로 받아들여지고 있다. "착하게 살면 생명에 이른다"(잠언 12:28).

하느님과 이웃하여

하느님과 인간 사이에는 충돌이 없고, 영(靈)과 육(肉) 사이에는 적대감이 없으며, 성(聖)과 속(俗) 사이에는 쐐기가 박혀 있지 않다. 인간은 하느님을 떠나 존재할 수가 없다. 인간 자체가 신성의 경계선이다.

삶은 성스러움과 근접하여 진행되고 있으며, 바로 이 근접이 실존에 궁극적인 의미를 부여한다. 가장 가까이 있는 것과의 관계 속에서 우리는 가장 멀리 있는 것에 닿는다. 육체적 요구의 충족조차도 하나의 성스런 행위일 수가 있다. 아마도 유다교의 핵심

메시지는, 유한한 일을 하는 가운데 무한한 것을 지각할 수 있다는 것이라 하겠다. 가능한 것 속에서 불가능한 것을 지각하고, 일상의 행위 속에서 영원한 생명을 지각하는 것은 우리에게 지워진 의무다.

하느님은 성전 안에 숨어 계신 분이 아니다. 토라는 이윽고 지각없는 인간에게 말한다. "너는 혼자가 아니다. 너는 늘 거룩한 이웃과 더불어 살고 있다. 기억하라, '네 이웃―하느님―을 너 자신처럼 사랑하라.'" 우리는 인생을 포기하고 이 세상을 하직하라는 요청이 아니라, 그 내면의 불꽃이 타오르게 하고, 그분의 빛이 우리의 얼굴에서 반사되는 아픔을 견디라는 요청을 받고 있는 것이다. 우리의 탐욕으로 하여금 이 이웃을 향하여 장벽처럼 일어나지 못하게 할 일이다. 의향(意向)에서 행동으로, 갈망에서 충족으로 가는 모든 길 위에서 하느님은 기다리고 있다.

인간은 자기 자신보다 더 훌륭해질 수 있는 능력을 하늘로부터 받고 태어났다. "악한 성향"이 보인다 하여 낙담하면 안 된다. 그에게는 악을 정복할 능력이 있다. "하느님은 인간을 바르게 만드셨다." 만일 당신이, "하느님께서는 왜 '악한 성향'을 만드셨습니까?" 하고 묻는다면, 하느님은 이렇게 대답하실 것이다. "너는 그것을 악으로 만들어 버렸다."24)

사람은 그의 몸으로, 그의 열정으로, 심지어 그의 "악한 충동"으로도 하느님을 섬길 수 있다(Sifre Deuteronomy, §32). 사람은 다만 쇠똥과 금(金)을 분간할 수 있어야 한다. 어느 만큼의 저승이 섞여 있을 때 이승은 비로소 그 맛을 지니게 된다. 영의 고상함이 없이는, 육은 실제로 암흑의 초점이 되고 말 것이다.

---

24) Tanhuma, Bereshit No. 7.

성(聖)으로 가는 길은 속(俗)을 통과한다. 영은 육 위에서, "수면 위에 떠도는 기운"처럼 머문다. 유다 식으로 사는 것은 견제와 균형의 체계에 맞추어 사는 것을 뜻한다.

몸 속에 있는 성스러움

성스러움이란, 성소의 장엄한 분위기를 가득 채우고 있는 공기를 의미하지 않는다. 숭고한 행동을 위하여 따로 마련된 무엇도 아니며, 신령함을 꾸미는 부사도 아니고, 은자(隱者)들과 수도자들을 다른 사람과 구별지어 주는 것도 아니다. 「미쉬나」의 편집자와는 달리 마이모니데스(Maimonides)는 그의 『대법전』(大法典)에서, 성전의식(聖殿儀式)의 법조문을 다룬 항목에 "예배의 책"이라는 제목을 붙이고, 순결과 음식의 법조문을 다룬 항목에는 "거룩함의 책"이라는 제목을 붙였다. 성스러운 기운은 땅 속에 있으며 인간의 몸에 머물러 있다. 우리의 육체적 욕구를 충족시켜 주는 바로 그 행위 안에 성스러운 씨앗은 뿌리를 내린다. 본디 성(聖, the holy, kadosh)은 떨어져 있는 것, 분리되어 있는 것을 의미했다. 유다 경건주의에 이르러 성은 새로운 의미를 지니게 되었으니, 일상적인 지상의 행실 속에 포함되어 있는 것으로 생각되었다. 그리하여 성스러움은 공공의 예배 행위보다 개인의 사적이고 단순한 행위들에 의하여 드러난다고 보게 되었다. "'거룩하신 분이 너희 가운데 계시다'(호세아 11:9)는 말도 있거니와, 사람은 자신을 그 몸 속에 거룩하신 이가 거하는 존재로 항상 대해야 한다. 따라서 자기의 몸을 괴롭혀서는 안 된다"(Taanit, IIb).

인간은 이 세상에 성스러움이 있게 하는 원천이다. "만일 사람이 자기 자신을 어느 만큼만이라도 성화(聖化)한다면, 하느님은 그를 더욱 더 성화시키실 것이다. 만일 그가 자신을 아래에서 성화한다면, 그는 위로부터 성화될 것이다"(Yoma, 39a).

유다교는 우리에게, 어떻게 심지어 동물적인 욕구의 충족까지도 성화시키는 행위일 수 있는가를 가르쳐 준다. 음식을 즐기는 것이 정결하게 하는 한 수단일 수 있다. 마치 목마름 말고는 세상에 문제될 것이 없는 양 허둥지둥 마시면, 나의 영혼이 한 컵의 물에 빠져 죽을 수도 있다. 그러나 흥분과 열정 속에 묻혀서라도 여전히 하느님을 기억한다면, 우리는 훨씬 더 그분께 가까이 다가설 수 있다.

성화는 비지상적(非地上的)인 개념이 아니다. 유다교에는 세속적인 것과 숭엄한 것의 이원론이 없다. 모든 것이 숭엄하다. 그것들 모두가 하느님의 피조물이요, 그것들이 계속 존재하고 필연의 법칙에 무조건 따르는 것은, 앞에서 말한 바 있거니와, 창조자에게 복종하는 하나의 방편이다. 우주 곳곳에 온갖 사물이 존재하는 것이 곧 최상의 제의(祭儀)다.

살아 있는 한 인간, 봄에 피어나는 꽃 한 송이가, "거기 있어라!"는 하느님의 명령을 충실하게 수행하는 것이다. 살아 있음으로써 우리는 곧장 하느님의 뜻을 이루어 드리는 것이며, 그것은 우리가 선택하거나 결정할 수 있는 것이 못된다. 바로 이것이, 우리의 실존이 하느님의 뜻에 직결되어 있는 까닭이며, 우리의 삶이 거룩한 것이고 인간의 책임이면서 동시에 하느님의 책임이기도 한 까닭이다.

희생 제물로 바치지 말고, 거룩하게 되어라

우리에게 생명을 주신 분은, 우리의 짧고 빈약한 생명을 경멸하지 말고 고귀하게 만들며, 그것을 희생시키지 말고 성결하게 하라고 요청하신다. 라삐 하나냐 벤 아카샤(Rabbi Hananyah ben Akashyah)는 이렇게 말했다. "거룩하신 분께서는, 축복을 받으소서, 이스라엘을 순결하게 하고자 하셨다. 그래서 그들에게 토라와 많은 미츠봇[mitzvoth 행실 강령]을 주셨다. 일렀으되, 주께서는 [이스라엘의] 의를 위하여 토라가 크게 영광 누리는 것을 기뻐하셨다고 했다(이사야 42:21).[25] 한 계명을 완수하기 전에, 우리는 '십계명으로 우리를 성결케 하신' 그분을 찬양한다. 안식일과 다른 성일(聖日)에 우리는 '당신의 계명으로 우리를 성결케 하소서' 하고 기도드린다."

고대 주신제(酒神祭)의 승려들에게는 술(포도주)이 사람을 흥분시켜 "미쳐 날뛰게 만드는"(Herodotus 4. 79) 데 사용되는 흥분제였다. 고행자들에게는 술이 치명적인 악의 근원이다. 유다인에게는 술이 술만은 아니고 인간을 성결케 하는 무엇이다(Kiddush). 술과 빵을 놓고 우리는 안식일의 정결함을 빈다. "예식 속에서만이 아니고, 토라가 마련해 준 방법들 속에서만이 아니고, 너에게 허락된 모든 것들 속에서 자신을 거룩하게 하라"(Yebamot, 20a). "네 모든 길에서 그분을 알아라"(잠언 3:6).

그분의 길을 걷기 위하여 성결케 되라는 것은 종교적 실용주의를 말하는 게 아니다. 그런 이론을 따른다면, 손으로 만질 수 있는 효과들이 계명의 타당성을 판정하는 기준 노릇을 할 것이다. 선행

---

25) Mishnah Makkot, 3, 16.

을 하는 것도 하느님을 위해서 하는 것이어야지, 인간의 완전함을 촉진하기 위한 것이어서는 안 된다.

"일렀으되, '지혜로운 자의 눈은 그의 머리에 있다'(전도서 2:14)고 했다. 눈이 머리에 안 있으면 어디에 있단 말인가?… 그러나 이 말의 뜻은 이렇다. 우리는 머리에 아무것도 쓰지 않은 채 네 발자국 이상 걸으면 안 된다고 배웠다. 그 이유는 셰키나(Shechinah)가 머리 위에 자리 잡고 있기 때문이라는 것이다. 그런데 이제 지혜로운 자의 눈은… 그의 머리에, 그의 머리 위에 자리 잡고 있는 것에, 직접 향한다. 그리하여, 그의 머리 위에 켜져 있는 불빛이 기름을 요구한다는 사실을 알게 된다. 인간의 몸은 심지고 불꽃은 그 위에서 타오르기 때문이다. 그래서 솔로몬 왕은, '머리에 기름이 부족하지 않게 하라'(전도서 9:8)고 말한다. 머리 위에서 비추는 빛은 기름을 요구하고, 그 기름은 다름 아닌 선한 행실들로 짠다. 그러기에 지혜로운 자의 눈은 다른 곳 아니라 자기의 머리를 향하고 있는 것이다"(Zohar, III, 187a).

미츠봇으로서의 요구

앞에서, 인간은 요구받고 있다고 했다. 우리가 채워야 할 본연의 요구란, 우주적 요구의 상징인 하느님의 요청을 받고 있다는 사실이다. 하느님은 모든 주체들 중의 주체시다. 생명은 그분의 것이면서 우리의 것이다. 그분은 우리를 세상에 팽개치고 버리지 않으셨다. 그분은 우리의 고생을 나누고 우리의 걱정을 분담하신다. 사람에게 무엇이 필요하다는 것만이 이 세상에 있는 모든 필요의 전부는 아니다. 하느님이 그를 필요로 하시는 것이다. 하나의 요구를 의식하게 될 때 사람은 자신에게 물어야 한다. 하느님이 나를 요구하시는가? 하느님을 우리와 함께 행동하시는 동역자(partner)로 모시는 것은, 우리의 문제들이 전적으로 우리만의 것이 아님을 기억하는 것이다. 유다식(式)의 삶은 하느님과 더불어 나누며 살아가는 것이다.

질서 속에서 살아가기

올바르게 살기를 추구하는 것, 지금 당장 여기에서 무엇을 해야 하는지를 묻는 물음은 유다 종교의 핵심이다. 그것은 예언자들로부터 하시딤(Hasidim)의 시대에 이르기까지 유다 문학의 중심 주제가 되었고, 마치 인생이 긴급 사태의 연속이기나 한 듯, 긴박하게 탐색되었다.

거듭되는 실패에서 얻는 뼈아픈 교훈과 말없는 정적(靜寂)을 쌓는 가운데 우리는 오늘날, 영속하는 문제들을 풀 임시변통의 해결책은 있을 수 없음을 깨닫게 되었다. 계속되는 위험으로부터 우리를 지켜주는 것은 항상 깨어 있음과 항상 안내를 받는 것이다. 그와 같은 깨어 있음과 안내는 시나이의 그늘에서 살고 있는 사람에게 제공된다. 그의 주간(週間)과 날들과 시간은 토라의 리듬에 맞추어 돌아간다.

유다인의 생활방식을 이루는 것은, 선행을 한다든가 한 발짝씩 발걸음을 옮기는 일보다는 하나의 길을 고집스럽게 걸어가는 것이다. 무엇을 성취하는 것보다는 사명에 붙잡혀 있는 상태, 그 안에서 단순한 선행이나 종교적 감정, 때때로 발생하는 감상, 도덕적 에피소드의 집합이 완전한 방식의 부분을 이루는 질서에 속해 있는 상태가 유다인의 살아가는 틀이다.

인생의 모든 것

신앙심(信仰心) 깊은 사람은 일어나는 모든 사건들이 서로 은밀하게 엮어져 있음을 믿는다. 우리가 하는 모든 행위의 폭은 머리로 이해할 수 있는 한계 너머에까지 닿아 있고, 역사 속에서 발생하는 모든 사건이 하느님의 저울에 그 무게를 얹고 있으며, 인간의 모든 행실은, 그가 목적했든 하지 않았든 상관없이, 거룩하신 분의 망사(網絲)에 걸린다는 사실을 믿는다. 이스라엘의 예언자들이 하느님의 관심사라고 생각한 것들은 오히려 세속적인 일들이었다. 그들이 보기에는 인간의 사회적, 개인적 행동 전체가, 안팎의 전체 상황이, 하느님의 관심사였다. 그러기에, 성결한 것과 저속한 것을 모두 포함하여 인간의 생활 전부가 토라의 지배 아래에 있는 것이다.

평범한 것

유다이즘은 일상의 행위, 삶의 하찮은 것들을 다루는 신학이다. 뛰어난 자들을 훈련시키는 것보다는 평범한 자들을 보살피는 데 더 신경을 쓴다. 유다적 생활방식의 특징은 지나친 낭비나 고행, 금욕보다는 겸허하고 수수한 경건에 있다. 그러기에 그 목적은, 평범한 것을 고상하게 만들고 속된 사물들 속에 신성한 아름다움을 부여하며, 상대적인 것을 절대적인 것에 조화시키고 미세한 부분을 전체와 부합되게 하며, 여럿으로 나뉘어져 있어서 서로 갈등하며 대치하는 우리의 존재를, 모든 것을 초월하는 일치에, 그 성스러움에, 맞추는 데 있다고 하겠다.

내적 권위

인간의 심령 생활도 역시 끊임없이 계속되는 성장과 소모의 과정이다. 심령의 요구들도 빈약하고 산만한 주입으로는 채워지지 않는다. 동면하는 짐승이 아닌 인간은 비축해 놓은 것으로 살 수가 없다. 그는 온갖 것을 다 기억하고 있으면서도 그 영혼은 텅 비었을 수도 있다. 부자유한 인간은 정신적인 섭생을 해야겠다는 제안을 받을 때 겁에 질린다. 내면의 통제와 외부의 횡포가 손을 잡으면, 그들은 영적인 권위에 굴복하는 대신에 고통을 겪으려고 한다. 오직 자유한 사람만이, 모든 변덕을 기본 잣대(canon)로 인정하려는 성향이 없기에, 자기 억제를 자기 포기와 동일시하지 않고, 자신의 주인이 아닌 자는 자유하지 못하다는 사실과 더 많은 자유를 즐기려면 더 많은 자기 훈련을 쌓아야 한다는 사실을 안다.[26]

사적인 영역에서 통제나 다스림이 없는 자유방임주의(Laissez-faire)는 하나의 몽상이다. 인간의 내면생활은 수많은 탐욕스럽고 경쟁적인 세력들로 점유되어 있다. 힘의 진공 상태는 있을 수가 없다. 원칙들이 억압을 받는 곳에서는 하찮은 욕망들이 기어올라 세력을 잡는다. 삶이라는 방대한 영역은, 그것이 정신이상이라는 판정을 받지 않는 한, 어떤 윤리나 법제(法制)의 통제 아래에 모두 가두어놓을 수가 없다. 어떻게 하면 자기 생의 모든 것을 다스릴

---

26) A. J. Heschel, *The Earth is the Lord's*, New York, 1950, p. 63을 보라.

수 있는 능력을 인간에게 부여할 것인가? 이것이야말로 지성(知性)에 대한 최고의 도전이다.

  이 도전에 대한 답(答)은 경건한 신앙생활이다. 이제 우리는 어떻게 살 것인가를 배우기 위하여, 신앙심 깊은 경건한 사람에게로 눈길을 돌려야 하겠다.

26

경건한 신앙인

경건이란 무엇인가

아주 오래 전부터 사람들은 경건(敬虔, piety)을 인간 성품의 값진 이상들 가운데 하나로 여겨왔다. 언제 어디서나 사람들은 경건이라는 덕을 얻고자 애를 썼고, 그것을 얻을 수만 있다면 어떤 노력이나 희생도 아끼지 않았다. 이것이 일방적인 환상이나 상상의 날개짓에 불과한 것이었을까? 그렇지 않다! 그것은 진정한 덕목이었다. 옹골지고 분명히 보이며 진짜 힘을 지닌 덕목이었다. 그러므로 우리가 삶 속에서 경험하는 실존의 특수한 사실로서 경건은, 논란의 여지없이, 실험해 볼 수 있는 무엇이다. 경건에 대한 학문적 탐구가 그 동안 무시되거나 간과된 이유는, 부분적으로 그와 같은 주제에 접근하기가 까다로운 데 있겠지만, 더 근본적인 이유는 그것이 아무래도 현대인에게 호감을 주지 못하는 신학적 국면을 지니고 있기 때문이라고 해야겠다. 어떤 사람들에게는 경건이라는 것이, 일상생활로부터 도피하여 세상을 포기하고 은둔해 살며 문명의 이익을 부정한 채 낡고 성직자다운 행동을 하는 것을 뜻한다. 또 어떤 사람에게는 경건이, 위선이나 광신은 아니라 해도 지나친 얌전빼기나 건강하지 못한, 그래서 터무니없는 생활 태도와 같은 것으로 보인다. 그들은 경건 같은 생활 태도는 정신 건강과 영적 자유를 위해서 거절되어야 한다고 생각한다.

그럼에도 불구하고, 경건한 신앙생활을 하는 사람은 여전히 우리와 함께 있다. 그는 지구상에서 사라지지 않았다. 실제로, 일반이 알고 있는 것보다는 더 빈번하게, 평범한 사람들은 경건한 자기 헌신의 증거로 충만한 현상들과 만나게 된다. 그런즉 우리들 사이에 경건이라는 것이 있음은 논쟁할 필요조차 없는 명백한 사실이다. 따라서 어떤 편견으로 인해 이 현상에 대한 탐구 또는 적어도 그것을 이해하려는 노력을 미리 단념할 이유는 없는 것이다.

분석 방법

시작하는 마당에 우리는 우선, 무엇이 경건이냐를 물을 수 있겠다. 그것은 어떤 심리적 기질인가? 아니면 정신의 성품인가? 그것은 마음의 상태인가? 혹은 하나의 태도인가? 아니면 습관인가? 그것의 본질적인 특색은 무엇인가? 그것의 의미는 무엇이고 가치는 무엇인가? 그것이 지니는 중요성은 무엇인가? 그것은 무엇을 동경하는가? 그것은 독특한 현상인가? 아니면 인생살이에서 일어나는 뭇 사건들과 함께 발생하는 우연한 사실인가? 경건한 사람의 내면생활은 어떠한가? 그것의 밑바닥에 깔려 있는 개념은 무엇이며, 경건한 행동 속에서 무엇을 깨닫게 되는가?

이런 문제들을 분석하면서, 우리는 일반적으로는 통용되지만 개인적으로 획득되지 못하는 애매한 신앙 개념을 토론해서는 안 된다. 또는 그 어떤 교리나 신조를 비판적으로 정밀 조사하려고 해서도 안 된다. 우리의 목적은 경건한 신앙인을 분석하고 검사하되, 제도화된 종교의 어떤 특수한 틀 속에서 그가 차지하고 있는 위치가 아니라 실재의 원리가 되는 힘에 대한 그의 태도를 분석, 검사하는 데 있다. 그의 삶에서 하느님은 무엇을 의미하는가? 세상에 대한, 인생에 대한, 자신의 소유물과 내부의 힘에 대한 그의 태도는 어떠한가?

경건은 심리학적인 개념이 아니다. 참과 거짓이 어느 정도 논리적인 개념에 속하고, 시(是)와 비(非)가 윤리적인 개념에, 미(美)와 추(醜)가 미학적인 개념에 속하는 데 비추어, 경건이란 단어는 거의 심리학적인 전문용어로 볼 수 없다. 경건은 마음의 기능이 아니고 영혼의 이상(理想)이다. 지혜나 성실함처럼, 경건은 한 개인의 성격에 속하며 그의 품성에 따라서 빛깔을 지닌다. 따라서 열정적인 경건이 있는가 하면 냉정한 경건이 있고, 활동적인 경건이 있는가 하면 조용한 경건이 있으며, 감성적인 경건이 있는가 하면 지성적인 경건이 있다. 그러나 경건이 한 개인의 심리 구조와 결코 무관하지 않는 것은 사실이지만, 그럼에도 불구하고 경건을 정신생활의 어떤 성향이나 편향으로 설명하려는 것은 무모한 일이다. 경건은 그 어떤 심리적 기질이나 신체 기관의 기능과는 거리가 멀다. 어떤 기질이 있어서 경건을 부추기고 더욱 강하게 해 줄 수는 있겠지만, 그러나 그 기질이 경건을 만들어 내는 것은 아니다.

행동으로서의 경건은 심리 생활의 흐름에 속한다. 그러나 경건의 보이지 않는 속 내용이 드러나 보이는 행동 그 자체와 같은 것은 아니다. 경건은 보편적인 것이고 따라서 주관적인 심리 기능과는 구별해야 한다. 그것은 생각하고 살아가는 객관적 방편이다.

오늘날의 구구법(九九法)에 대한 지식처럼, 경건이 상식으로 통하던 그런 때도 있었다.

경건을 이해하기 위하여 우리는, 경건한 신앙인의 행위에 수반되는 의식을 분석하고 그의 마음 속에 들어 있는 개념들을 분류해야 한다. 이와 같은 분석의 타당성이, 일반적인 탐구에서 추출해 내는 어떤 개념들이 모든 경건 행위에서 발견되지 않을 수도 있다는 가능성으로 말미암아 손상되지는 않는다는 사실을 일부러 강조할 필요는 없다. 어떤 시인이 그의 예술을 다스리는 법칙에 대하여 도무지 생소하고 그래서 그것을 모든 시에 적용하지 않는다고 해서, 시작(詩作)에 아무런 법칙이 없는 것은 아니다.

여기서 우리는 이 질문의 심리학적 측면에 관심할 필요는 없다. 이 부분은 나름대로 중요하고 특별한 연구가 따로 필요하다. 우리가 여기서 할 일은 그보다, 경건의 여러 형태들이 지니고 있는 본질적인 공통성을 찾아보는 것이다. 여러 가지 경우에 따라 달라지는 경건의 모습이라든가, 우연하게 나타나는 경건의 성격을 여기에서 모두 다룰 수는 없는 일이다. 우리는 다만 경건에 대하여 해석하는 일을 피하고 경건을 있는 그대로 서술하려는 것뿐이다. 우리는 경건이 이루어지는 경로를 심리학적으로 분석하거나, 개인의 삶에서 드러나는 경건의 특성들을 분석코자 하지 않는다. 시대와 서로 다른 문명의 모형을 따라 전개된 경건의 발자취를 역사적으로 더듬어 보자는 것도 아니다. 오히려 우리는 경건의 눈에 보이지 않는 그 영적인 내용을 설명하고, 일상생활의 보편적 현실과 관련하여 경건의 의미와 겉으로 나타나는 모습을 진술해 보려고 한다.

전인간(全人間)의 태도

경건을 능력으로, 인간 내부에 잠재된 기질로 보는 것은 건축물을 기술이라고 하는 것과 같다. 어떤 사실을, 단순히 그 기원을 생각하는 것만으로 이해할 수는 없다. 또한 경건을 하나의 기분으로, 감정 상태나 낭만적 느낌의 한 파장으로 본다면, 그것 역시 잘못이다. 그것은 마치 달빛을 우수(憂愁)로 규정짓고, 항해를 목숨에 대한 위험이라는 측면에서 좋지 못한 것으로 판단하는 것과 같다.

또, 경건을 도덕이나 지적인 덕목으로 보는 것은 도망치는 말의 그림자를 붙잡으려고 하여, 말과 그림자를 함께 잃고 마는 것과 비슷하다. 경건은 고립된 행동, 특별한 때의 순간적인 경험 속에 있지 아니하고 마음의 어느 한 층에 한정되어 있지도 않다. 비록 특별한 행동 속에서 드러나기는 하지만, 경건은 지성과 감성, 의지와 행위의 차이점을 넘어선다. 경건의 근원은 이성이 닿는 곳보다 더 깊고 의식이 닿는 곳보다 더 넓어 보인다.

비록 경건의 모습은 헌신, 공경 혹은 봉사하려는 마음 같은 개인의 태도 속에서 드러나지만, 경건의 본질적 힘은 이 모든 것들의 궤도보다 더 깊은 영혼의 지층에 흐르고 있다. 그것은 인간의 영혼 속에 있는 끊임없이 계속되는 변하지 않는 무엇이다. 전인간(全人間)의 영속하는 내적 자세다. 공중에 부는 산들바람처럼 그것은 모든 행위, 모든 주장, 생각들을 꿰뚫고 흐른다. 경건은 모든 성격 속에, 모든 행위 속에 그 모습을 드러내는 삶의 행로다.

살 가치가 있는 유일한 삶

경건은 경건 너머에 있는 무엇을 가리킨다. 내면의 삶에서 작용하는 동안 경건은 계속하여 우리를, 인간을 초월해 있는 무엇에, 현재의 순간을 넘어서 있는 무엇에, 눈에 보이고 손으로 만져지는 것을 초월하는 무엇에 마음을 기울이게 하며 귀속시킨다. 경건은 사람이 감각이나 야심에 스스로 매몰되는 것을 단호히 막으면서, 사소한 흥미나 욕구, 정열 혹은 경력보다 더 중요한 무엇의 옹호자로서 든든하게 서 있다. 경건한 신앙인은 세상의 매력과 아름다움을 부인하지 않으면서도 인생이 한 개인 혹은 한 민족의 생애, 한 세대 혹은 한 시대의 생애가 차지하는 폭을 능가하는 넓은 지평선 아래 자리를 잡고 있음을 깨달아 알고 있다. 그의 눈은 신성(神性)을 가리키는 무엇을 본다. 사소한 사물들 속에서 그는 큰 뜻을 읽고, 단순하게 흔한 것들 속에서 궁극적인 것을 감지하며, 빠르게 지나치는 순간 속에서 영원의 고요함을 느낀다. 경건은 인생의 지평선에 대하여 인간이 알고 느끼는 바와 관련이 있으면서 동시에, 인간이 여러 가지 지성적, 감성적 경험들을 쌓음으로써 도달하게 되는 최후의 선을 훨씬 뛰어넘는다. 경건의 본질은 실제로, 하나의 논리나 감상 혹은 확신을 능가하는 무엇을 표현하고 있다. 그것에 밀착되어 있는 이들에게 경건은, 운명에 복종하는 것이며 살 만한 가치가 있는 유일한 삶이요, 사람을 어쩌다가 수욕적(獸慾的)인 혼돈에 빠뜨리는 일이 없는 안전한 인생행로다.

그러므로 경건은 하나의 생활방식이다. 그것은 인간의 내심이 성스러움을 지향하고 있는 것이다. 그것은 모든 행위, 느낌, 생각들의 궁극적 가치에 대한 주된 관심이다. 경건한 신앙인은 어떤 영적 인력에 가슴을 열고 끌려감으로써 우주적인 고요함의 중심을 향해 움직이고 그의 양심에는 언제나 하느님의 음성이 들린다.

모든 인간의 삶은 어떤 구체적 관심들의 지배를 받으며 그에게 최상의 것으로 생각되는 것들에 대한 동경에 의하여 근본적으로 결정된다. 경건한 신앙인이 가장 관심을 기울이는 바는 하느님의 관심에 대한 관심이다. 그리하여 그것은 그의 행동과 결단의 방향을 다스리는 추진력이 되고, 그의 동경과 행실의 모양을 빚어주는 힘이 된다. 개별적인 지각 행위나 사고 행위 속에서 인간 행동의 결정적인 요소를 보는 것은 잘못된 것이다. 실제로 그로 하여금 어떤 상황은 지나쳐 버리고 또 어떤 상황은 발견하도록 이끌어 주는 것은 그의 마음이 어디를 지향하고 있느냐에 달려 있다. 관심이란, 위에서 본 대로, 선입관과 이미 결정된 인식 혹은 편견에 근거한 선택적 이해다. 경건한 사람의 관심은 그의 신앙에 의하여 결정된다. 그러므로 경건이란, 삶으로 번역된 신앙이며 인격이라는 몸을 입은 영이다.

내적 익명

경건은 이기심의 정반대다. 경건한 신앙인은 말로 표현할 수 없는 순수의 환상을 보면서, 살아가는 가운데 자신의 인간적 허영에 등을 돌리고 이기심의 발동을 꺾어 하느님의 힘에 굴복시키고자 애쓴다. 그는 인생의 덧없음과 인간의 행실이 미약하고 불충분함을 알고 있다. 그리하여 자신의 속을 옹글게 채우고 사랑으로 자신을 남에게 내어주되, 그 일이 옹졸한 자아의 간섭으로 더럽혀지는 일이 없게 하기 위하여, 끊임없이 자신을 배척하고 자신을 망각하고자 노력하며 익명으로 다른 사람들을 섬기는 일을 계속한다. 그는 자신을 바쳐 하느님을 섬기게 한 장본인이 자기 자신임을 애써 의식하지 않으려 한다. 경건한 신앙인은 상을 바라거나 요구하지 않는다. 그는 쇼(show)를 증오하고 어떤 식으로든 남에게 널리 알려지는 것조차 그는 부끄러워한다. 그는 다만 자기가 예배하는 대상의 아름다움에 사로잡혀 있고, 아무리 숭배해도 다 숭배할 수 없는 그 위대함에게 끝까지 자신을 바칠 따름이다.

습관은 아니다

경건은 익숙해진 홈통을 따라서 되풀이되는 습관은 아니다. 오히려 그것은 자아의 충동, 용솟음, 소용돌이다. 어떤 열심, 정열, 의지, 활력 또는 분발이 없다면, 그것은 발육이 덜 된 왜소한 사물이 되고 만다. 일단 한번 그 힘에 사로잡힌 사람은 그것이 발휘하는 추진력을 완전히 떨쳐버릴 수가 없다. 압박을 당하는 순간에 물론 경건한 신앙인도 몸을 떨고 머뭇거리거나 잘못된 길로 접어들 수 있다. 진실을 붙잡고 있기보다는 그럴듯한 쾌락에 일시 빠져들어 갈 수도 있다. 순수한 알맹이보다는 야한 겉치레를 따라갈 수도 있다. 그러나 그와 성스러움과의 결속은 느슨해질 수는 있을지언정 결코 절단되지는 않는다. 실제로, 그런 과실(過失) 뒤에는 목표를 향하여 당당하게 나아가는 새로운 출발이 따라 온다. 그것은 새로운 원동력을 마련해 주는 과실인 것이다.

지혜와 경건

경건은 비록 어떤 영적 깊이를 내포하고 있긴 하지만 그러나, 타고난 지성이 성숙하여 경건이 된 것은 아니다. 경건의 힘은 머리의 총명함이 아니라 마음의 순수함에서 솟아난다. 경건한 사람이 되기 위하여 반드시 현명하거나 지혜로워야만 하는 것은 아니다. 그러나 일반적인 경향으로는 경건이 고전적인 의미의 지혜에 속한 것임을 보여주는 면이 있다. 경건과 지혜가 모두 자기 극복, 자기 부정, 자제(自制), 의지력 그리고 목적에 대한 단호함을 내포하고 있는 것이다. 그러나 이런 것들이 모두 경건을 추구하는 데 도구로 사용될 수는 있지만 그것들이 바로 경건의 본바탕은 아니다. 경건의 본질을 이루는 것은 초월자에 대한 경외와 하느님께 몸 바침이다. 지혜로운 자에게와 마찬가지로 경건한 자에게도 자신을 이기는 일은 필수적인 사명이다. 그러나 경건한 자는 지혜로운 자와 달리, 자기 자신이 스스로 자기 인생의 주인이 된다고는 생각하지 않는다. 오히려 그는 자기가, 하느님의 이름으로 자기 삶을 보살피는 중재자라고 생각한다.

신앙과 경건

경건은 신비를 받아들일 뿐 아니라 그것을 인간의 노력과 결부시키려 하고, 인간을 영의 차원으로 끌어올리려는 모험을 감행한다. 이것은 하나의 경험이 아니라 경험 위에 얹는 행위요, 의미와 그 탐구에 대한 관심이 아니라 받아들여진 의미와 삶의 균형을 이루고자 하는 시도다.

경건한 신앙인은 단순한 것 속에서 장엄함을 보고, 손으로 만져지는 것들 속에서 숭고함을 느낀다. 그러나 그는 그 성스러움 속으로 뚫고 들어가는 것을 목표로 삼지는 않는다. 오히려 그는 그 성스러움에 자신이 꿰뚫림을 당하고 자극받게 되기를 바란다. 그 성스러움의 힘에 굴복하고, 신성을 향해 흐르는 이 세상 모든 흐름에 스스로 휩쓸려 함께 흐르기를 갈망한다. 경건한 신앙인에게는 외관이 아니라 느낌이, 개념이 아니라 감상이, 숙지(熟知)가 아니라 바로 감상(鑑賞)이, 지식이 아니라 성실이 중요하다. 경건은 접근하는 것을 생각하는 게 아니라 실제로 접근하는 것이다. 의전(儀典)을 집행하는 것이 곧 경건은 아니다. 경건은 오히려, 그 의전 속에 자기를 몰입시키는 것이며 생명을 제물로 바치는 것이다. 경건은 초월이 인간의 삶 속에서 실현되고 입증되는 것이다.

경건은 삶의 문제다. 초월의 현실을 감지하는 것일 뿐 아니라 그것을 향하여 바른 자세를 갖추는 것이다. 비전이며 믿음으로 가는 길일 뿐 아니라, 조정이며 부름에 대한 응답이요 생활방식이다. 경건은 전적으로 주체성 안에 자리 잡고 있으며 인간의 이니시어티브 안에서 비롯된다. 경건은 일반적으로 신앙을 전제로 하고 있으며, 따라서 경건은 신앙의 성취요 신앙을 살아 있는 것으로 만들고 신앙의 제시하는 바를 따르고자 하는 노력이다. 경건은 신앙의 진실을 배우고자 할 뿐만 아니라 거기에 동의하고자 한다. 단순히 하느님을 만날 뿐 아니라 그의 곁에 살면서 그분의 뜻에 따르고 말씀을 반향(反響)하고 그 음성에 응답코자 한다.

경건을 통하여, 더 높은 자아가 계시되고 인간의 영혼 속에 있는 가장 섬세한 것이 드러나며 인간의 예측 못할 운명 속에 있는 가장 순수한 요소들이 드러난다. 본질적으로 경건은, 하느님과 세계, 인간과 사물, 인생과 운명에 대한 인간의 자세다.

하느님 앞에서

경건한 신앙인은 하느님의 현존과 가까이 계심에 대한 깨달음으로 사로잡혀 있다. 그분이 가까이 계심에 늘 몸을 삼가든지 않든지, 그는 언제 어디서나 그분이 자기를 보고 있다는 마음을 품고 살아간다. 그는 하느님의 자비가 방대한 원형의 공간처럼 자신을 감싸고 있다고 느낀다. 하느님에 대한 깨달음은 그에게 심장의 고동치는 맥박처럼 가까이 있고, 흔히 그것은 깊고 고요하지만 때로는 압도하고 도취시키고 그의 영혼에 불을 지른다. 때로, 경건한 신앙인의 삶은 너무나도 하느님과 얽혀 있어서 그의 가슴이 마치 하느님의 손에 잡혀 있는 컵처럼 출렁거리며 넘쳐나는 일이 생긴다. 하느님의 임재는 근접한 산이나 근접한 바다 같지는 않다. 그런 것들의 모습은 인간이 눈을 감거나 그 장소를 떠나면 보이지 않게 된다. 오히려 이 하느님에게로의 수렴(收斂)은 피할 수도 없고 등질 수도 없다. 공간을 채우고 있는 공기처럼 그것은 언제나 우리 몸 속으로 들어오는데, 사람이 자기가 호흡을 하고 있다는 사실을 알든 모르든 관계없이 숨을 쉬듯이, 그렇게 들어온다.

하느님은 인간과 세상 사이에 있다.

성(聖)으로 가는 오솔길의 돌계단인 뭇 사물들 위에 거하는 것, 그분의 임재하심에 대한 크고 놀라운 환상에 사로잡혀 있는 것은 반드시 일상생활로부터 도피하여 세상의 아름다움과 속세의 가치들을 보지 않는 것을 의미하지는 않는다. 창조주에 대한 경건한 신앙인의 사랑은 피조물에 대한 사랑을 배척하지 않는다. 오히려 그것은 모든 가치에 각별히 접근하는 것을 포함한다. 모든 사물들 앞에 하느님이 계시고, 그 모든 것들의 가치는 그분을 통해서 보여진다. 겉모양의 요란스러움은 결코 경건한 신앙인의 마음을 끌지 못한다. 그는 하느님 보시기에 좋은 것 앞에서 허리를 굽혀 그것을 들여다보고, 그분의 평화를 머금고 있는 것을 귀중하게 여겨 품에 안는다. 그는 그럴듯한 외양에 속지 않고 겉모습이 추하다 해서 단념하지도 않는다. 번들거리는 외투, 미소짓는 표정, 기적 같은 예술 작품도 불경스러움과 탐욕을 덧입고 있는 한, 그의 마음을 움직일 수 없다. 가장 웅장한 건물, 가장 아름다운 성전이나 세상 영화(榮華)의 기념관도 그것이 고통 받는 노예들의 땀과 눈물로 세워졌거나 부정한 수단과 사기 행위로 지어진 것이면 경건한 신앙인에게는 불쾌감을 줄 뿐이다. 위선과 경건을 꾸미는 행위는 노골적인 범죄 행위보다 더 구역질나는 짓들이다. 그러나 성실한 부모의 굳은 살 박힌 손에서, 박해를 받으나 하느님 믿는 신앙을 지키는 자들의 멍든 얼굴과 못쓰게 된 몸뚱이에서, 그는 이 땅에 남은 최후의 위대한 빛을 볼 것이다.

하느님의 임재와 조화되는 삶

경건한 신앙인이 하는 일은 모두가 신성에 연결되어 있다. 아무리 사소한 행위라 해도 그분의 섭리에 접속되어 있다. 숨을 쉼으로써 그는 그분의 기(氣)를 마시고, 생각함으로써 그분의 힘을 쓰는 것이다. 그는 언제나 그분의 유념(留念)이라는 보이지 않는

덮개 아래에서 움직이고, 하느님의 이름이라는 경이로운 무게가 그의 마음 속을 차지하고 있다. 그에게는 하느님의 말씀이, 공기나 음식처럼 살아가는 데 없어서는 안 될 무엇이다. 그는 결코 혼자가 아니다. 결코 외롭지 않다. 하느님이 그의 중심에 계시기 때문이다. 고통을 겪을 때나 무슨 갑작스런 충격을 받을 때 그는 일시적으로 자신이 버림받은 길에 서 있는 듯한 느낌을 받겠지만, 그러나 조금만 눈길을 돌려도 자신의 슬픔이 하느님의 연민에 삼키웠음을 넉넉하게 알 수가 있다. 경건한 신앙인에게는 하느님의 임재를 깨닫게 할 어떤 기적적인 통화가 따로 필요하지 않다. 그분의 임재의 의미와 호소를 깨우쳐 줄 어떤 특별한 계기가 따로 필요하지도 않다. 그의 의식 세계에서는 어떤 격심한 변동에 의하여 잠시 그분의 임재를 망각하고 넘어가는 수가 있지만, 그러나 그것이 아주 지워져 버리는 법은 없다. 경건한 신앙인은 자기가 하느님의 보살피시는 눈길 아래에서 살아가고 있음을 깨달음으로써 일상생활에서 부딪치는 온갖 일들 속에서 하느님의 지시를 보게 된다. 그리하여 그는 모든 사소한 사건들을, 하느님의 지시 또는 신성한 일들을 기억나게 해주는 것으로 받아들일 수 있다. 그는 언제나 이런 마음가짐으로 먹고 마시고 일하고 놀이하고 말하고 생각한다. 경건한 삶이란 하느님의 임재와 더불어 조화를 이루며 사는 삶이기 때문이다.

실재하는 것들의 가치

인간이 모든 현상에 대하여 어떻게 대하고 평가하는가에서, 하느님의 임재와 조화를 이루는 삶이 그대로 드러난다. 인간은 본능적으로, 어떤 사물이나 사건을 평가할 때 그것들이 어떤 목적에 쓰임새가 있는지를 보고 거기에 따라서 평가하려는 경향을 지닌다. 경제생활에서는 인간이, 그가 지닌 경제적 능력, 노동력, 사회적 지위에 따라서 평가된다. 여기에서는 이 세상의 모든 대상이 일용품이냐, 혹은 그것이 얼마나 많은 쾌락을 줄 수 있느냐에 따라 평가된다. 그러므로 활용성이 모든 것의 척도가 된다. 그러나 과연 이 세상이 인간에게 사용되기 위하여, 그의 동물적 욕구를 충족시켜 주기 위하여 창조된 것일까? 실제로, 모든 존재가 나름대로 제 몫의 가치를 지닌다는 사실을 알면서 어떤 사물을 우리의 이익을 위하여 사용한다는 것 자체가 얼마나 잔혹하며 몰지각한 일인가. 그리고 그것들의 본질적인 가치를 무시한 채 활용한다는 것은 그것들의 참된 위엄을 깎아 내리고 그 신성함을 모독하는 것이 아닐 수 없다. 이렇게 모든 것을 활용의 대상으로만 보는 것이 얼마나 어리석을 일인지는 그 뒤에 수반되는 보복 속에서 입증이 된다. 모든 것을 하나의 도구로만 다루다보면 인간은 결국에 가서 자기 자신을 자기도 알지 못하는 무엇인가의 도구로 만들어 버리고 만다. 남들을 노예로 부림으로써 그는 스스로 노예의 사슬을 자기 손발에 채우고는 자신 위에 군림하는 상전들과 그들의 편견을 섬긴다. 흔히 그는 남들이 짓궂게 그의 마음 속에다 불어넣어 준 열정을 채우는 데 생애를 낭비하기도 한다. 그러고는 그것이야말로 자기 자유의 실현이라고 믿는 것이다.

  그 어떤 실체 곧 남자나 여자, 나무 또는 별, 이념 혹은 사물들의 내적 가치도, 사실상, 우리의 목적을 위해 있는 것은 아니다. 그것들이 우리의 목적에 쓰임새가 있느냐 없느냐에 전혀 관계없이 모두가 저 나름의 가치를 지니고 있는 것이다. 이것은 인간의 경우에 더욱 그러하다. 실존과 의미가 그의 비밀스런 존재 속에 뿌리박고 있으며, 이런 사실 때문에 인간이 무조건 존경을 받아야 한다는 것이 인간의 본질이기 때문이다. 그러기에 비록 그가 어떻게 쓸모 있는 존재인지, 어떤 목적에 그를 활용해야 할는지 알 수 없다 해도 그는 인간이라는 이유 하나로 존중을 받아 마땅하다.

모든 실재에 대한 자세

나아가서 경건은 모든 실재에 대한 하나의 자세다. 경건한 신앙인은 모든 사람이 지니고 있는 존엄성을 잘 알고 있으며, 무생물일지라도 남에게 양도할 수 없이 품고 있는 영적인 가치들과의 관계를 무시하지 않는다. 그는 사물들이 초월적인 가치와 관계되어 있음을 감지할 수 있기에, 그 어느 것도 자신의 이익만을 위하여 사용함으로써 감히 업신여길 수가 없다. 모든 존재가 지니고 있는 비밀은, 그것들 속에 하느님의 돌보심과 관심이 쏟아 부어지고 있다는 사실이다. 모든 사건들 속에는 신성함이 깃들여 있고 바로 이것이, 경건한 사람이 모든 실재하는 것에 경의를 품고 접근하는 까닭이다. 이것이, 그가 왜 크고 작은 모든 사물들을 대할 때 진지하고 신중한지를 설명해 준다.

공경

공경은 값지고 귀중한 어떤 것에 대한, 훌륭한 어떤 사람에 대한 특별한 태도다. 그것은 마음에서 우러나는 예절이며, 어떤 가치를 자기 것으로 삼아 즐기는 일 없이 그리고 자신의 이익을 그

가치로부터 구하는 일 없이 알아주는 것이다. 그것은 사물과 사건들의 속을 투명하게 꿰뚫어 본다. 세상을 관통해 살피는 하느님을 온전히 가려버릴 가리개는 어디에도 없다. 그러므로 경건한 신앙인은 늘 깨어 있어서, 나타나 보이는 사물들의 뒤에서 하늘의 흔적을 본다. 따라서 삶을 대하는 그의 태도는 기대에 찬 외경이다.

이런 공경의 태도 때문에 경건한 신앙인은, 계속되는 갈등에도 불구하고, 평온하게 살아간다. 그는 생활의 변화에 순순히 따른다. 그 변화들 속에 숨어 있는 뜻을 한눈에 바라보기 때문이다. 모든 경험은 새로운 빛의 성전으로 들어가는 문을 연다. 비록 그 문간은 어둡고 희미해도. 경건한 신앙인은 삶의 시련과 고통의 필요성을 받아들인다. 이것들이 모두 삶의 전체 속에 포함되어 있음을 이미 알고 있기 때문이다. 그런 용납은 자기만족이나 혹은 숙명론적인 체념을 뜻하지 않는다. 그는 결코 무감각하지 않다. 오히려 그는 자신의 삶이나 남의 삶 속에 있는 아픔과 고통과 역경과 악을 민감하게 알아낸다. 그러나 그에게는 슬픔을 딛고 일어설 내면의 힘이 있다. 그리고 이 슬픔들이 무엇을 의미하는지 알기에, 비통해 하는 것이 그에게는 일종의 오만처럼 여겨진다. 우리는 결코 어떤 사물이 궁극적으로 무엇을 의미하는지 모른다. 그러므로 우리의 경험 속에서 좋게 여겨지는 것과 나쁘게 여겨지는 것의 차이를 분명하게 파악하지 못한다. 비통해 하는 것보다는 사랑하는 것이 더 위대한 일이다. 우리의 삶에 영향을 미치는 모든 것의 끝이 닿는 곳을 사랑으로 깨달아 앎으로써, 경건한 신앙인은 순간순간 일어나는 일들의 무게를 결코 과대평가하는 일이 없다.

고마움

보통 사람은 선물을 받거나 자기가 벌어들이지 아니한 어떤 것을 손에 넣게 될 때 큰 기쁨을 느낀다. 경건한 신앙인은 그의 재산이나 사상, 언어, 자신의 목숨을 비롯한 모든 것이 자기가 벌어들인 것이 아님을 잘 안다. 그는 자기의 소유권을 주장할 만한 것이 하나도 없음을 알고 있다. 자기에게 있는 모든 것이 자기가 마땅히 누릴만한 것이 아님을 알기에 경건한 신앙인은 그 어떤 것도 자기의 것이라고 우기지 않는다. 바라고 원하는 것보다 고마움이 더 크기 때문에 그는 기쁨으로 조용히 살아갈 수가 있다. 자기가 받은 모든 것 속에 하느님의 축복이 들어 있음을 알 때, 보통 사람은 인생에 대하여 기쁨과 우울함이라는 두 가지 태도를 지니게 된다. 그러나 경건한 신앙인은 다만 기뻐할 따름이다. 왜냐하면 그에게 우울은, 근원이 되는 실재에 대한 오만하고 건방진 멸시를 의미하기 때문이다. 우울은 인간이 스스로 더 나아질 권리와 더욱 세상을 즐길 권리가 있다고 생각하고 있음을 나타낸다. 우울은 내어줌이 아니라 거절함이요, 감사함이 아니라 푸대접이며, 앞으로 나아가는 것이 아니라 오히려 뒤로 물러서는 것이다. 우울의 뿌리는 잘난 체 함에, 괴팍스러움에, 그리고 선에 대한 무시에 박혀 있다. 우울한 사람은 늘 짜증을 부리며 자신의 운명에 대하여 투덜거린다. 그는 어디서나 증오감을 느끼며 자신의 불평불만이 부당한 것임을 결코 알아보지 못한다. 그는 인생의 부조리에 대해서는 썩 잘 알면서, 실존의 미묘한 은총에 대해서는 고집스럽게도 알기를 거부한다.

일상적인 행위가 곧 모험이다.

경건한 신앙인은 삶을 저절로 살아지는 것으로 생각하지 않는다. 살아가는 일이 아무리 힘겨워도 그 때문에, 자신의 삶이 하나의 기적이며, 지금 자기가 하느님을 통하여 살고 있다는 사실을 잊지는 않는다. 아무리 사회 경제적인 삶이 지루해도 그것이, 이런 생각으로 가득 차 있는 그의 마음을, 자연과 역사 속에 숨어 있는 말로 표현할 수 없는 놀라움으로 가득 차 있는 그의 마음을, 굳어지게 하지는 못한다. 그에게 역사는, 인간에 의하여 부단히 난폭하게 간섭받기는 하지만 그래도 계속되는 조물주의 즉흥곡이다. 그리고 그의 마음은 하느님과 인간에 의하여 연주되는 이 엄청난 신비에 사로잡혀 있다. 그러므로 그의 주요 자산(資産)은 몇 가지 단편적인 경험이 아니라 인생 그 자체다. 어떤 특수한 예외적 경험이 있다면 그것은 그의 믿음이라는 열쇠가 들어맞을 열쇠구멍의 구실을 할 뿐이다. 그는 그런 예외적 경험이 의존하지 않는다. 왜냐하면 그에게는 일상의 행위가 이미 영의 다스림 속에서 이루어지는 모험이요, 그의 모든 일반적인 생각이 실제로 성스러움에 대한 감각이기 때문이다. 그는 모든 사물 속에 감추어져 있는 선의 다스운 온기를 느끼고, 눈길이 닿는 모든 평범한 대상 속에서 하느님의 귀띔을 눈치 챈다. 이런 까닭으로, 그의 말은 이 지저분하고 절망적인 세계 속에 희망을 불어넣는 것이다.

책임

경건한 신앙인이, 자기 자신이 포함되어 있다고 느끼는 범위는,

예컨대 윤리적인 행위 같은, 어떤 한 영역이 아니라 인생 전반을 포함한다. 인생이란 그에게 도저히 빠져 나올 수 없는 하나의 도전이다. 어떤 구실로도 인생으로부터 도망칠 수는 없고 어떤 행동도, 어떤 기간도, 자신의 인생으로부터 물러설 수 없다. 그런즉 경건은 기도나 예배 의식 같은 특별한 행위에만 있는 게 아니다. 모든 행동에 연결되어 있고 모든 일에 붙어 다니고 인생살이 모든 구석에 관련되어 있다. 하느님께 대한 인간의 책임은, 신령한 세계로 슬쩍 빠져들거나 인생을 영적인 서사시의 한 토막 이야기로 만들어 버림으로써 회피할 수 있는 게 아니다. 하느님께 대한 책임 의식이야말로 그가 인생을 쌓아 올릴 때 밟고 서는 발판이다. 그의 모든 행위, 마음 속에서 일어나는 모든 사건이 이 발판 위에 자리잡고, 그리하여 사람은 쉴 사이 없이 그의 삶, 그의 가정, 하느님을 바라는 희망을 쌓아 올리거나 허물어뜨리거나 한다.

 책임은 자유를 암시한다. 환경, 사회적 제약, 내면의 기질 따위에 속박된 인간은 그럼에도 불구하고 하느님 앞에서는 자유를 즐길 수가 있다. 오직 하느님 앞에서만 인간은 비로소 진정으로 독립하고 진정으로 자유할 수 있다. 그러나 그 자유는 다시 돌아 책임을 암시한다. 그리고 인간은 자연을 활용하는 자신의 방법에 대하여 책임이 있다. 현대인이 자기의 세계에 대하여 얼마나 무책임한지, 놀라지 않을 수 없다. 그의 앞에 놓여진 세계는 온갖 놀라운 자원으로 흘러 넘치는 세계고, 아무런 거리낌이나 망설임도 없이 손에 닿는 대로 움켜잡는다. 무엇이나 가리지 않고 삼키는 탐욕, 거리낌없는 행동, 집요한 목적의식으로 인해 그는 이제 바야흐로 지구의 얼굴을 바꾸어 놓기에 이르렀다. 그런데 아무도 그를 부인하거나 그의 오만함에 도전하는 것 같지 않다. 이 외견상의 거대함에 파묻혀 우리는, 우리가 이 우주를 소유할 수 있노라고 주장하는 것이 무슨 근거에서 나온 것인가를 묻지도 않는다.

우리 자신의 고집스런 욕구와 충동은, 비록 그것들이 우리가 타고난 것이라 해도, 우주를 소유할 수 있는 자격을 우리에게 주지는 못한다. 이 사실은 염두에도 없이 우리는 모든 것에 대한 소유권을 주장하며, 과연 이것이 강도질은 아닌지 반성할 기미조차 보이지 않는다. 발전소, 공장, 백화점은 우리로 하여금, 자신의 이익을 위하여 자연을 착취하는 일을 뻔뻔스레 계속하도록 만든다. 인간의 혼을 잡아먹는 보이지 않는 올무인 편리함에 유혹되어 우리는, 아주 쉽게 이 모든 것을 처분할 권리가 우리에게 있다는 망상에 굴복한다. 그리하여 태양과 비와 강물을, 어떤 수로도 우리의 것일 수가 없는 원천으로 생각하는 일이 거의 없다. 다만 인간의 수단으로는 어쩔 수 없는 돌발 사태에, 이를테면 갑작스런 죽음이라든가 지진, 산사태 따위에 직면할 때에 우리는 얼마만큼 우리의 망상이 흔들리는 것을 느낄 따름이다.

그러나 실제로 인간은 이 땅 위에서 결코 무한한 힘을 내두르지 못하는 존재다. 그는 하늘의 별이나 바람을 마음대로 하지 못한다. 그는 자기 자신조차 마음대로 못한다. 엄격하게 말하여, 이 세상 뿐 아니라 그 자신의 목숨도 그에게 속한 것이 아니다. 그리고 그가 어떤 사물을 마음대로 좌우한다고 해도 실제로 그가 좌우하는 것은 그 사물의 겉이지 속의 본질은 아니다. 한 송이 꽃이나 돌멩이 하나를 맑은 눈으로 들여다 본 적이 있는 사람이라면 알 것이다.

그렇다면 남는 것은 이 질문이다. 누가 주인인가? 누가 이 모든 존재하는 것들을 소유하고 있는가? "땅은 주님의 것이다." 그러기에 경건한 신앙인은 자연의 힘, 자기 속마음의 생각, 생명과 운명을 모두 하느님의 것으로 여긴다. 바로 이 생각이 만물에 대한 그의 태도를 결정하고 다스린다. 그는 재난을 당해도 투덜거리지 않고 절망에 떨어지지도 않는다. 자신의 전 생애가 하느님의 관심사요, 존재하는 모든 것이 하느님의 것임을 잘 알고 있기 때문이다.

영속하는 선물

그러므로 경건한 신앙인은 비록 자기 마음대로 처분할 수 있는 것이라 해도 역시 위로부터 주어진 선물임을 깨달아 알고 있다. 그리고 소유와 선물은 서로 다르다. 소유는 고독이다. 소유라는 말 자체가, 소유자의 허락 없이는 아무도 그 소유물에 손을 댈 수 없다는 뜻을 포함하고 있다. 그리하여 소유권을 고집스럽게 주장하는 자들은 자기 추방과 고독 속에서 파멸되고 만다.

반면에 선물을 받음으로써 그 수령자는 선물 말고도 선물을 주는 자의 사랑까지 얻어 갖는다. 선물은 그러므로 애정을 담는 그릇이다. 그런데 그 애정은 선물 받는 자가 받은 그 선물을 자기의 소유로 생각하는 순간 사라진다. 경건한 신앙인은 자기가 하느님으로부터 끊임없이 선물을 받고 있다고 단언한다. 왜냐하면 자기에게 오는 모든 것 속에서 하느님의 사랑을 느끼기 때문이다. 날마다 겪는 숱한 경험들 속에서, 그는 하느님의 사랑이 자기의 삶 속에 끊임없이 개입하는 것을 의식한다.

자기희생의 뜻

보통 사람은 인생의 현장에서 하느님이 임재하심을 가리키는 모든 조짐을 무시하려는 경향을 지니고 있다. 자만심과 허영심에 묻혀 그는 자기가 자신의 주인이라고 생각한다. 경건한 신앙인에게는 그런 생각이 신성 모독이다. 그런 환각으로부터 자신을 건져내는 방법이 금욕생활과 자기희생이다. 그는 탐나고 귀중한 것들을 하느님을 위하여 포기함으로써, 자기에게 값진 것들을 자신의 도움이 필요한 사람들을 위하여 스스로 버림으로써, 자기가 자기 인생의 주인이 되려는 마음을 씻어버린다. 그러므로 희생이란, 우리에게 주어진 것들을 포기하거나 인생이라는 선물을 내어던지는 것이 아니다. 반대로 그것은 우리가 하느님께로부터 받은 것을 그분의 일을 위해 씀으로써 그분께 돌려드리는 것이다. 그 돌려드림이 바로 감사함이다.

자기 박탈과 몸바침, 이 둘은 희생의 본질적인 요소다. 자기 박탈이 없는 몸바침은 인격적 참여 없이 이루어질 수 있고, 따라서 기계적인 부분이 인격적인 부분보다 더 중요하게 강조되는 겉치레 의식으로 빠지기가 쉽다. 그것은 결과적으로, 종교사에서 빈번하게 발생하였던, 겉치장만 요란하고 형식만 그럴 듯한 희생 제사가 되고 말 것이다. 반면에 몸바침이 없는 자기 박탈은 금욕 자체를 목적으로 삼으려는 경향을 지니게 되는데 금욕 자체가 목적이 될 때 그것은 하느님과의 관계를 상실하고 만다. 진정한 금욕 생활은 단순히 자기 자신을 박탈하는 것이 아니라 우리에게 귀중한 것을 하느님께 돌려드리는 것이다.

경건한 신앙인은 흔히 청빈(淸貧)을 이상으로 삼는다. 그러나 사람은 물질에는 가난하면서 자신의 야망과 지적 소유에는 고집스레 집착할 수가 있다. 단순한 궁핍 그 자체는 좋은 것이 아니다. 궁핍의 쓰라림이 인간의 성품을 뒤틀리게 만들기가 쉽기 때문이다. 반면에 올바로 된 사람은 하느님의 선물을 기뻐 받음으로써 그것으로 남을 섬기는 능력과 남에게 내어주는 수단을 삼는다. 자기희생의 목적은 그냥 자신을 빈곤하게 만드는 것이 아니라, 오로지 하느님만을 동경하여 자신의 품속에 그분이 계실 자리를 만들어 드리는 것이다. 무엇보다도 그것은 하느님을 본받음(*imitatio Dei*)이다. 거룩한 수여자(授與者)의 본을 따라 행하는 것이기 때문이다. 그리고 그것은 인간에게 자신이 하느님의 모습으로 만들어졌으며, 따라서 하느님과 떨어질 수 없는 관계로 맺어져 있음을 기억나게 해주기 때문이다.

거룩하신 분과의 인척관계

그러나 이것은 다른 문제를 제기한다. 우리는 그 거룩하신 분과 인간의 인척관계를 어떻게 이해할 것인가? 사람이 하느님과 인척관계임을 가리키는 한 가지 표시는 그가 끊임없이 자기를 넘어서려고 애쓴다는 사실이다. 인간에게는 자기 자신을 더 높은 목적에 바칠 수 있는 능력과, 자신의 이익이나 자기만의 인생을 넘어서는 어떤 사명에 스스로 헌신할 수 있는 의지력, 그리하여 어떤 이상(理想)을 위하여 살아갈 수 있는 가능성이 주어져 있다. 그의 가족이나 친구, 단체, 민족 혹은 예술, 학문, 사회봉사 따위가 모두 그 이상일 수 있다. 대부분의 사람들에게 이 섬기려는 의지가 짓눌림을 당하지만, 그러나 경건한 신앙인에게서는 꽃을 피우고 무성한 열매를 맺는다. 많은 사람이 그 이상들을 막다른 골목처럼 여기지만, 그러나 경건한 신앙인은 그것들을 하느님께로 가는 큰길로 여긴다. 만일 이 이상들이 우상이 되고 스스로 목적이 된다면 인간의 영혼을 가두는 감옥이 되겠지만, 그러나 경건한 신앙인에게는 인생의 구석구석을 비추는 밝은 빛 속으로 들어가게 하는 열린 문이다. 경건한 신앙인에게 이상은 목적지가 아니라 길을 가는 힘찬 발걸음이다.

하느님의 보물

결국, 경건이란 하느님의 뜻에 충절을 바치는 것이다. 하느님의 뜻이 이해가 되든 안 되든, 신앙인은 그 뜻을 선하고 거룩한 것으로 받아들여 순종한다. 인생은 연금(年金)을 즐기는 것이 아니라 하나의 위임이다. 놀이가 아니라 사명이다. 호의로 받은 선물이 아니라 명령이다. 그러므로 경건한 신앙인에게, 인생은 인과율에 의하여 발생하는 사건들의 숙명적 사슬로 나타나는 게 아니라, 호소를 담은 목소리로 다가온다. 그것은 남을 섬길 기회들의 연속되는 흐름이요, 매 경험마다 새로운 임무의 실마리가 제공된다. 그러므로 그의 삶 속에 들어오는 모든 것이 새로워진 헌신의 모습을 보여 줄 수단이 된다. 그런즉 경건은 열성이 흘러 넘치는 것이 아니다. 경건은 하느님의 뜻을 좇아 인생행로를 걷고자 하는 결의를 뜻한다. 경건한 신앙인의 생각과 계획은 이 관심의 둘레를 맴돈다. 어떤 것도 그를 이 길에서 벗어나거나 돌아서게 못한다. 이 길에 들어선 자는 그 영이 얼마나 성급한지를 이내 알게 된다. 그는 자기로 하여금 섬기며 살지 않을 수 없게 만드는 어떤 강제력을 느낀다. 그리하여 때로는 도망치려고 시도해 보기는 하지만 이 강제력이 그를 돌이켜 다시 하느님의 뜻을 좇는 길을 걷게 한다. 그는 행동하기 전에 그 행동이 미칠 영향의 무게를 하느님의 저울에 달아본다. 그는 말하기 전에 자신의 말이 과연 그분을 기쁘시게 해드릴 것인지 아닌지 곰곰이 생각한다. 그리하여 그는 이기심을 극복하고 열심히 노력하며 자신을 희생하고 일편단심으로 기도하면서 은총 속에서 자기의 길을 간다. 그에게는 길이 목적지보다 더 중요하다. 그의 운명은 성취하는 것이 아니라 자신을 모두 내어 바치는 것이다. 그의 모든 행동은 다만 섬기고자 하는 의지에 따라 이루어진다. 그는 행동에 있어서만 하느님의 뜻을 좇는 게 아니다. 오히려 자신의 인생 모두를 하느님의 처분에 맡기는 것이 그의 간절한 소원이다. 여기서 그는 인생의 참 의미를 발견한다. 자신의 인생이, 비록 하찮은 것이라 해도, 위대한 계획 속에서 어떤 목적을 지니고 있는 것이라는 확신이 없다면, 자신으로부터 자기를 끌어내어 인도하는 목적들을 성취하는 데 스스로 가담하고 있음을 느낄 때 그의 인생이 더욱 큰 가치를 지니게 된다는 확신이 없다면, 그는 비참하게 버림받은 듯한 느낌이 들 것이다. 이렇게 하여 그는, 일거수일투족을 통하여, 자신이 궁극자에게 닿아 있는 사다리를 한 칸 씩 올라가고 있음을 감지한다. 하나의 피조물을 도움으로써 그는 창조주를 돕는 것이다. 가난한 자를 붙들어 줌으로써 그는 하느님의 사업을 완성한다. 선을 찬미함으로써 하느님의 영을 기린다. 순결을 사랑함으로써 그분께로 가까이 다가선다. 의를 실천함으로써 그는 사물들이 그분의 뜻을 바라보고 나가게 한다. 모든 목적은 그분의 뜻 안에서 종결된다. 이 사다리를 오름으로써 경건한 신앙인은, 자기를 잊어버리고 자기의 욕망

뿐만 아니라 자신의 뜻까지도 희생시키는 상태에 도달한다. 중요한 것은 자신의 완성 또는 구원이 아니라, 하느님의 뜻임을 깨달아 알고 있기 때문이다. 그런즉, 선을 향해 자기를 바치는 인생의 영광은 지상에 있는 하느님의 보물이 된다.

우리의 운명은 도와드리는 것

가장 중대한 문제는 우리의 실존을 어떻게 계속할 것이냐가 아니라 어떻게 끌어올릴 것이냐다. 만일 우리가 무덤에 들어가는 것보다 선재하는 영원한 생명에 대한 갈망이 없다면, 무덤을 넘어서는 생명에 대한 갈망이란 부질없는 짓이 아닐 수 없다. 영원은 영속하는 미래가 아니라 영속하는 현재다. 그분은 우리 속에 영원한 생명의 씨를 심으셨다. 다가올 세계(the world to come)는 이후에(hereafter) 올 세계일 뿐만 아니라 지금 여기(herenow) 있는 세계다.

우리의 가장 중대한 문제는 어떻게 계속할 것이냐가 아니라 어떻게 돌아올 것이냐다. "야훼께서 베푸신 그 크신 은혜, 내가 무엇으로 보답할까?"(시편 116:12). 삶이 하나의 응답이라면 죽음은 귀가(歸家)다. "야훼께 충실한 자의 죽음은 그분께 귀중하다"(시편 116:15). 우리의 가장 큰 문제는 하느님의 관심에 응답하는 것이기 때문이다. 곧 그분이 나에게 베푸신 그 풍성한 은총을 어떻게 나는 이웃 인간에게 되갚아 줄 것인가? "하느님의 자비는 끝까지 한결같기 때문이다."

자유와 섬김, 지나가는 것과 영원한 것을 조화시키는 일, 그리고 시간이라는 명주실로 영원이라는 비단을 짜는 일, 이것이 우리의 실존이 지니고 있는 의미다.

인간이 도달할 수 있는 가장 심오한 지혜는 그분을 도와드리고 섬기는 것이 자신의 운명임을 깨달아 아는 데 있다. 우리가 정복하는 것은 굴복하기 위함이요, 취하는 것은 버리기 위함이며, 군림하는 것은 예속 당하기 위함이다. 인간은 믿기 위해서 이해해야 하고, 받아들이기 위해서 알아야 한다. 동경은 이루어지고 완성은 베풀어진다. 신에게 자신을 궁극적으로 바치는 것, 이것이 죽음의 의미다. 이렇게 이해할 때 죽음은 영원불멸에 대한 갈망으로 잘못 인식되지 않을 것이다. 자기를 신에게 바치는 이 행위는 하느님이 생명을 선물로 주심에 대한 인간 쪽의 마땅한 응답이기 때문이다. 경건한 신앙인에게는 죽는 것이 하나의 특전이다.